新媒体编辑

马 玥 主编

上海交通大学出版社
SHANGHAI JIAO TONG UNIVERSITY PRESS

内容提要

　　互联网技术及数字技术的发展，智能手机的普及运用，各种媒介新技术的应用，推动了传媒生态发展了巨大变革。新媒体在这场变革中扮演者越来越重要的角色。在新闻传播领域，新媒体发挥着巨大的作用，与此同时，新媒体新闻传播业务有了特殊诉求，这种诉求主要体现在新闻编辑业务方面。本书详细介绍了新媒体编辑工作内容，提出了新媒体编辑应该具备的基本素养，以期新媒体编辑能够正确把握自身的职业特性。此外，本书对新媒体文稿信息的筛选、内容编创与整合进行了详细探讨。对新媒体信息传播呈现的文字、图片、音视频等各种媒介元素及新媒体互动与平台内容整合等工作内容做了全面地论述。分析了各大媒介元素以及详细讲解了各大新媒体平台的内容加工制作的基本方法。通过学习本书，读者可以真正掌握新媒体新闻编辑所涉及的"内容、媒介、技术、整合"等多个层面的知识，达到学以致用的目的。

图书在版编目（CIP）数据

新媒体编辑 / 马玥主编. 一上海：上海交通大学
出版社，2019（2022 重印）
ISBN 978－7－313－21454－6

Ⅰ.①新… Ⅱ.①马… Ⅲ.①编辑工作 Ⅳ.
①G232

中国版本图书馆CIP数据核字（2019）第124837号

新媒体编辑

主　　编：马　玥

出版发行：上海交通大学出版社　　　　　地　　址：上海市番禺路951号

邮政编码：200030　　　　　　　　　　　电　　话：021-64071208

印　　制：常熟市大宏印刷有限公司　　　　经　　销：全国新华书店

开　　本：787 mm×1092 mm　1/16　　　　印　　张：14.75

字　　数：315千字

版　　次：2019年7月第1版　　　　　　　印　　次：2022年1月第2次印刷

书　　号：ISBN 978-7-313-21454-6

定　　价：68.00元

序

中国高等职业教育经历了不平凡的发展历程，从高等教育的辅助和配角地位，逐渐成为高等教育的重要组成部分，成为实现中国高等教育大众化的生力军，成为培养中国经济发展、产业升级换代迫切需要的高素质应用型人才的主力军，成为中国高等教育发展不可替代的半壁江山，在中国高等教育和经济社会发展中扮演着越来越重要的角色，发挥着越来越重要的作用。

高等职业教育应该根据社会需求，培养高级技术应用型专门人才，因此，应该构建学生的知识、能力、素质结构三位一体的人才培养体系。对于如何以"应用"为主旨和特征构建人才培养体系，大部分高职院校都是通过拓展校内外实训基地、开展工学结合的方式来提升学生的职业技能。但是，高职院校的校内实践基地一般以"实训室"为主要形式。"实训室"不外两种：场景模拟和电脑模拟。由于受到场地、资金等原因的限制，往往场景模拟缺乏可行性，电脑模拟缺乏技术性，很多专业课程的职业能力并未得到很好的训练。而校外实训，很多高职院校在与企业签订好合作协议后，就把协议束之高阁，或者仅仅是开展一些诸如安排学生参观、短期实习、就业等浅层次的合作，校企合作还停留在表面，没有形成长期稳定、双向互动、运转良好的校外实践基地网，没有真正建设成可以满足实践需要的校外实践基地。

根据传媒艺术专业的特点，很多课程的职业技能训练不一定要局限于校内外实训基地，完全可以通过实践课业体系设计，直接把课堂作为技能训练、素质培养的场所，根据每门课程的特点设计课程实训模块和项目，通过实践课业训练，促使学生把专业理论知识转化为应用技能，把学生的职业能力培养真正落到实处。

为了提高课堂技能训练效果，我们组织编写一套实训丛书，本套丛书具有以下特征。

首先，针对性强。我们确定了丛书的读者对象为高等职业院校传媒艺术专业的专科生。编写丛书的作者都是从事高等职业院校传媒艺术专业教学多年的教师，具有丰富的教学经验，了解高等职业院校传媒艺术专业学生的学习基础。因此，本套丛书有利于教师因材施教。

其次，实践性强。实践课业是专业知识通向岗位技能的"桥梁"，课业训练使学生将理论知识运用到实践中去，让学生真正掌握课业技能。整个课程中，教师为课业指导而设计、编排课业，组织课业活动，学生为完成课业而学习专业知识、动手操作课业。因此，本套丛书有利于学生基本技能的训练。

最后，应用性强。强化综合职业能力训练，可以推进高职人才培养从"应试型"向"应用型"转变。实践课业体系通过各类课业的设计和训练，把学生所做的课业成果作为评估、考核依据，促使高职人才培养从"应试型"向"应用型"转变，为职业能力培养提供了有效途径。因此，本套丛书有利于学生职业能力的训练。

本套丛书的编写由上海市民办教育发展基金会的"上海市重点课题项目"提供经费支持，上海震旦职业学院王纯玉副校长担任主编，上海震旦职业学院传媒艺术学院张继平院长、姜超院长助理担任副主编，长期从事传媒艺术教育的教师参与丛书编写。我们希望这套丛书能得到相关学校老师与同学的喜爱，为传媒艺术专业高等职业教育的发展做出应有的贡献。

本套丛书的编写与出版得到了所有参编教师的鼎力相助，得到了上海交通大学出版社的大力支持，在此一并表示感谢。

王纯玉
2018年9月于上海震旦职业学院

前　言

一、传媒生态环境的变化

21世纪将是信息的世纪，我国也正在努力由媒体大国迈向媒体强国，而新媒体无疑成了这一目标达成的主要动力引擎。

2019年2月28日，中国互联网络信息中心发布的第43次《中国互联网络发展状况统计报告》数据显示，截至2018年12月，我国网民规模达8.29亿，互联网普及率为59.6%，手机网民规模达8.17亿。我国网络新闻用户规模为6.63亿，网民使用手机上网的比例达98.6%，使用台式电脑、笔记本电脑上网的比例分别为48.0%和35.9%，使用电视上网的比例为31.1%。网络新闻用户规模达6.75亿，其中手机网络新闻用户规模达6.53亿，占手机网民的79.9%。网络视频用户规模达6.12亿，占网民整体的73.9%；手机网络视频用户规模达5.90亿，占手机网民的72.2%。短视频用户规模达6.48亿，网民使用比例为78.2%。手机网民较传统互联网网民增幅更大，依然构成拉动中国总体网民规模攀升的主要动力。我国网民规模、宽带网民数、国家顶级域名注册量三项指标稳居世界第一。这就为我国传媒事业的发展下达了必须改革的命令。

新媒体快速崛起，并以其快捷方便、信息海量、不受时间地点限制、受众门槛低等优势吸引了大众的眼球。传统媒体不得不重新定位自己的角色，寻求转型之路，但传统媒体的权威性不可替代。因此，二者的融合迫在眉睫，不仅可以实现优势互补、取长补短，优化资源配置，还可以使正能量的传播方式多样化，传播效果达到最大化。

不久前，中央宣传部在人民日报社召开推进媒体深度融合工作座谈会，对推动深度融合，建设新型主流媒体进行新一轮部署。各大媒体始终要坚持正确的政治方向和舆论导向，扎实有效地推动媒体深度融合。在实践层面，主要呈现几个关键点。

第一，坚定互联网化这个方向。推动深度融合，最大的背景就是因互联网特别是移动互联网发展。"终端随人走、信息围人转"成为新闻传播的新态势。小屏牵动大世界，构成了空前巨大的传播舞台，成为最具挑战性的传播竞技场。可以预见，随着5G、人工智能、可穿戴设备等技术的不断演进，移动媒体必将进入加速发展的新阶段。因此，必须始终坚持传播互联网化这个目标。具体而言，需要重视打造移动传播矩阵，特别是加强新闻客户端发展，创新移动新闻产品，紧盯移动技术前沿，最大限度地吸引用户。

第二，善用"中央厨房"这个机制。重构采编发网络、再造采编发流程，是媒体深度融合最需要突破的难点。围绕"融为一体、合而为一"这个基本要求，各媒体加紧建设"中央厨房"，立足深度融合、推动自我革命。用好"中央厨房"，贵在优化采编资源的配置，使得传统媒体立足于全天候生产、全终端分发、全媒体传播来重新进行布局；用好"中央厨房"，重在提升采编联动的效能，积极适应移动传播视频化、个性化、社交化趋势，着力实现渠道拓展、用户沉淀、传播扩大；用好"中央厨房"，难在融合机制的配套，必须迎难而上，构建全新的采编体制机制，形成与之相适应的绩效考核体系，全方位调动媒体人的积极性、主动性、创造性。

第三，紧紧把握用户这个中心。深度融合的效果最直接、最现实的检验标准就是用户覆盖。要真正在网络舆论空间壮大主流思想舆论，必须与广大普通用户建立基于互联网的紧密、直接、快速、广泛而牢固的连接。从移动互联网规律看，得用户者得天下，这是传播创新的基础。要把满足用户需求、聚拢更多用户，作为传播创新的出发点和落脚点。

第四，积极探索平台化这个战略。移动互联网中，真正最具影响力的产品大多是平台级的。依托平台特性，形成较为完整的传播生态系统，就能在内容与服务的分发中占据较大主导权，更好地提升用户黏性，最终占据价值链上游。在内容上，需要既实现自身的高效供给，又能有效汇聚各类符合用户需求的高品质内容；在服务上，需要充分发挥自身优势，为用户定制有特色的服务；在产品上，需要对接用户需求，实现互联网资源的有效整合。

与此同时，5G带来的传播技术的变革使得媒介生态环境又一次发生变化。

首先是"无所不传"。5G网络传输能力大幅度提升，超高速、大容量、低时延、大流量密度、移动性更强的5G网络使传播不再受时间空间的场景限制，"无时无刻"且"无所不传"。最直观的感受5G将推动新闻传播的"视频化"和"超视频化"。4G时代移动互联网短视频和直播应用的发展已经导致UGC内容获得了前所未有的大规模增长。5G将会影响所有的移动互联网应用业务都朝着"视频流"化的趋势发展，以及包括虚拟现实等类型的"超视频化"方向发展。

其次，"数据"将成为传播的基础。信息传播的核心资源将从内容、渠道转变为数据。增强型移动宽带和大规模机器通信这两大5G最主要的应用场景就是网络传播的核心资源从信息内容本身转变为数据的必然原因。移动互联网在4G时代积累了大量的数据资源，有了数据，算法才有用武之地，才有可能实现传播的人工智能。

二、新媒体编辑是新媒体的设计者和建设者

媒介平台的多样化促使信息呈现的形式多样化，传播速度迅捷化，内容生产方式也发生变化。对传播信息的媒体来说，技术固然重要，但"内容为王"并没有发生根本性的变化。各平台呈现的内容和信息仍然是灵魂，它直接反映着新媒体的水平，也决定着新媒体的生存与发展。而内容信息的设计和建设的任务恰好是由新媒体编辑人员来完成的，新媒体编辑是新媒体的设计师和建设者。内容成为决定新媒体成败的关键因素，因此，新媒体编辑的重要性和价值是不言而喻的。

三、本书主要特色

《新媒体编辑》全书九章内容。每章由三大板块构成，即"基础理论+案例讨论+课程实训"。"基础理论"是高度凝练的新媒体编辑理论和基本知识；"案例讨论"是探讨新媒体编辑业务过程中遇到的一些经验或教训；"课程实训"分思考和实践两部分，将每一章中重要的编辑业务问题提出来，供学习者思考和探索，同时重视联系编辑实践操作，旨在提升学习者的动手能力、操作能力。

在本书付梓之际，作为本书作者，衷心感谢出版社各位编辑，对本书的写作提出了详细的意见和建议，让本书内容变得更加合理和丰富。

衷心感谢学院的所有领导和我的同事们，感谢我的家人，正是有了他们的大力支持，让我在这段时间里将主要精力放在了书稿撰写上。

本书可作为传媒相关专业学生教材，也可作为新闻媒体从业者和爱好者的学习、参考用书。

目　录

第一章　新媒体编辑概述

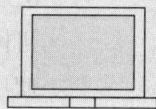

基础理论

新媒体时代的到来，信息的传播途径更为多样，信息的呈现形式更为丰富。新媒体传播的及时性、交互性、多媒体、数字化、便捷性等应用特征，使公众对新媒体的接受程度和依赖程度都大幅提升。越来越多的人从新媒体中主动搜寻或被动接收信息。在信息冗杂的当下，如何甄选信息、加工信息，制作出让受众喜闻乐见的新闻信息，就成为新媒体编辑不得不思考的问题，而这一切都必须以提升自己的专业能力与综合素养为前提。

与此同时，近年来，在新媒体传播领域，一个亲切、诙谐的自我称呼逐渐流行开来，"小编"一词，带着谦恭的意味、亲和的欲念、诙谐的感受，出现在很多商业网站、移动互联网终端、微博、微信公众号乃至主流媒体的新闻报道中。表面看，这只是新媒体编辑群体对自己年龄之轻、角色之微的一种自我调侃，是形形色色的新媒体与受众之间建立联结的亲民策略和人格化、个性化传播；深而察之，编辑自我称呼的转变反映了鲜明的时代特点，具有极强的新媒体特征。一方面，它从深层意识上透露了新媒体时代编辑对自己所处的"时"与"位"的思考，以及由之而来的随顺与坚守；另一方面，它也生动体现了新媒体编辑在理论思维上的探索创新。[1]

第一节　我国新媒体新闻领域发展现状

2019年2月28日，中国互联网络信息中心发布的第43次《中国互联网络发展状况统计报告》数据显示，截至2018年12月，我国网民规模达8.29亿，互联网普及率为59.6%，手机网民规模达8.17亿。我国网络新闻用户规模为6.63亿，网民使用手机上网的比例达98.6%，使用台式电脑、笔记本电脑上网的比例分别为48.0%和35.9%，使用电视上网的比例为31.1%。网络新闻用户规模达6.75亿，其中手机网络新闻用户规模达

---

[1] 赵慧英.从"小编"自称看新媒体编辑的"时"与"位"[J].编辑学刊，2016（03）：75–78.

6.53亿，占手机网民的79.9%。网络视频用户规模达6.12亿，占网民整体的73.9%；手机网络视频用户规模达5.90亿，占手机网民的72.2%。短视频用户规模达6.48亿，网民使用比例为78.2%。[1]

不断上升的网民数量以及大多数网民对网络新闻、手机新闻持续的需求是新媒体快速、健康成长的外部环境。2017年以来我国新媒体新闻领域发展有以下几个特点。

第一，互联网新闻领域相关法律法规建设进一步健全，推动行业发展更加规范。2017年5月2日，国家互联网信息办公室发布新的《互联网新闻信息服务管理规定》，并于2017年6月1日开始施行。

自《互联网新闻信息服务管理规定》实施以来，国家互联网信息办公室及各省、自治区、直辖市互联网信息办公室依法组织开展了许可审批相关工作。截至2018年12月31日，经各级网信部门审批的互联网新闻信息服务单位总计761家，具体服务形式包括：互联网站743个，应用程序563个，论坛119个，博客23个，微博客3个，公众账号2 285个，即时通信工具1个，网络直播13个，其他15个，共计3 765个服务项[2]。

相关规定的出台进一步规范互联网新闻信息服务，在保护互联网新闻信息服务单位的合法权益的同时，也促进互联网新闻信息服务行业健康、有序发展。

第二，传统新闻媒体加速互联网改造，媒体融合进入全新发展阶段。人民日报、新华社、中央电视台等传统主流新闻媒体纷纷加强对互联网媒介的重视程度，深度学习、快速运用互联网产品和形式，在内容、渠道、平台、经营、管理等方面深度融合，打造了一批覆盖广泛、形态多样、手段先进、具有较强传播力、引导力、影响力、公信力的新型新闻资讯平台。

以融合求发展路上，中央新闻媒体呈现出以下特点：第一，探索平台发展模式。中央新闻媒体尝试打造聚合式内容平台，构建兼具主流价值与创新活力的新媒体内容生态，如人民日报上线的"人民号"平台已吸引数千家党政机关、高校、优质自媒体和名人入驻；第二，提升内容创作水平。以内容生产为主线，中央新闻媒体重组内部新闻生产流程，广泛运用新型新闻采编、内容展示技术，并积极与外部进行资源共享、协同策划制作优质新闻节目；第三，拓宽新闻传播渠道。中央新闻媒体在壮大自身产品矩阵的同时，积极借助商业媒体渠道，拓宽新闻内容出口。

商业新闻媒体发展呈现出以下特点：一，加强优质内容争夺。内部通过开通小程序、提供广告分成等手段加大对自媒体资源的培育和争夺力度。外部与视频、问答等类型网站开展合作，扩大自身在内容生态领域的分发能力；二，重塑内容分发机制。单一基于兴趣的算法推荐机制弊端渐显，部分新闻网站主动求变，采取"算法推荐+

---

[1] 数据来源：第43次《中国互联网络发展状况统计报告》［EB/OL］.http://www.cac.gov.cn/2019—02/28/
c_1124175686.htm.

[2] 数据来源：互联网新闻信息服务单位许可信息［EB/OL］.http://www.cac.gov.cn/2019—01/11/
c_1122842142.htm.

人工干预"的新型内容分发机制；三，发展多元内容载体。各新闻网站加大在短视频、语音、动漫等新型内容载体的发展力度，尤其短视频形式引起各家新闻网站重点布局。

第三，互联网新闻资讯平台竞争从单纯流量向内容、形式、技术等多维度转移。优质内容获取成为各新闻资讯平台争夺焦点，头部企业纷纷持续加大对原创内容扶持的力度；在用户需求和技术基础的催生下，短视频、直播、VR 等富媒体化内容形态逐步成为行业发展的基础设施；以人工智能为核心的技术发展成资讯平台核心竞争力，促使资讯聚合平台在资讯推荐、营销推广乃至更深入的内容制作、互动沟通等方面取得进一步发展。

第四，社交媒体传播影响力显著提升。社交媒体已成为互联网媒体中最为流行的媒体类型之一。其凭借用户基数大、信息传播快、互动功能强等特点，成为网上内容传播的重要力量。社交应用与传统媒体互为补充，融合发展。一方面，传统媒体大规模入驻各类社交平台，成为社交平台优质内容的重要来源，既实现了自身向全媒体角色的转型，也提升了社交平台的可信度。在央视新闻微博上看直播，参与人民日报微博互动，已经成为年轻人的上网习惯之一；另一方面，社交平台助力传统媒体实现大众化传播，同时也提升自身的影响力。社交平台以用户为核心，注重用户之间的互动、分享、传播，实现了传统媒体"内容"与社交"渠道"的深度融合。随着网络用户向移动端、社交媒体迁移，在微信、微博等社交应用的推动下，越来越多的正能量信息依托社交网络实现大众传播。例如，2018 年 11 月 17 日，人民日报发布微博开启话题"中国一点都不能少"，半天时间就获得转发 125.9 万次、评论 11.8 万条、点赞 94.3 万个、话题阅读量达 89.4 亿。[1]

总之，一方面新媒体的影响力在不断上升，主流地位在凸显，另一方面新媒体遭遇诚信危机、价值危机。这两种现象的存在都要求新媒体能够找到属于自己的地位，把国家、社会、网民的利益放在首要位置，坚持正确的舆论导向，同时恪守新闻真实性原则，自觉抵制低俗、媚俗内容，规范自身行为，建构新媒体的公信力和权威性，发挥新媒体的正能量。

第二节　新媒体编辑工作

一、新媒体概念及特征

在学术领域，新媒体的概念一直处在不断变化之中。1967 年，美国哥伦比亚广播电视网技术研究所所长戈尔德·马克在一份商品计划书中第一次提到"新媒体"一词。

---

[1] 第43次《中国互联网络发展状况统计报告》［EB/OL］. http://www.cac.gov.cn/2019-02/28/c_1124175686.htm.

1969年，美国传播政策总统特别委员会主席罗斯托在向尼克松总统提交的报告中又多次提到了"新媒体"一词。从此"新媒体"开始在美国流行并很快扩散到全世界。20世纪70年代，传播学界热烈讨论"新媒体"，那时的"新媒体"指的是刚兴起不久的电视；20世纪90年代，有"第四媒体"之称的互联网一出现，电视就成了"传统媒体"。

不管人们如何定义新媒体，有一点是确定的，那就是相对于旧的媒体形态，新的形态是不断变化和延伸的，在现阶段其核心就是利用数字技术、网络技术，通过互联网、宽带局域网、无线通信网、卫星通信系统等渠道，以及电脑、手机、数字电视机等终端，向用户提供信息和娱乐服务的传播形态。严格地说，新媒体应该称为"数字化互动式新媒体"，它涵盖了所有数字化的媒体形式，包括所有数字化的传统媒体、网络媒体、移动端媒体、数字电视、数字报纸杂志等。

新媒体与传统媒体相比，具有交互性与即时性，海量性与共享性，多媒体与超文本，个性化与社群化等特征。这些特征使得新媒体在传播信息时有很多优势。比如，传播与更新速度快，成本低，信息量大，内容丰富，低成本全球传播，检索便捷，多媒体传播等。

二、新媒体编辑

新媒体编辑是指有资质的新媒体充分运用各种新媒体传播手段，对新媒体信息传播的内容和形式进行选择、鉴审、加工、制作、设计、策划、组织，并通过各种新媒体传播渠道呈现出来的活动。同时，从事编辑工作、编辑活动的人员及其相对应的岗位，都可称为新媒体编辑。新媒体编辑主要分为企事业单位新媒体编辑与专业媒体单位新媒体编辑。专业媒体单位主要传播新闻信息，所以，狭义上又可称为新媒体新闻编辑。企事业单位主要围绕企事业单位宣传及产品推广需求所进行的信息传播编辑工作。通常设立内容、运营、媒介等岗位。

（一）企事业单位新媒体编辑岗位介绍

不同的企事业单位设立的新媒体编辑岗位不尽相同，种类繁多，这里重点介绍三大岗位。不同岗位编辑具体所负责的工作内容有所差异，不同岗位之间既有相互合作又各司其职。

内容岗一般都会有选题会，用于讨论选题。在确定好选题以后，编辑要列出文章框架。然后负责进行材料收集、文章的撰写、校对，校对完以后排版、插入对应的图片，拟制标题，负责推送。在内容岗位上的编辑需要时刻盯着留言区，盯着后台。很多单位都会要求编辑在内容推送后的一小时内必须要紧盯后台留言，必须要及时回复。一个新媒体内容编辑，绝对不是只要敲出数千字文章那么简单的事，还要思考如何起好标题，如何写出符合目标用户要求的文章。受众在想什么，喜欢什么？100+阅读量和10万+阅读量文章的区别，就在于10万+的内容编辑懂得用户，善于利用人性，紧贴用户需求，善于标新立异，并写出满足用户心理或物质需求的内容，让用户形成自主转发。特别是一个好标题，可以提升30%以上阅读量。同时，内容编辑还要善于分析数据，及时统计分析文章阅读量、点赞量、评论量……根据这些数据不断调整优化内容。

运营岗编辑需要负责线上运营和线下运营。比如说线上内容策划，社群管理与运作。线下活动策划，让社群的用户自己活跃起来，提供一些产品反馈；在产品上线的时候，主动帮助扩散。运营工作比较琐碎，要求懂得多，什么都要涉猎。一般运营都要有组织策划能力、基本的谈判能力、基本的设计能力等。比如，根据用户群体先出活动方案，然后和甲方沟通确定方案，方案确定后，组织编辑、设计的同事进行方案的实际落地执行，所以运营人员要懂一点设计，懂一点编辑，这样才能更好地评判他们的工作，并给出更好的意见。另外，资深的运营人员都很擅长捕捉用户心理，找到当下用户的痛点，并迅速做出反应，策划出相应的活动，以寻求最大曝光。例如，之前火爆朋友圈的"4个小时候逃离北上广"，抓住当下说走就走的心理状态，只花了30张往返飞机票的费用，就取得微信转发过百万、增粉过10万的成果，这就是运营的魅力。

媒介岗编辑负责收集整理一些媒介资源，建立媒介库。还有就是通过建立媒介库，反推媒介资源可以匹配哪些合适的产品，是不是可以建立一定的联系。当然做媒介的时候，还需要与日常的资源方建立良好关系，这也是非常重要的。因为所有的产品生产出来之后，都是需要推广的。那么，产品市场销售可能是由内容部门、运营部门和媒介部门来分担。

1. 岗位职责

纵观众多公司发送的招聘信息，给予"新媒体编辑"岗位职责的描述有几条核心。

（1）负责官方微博、微信及网站信息内容的采编。

（2）针对公司及市场推广等活动，负责策划、组织信息采编。

（3）负责与外协公司的日常沟通（信息审核、提供资料等）。

（4）负责微博、微信内外部推广，提升粉丝数量与阅读量。

2. 任职条件

在任职要求方面一般都会提出如下几个要求。

（1）本科以上学历。

（2）新闻、中文、广告、计算机等专业优先考虑。

（3）热爱新媒体运营工作，有一年以上新媒体工作经验。

（4）具备良好的语言文字功底和活动策划能力，熟练掌握OFFICE办公软件及Photoshop、illustrator、AE、Premiere、EDIUS、Dreamweaver等图形、视频、网页加工软件，熟悉H5语言者会优先考虑。

（二）新闻媒体单位新媒体编辑工作介绍

这一类新媒体编辑属于互联网新闻信息服务单位的从业人员，是指互联网新闻信息服务单位中专门从事互联网新闻信息采编发布、转载和审核等内容管理工作的人员。《互联网新闻信息服务单位内容管理从业人员管理办法》中所称互联网新闻信息服务单位，是指依法取得互联网新闻信息服务许可，通过互联网站、应用程序、论坛、博客、微博客、公众账号、即时通信工具、网络直播等形式向社会公众提供互联网新闻信息服务的单位。[1]提供互联网新闻信息服务单位又包括传统新闻媒体单位和商业新闻网站两大类。所以，这类新媒体编辑是一个特指概念。比如，《人民日报》、新华社、中央广播电视总台等传统新闻媒体单位的新媒体编辑，新浪、搜狐、一点资讯等商业新闻网站的编辑。本书探讨的新媒体编辑业务主要指这类。

通过下面这则新华新媒文化传播有限公司（新媒体中心）招聘公告可以简单地了解专业新闻媒体单位新媒体岗位设置和工作内容情况。

新华新媒文化传播有限公司（新媒体中心）招聘公告

2017年04月21日 16：06：23 来源：新华网

为适应新华新媒文化传播有限公司（新华社新媒体中心）事业发展的需要，现面向社会公开招聘新媒体营销、推广、技术、采编等岗位人员。招聘工作按照公平、公正、公开的原则，公开接受报名，公开组织考试，全面考核，综合评价，择优录用。

一、招聘岗位

营销总监、终审发稿人、新媒体编辑、技术总监、推广总监。

二、岗位要求

（一）总体要求

（1）政治立场坚定，品行端正；工作踏实、吃苦耐劳、积极进取；有良好的沟通能力和团队合作精神。

（2）对新媒体有浓厚的兴趣，熟悉新媒体应用，对媒体融合发展趋势、技术研发、营销、推广等有一定的认识。

（3）具有大学本科以上学历；从事相关工作2年以上；身体健康，年龄一般不超过40周岁。

（二）具体要求

（1）营销总监：具有一定的市场渠道、客户积累和市场经营经验，能够独立开展新媒体经营活动。

（2）终审发稿人：熟悉新华社报道采编发流程，具有较高的时度效把握能力和水平；有独立策划、组织、协调大型新媒体报道的经验；已通过新华社终审发稿人资格考试，成绩优秀者优先。

（3）新媒体编辑：对新媒体有浓厚的兴趣；能够熟练使用新媒体；熟悉新华社报道采编发流程及新媒体采编业务特点；熟练掌握音视频剪辑、直播技能，能出镜主持；有H5、小程序等轻应用的制作经验。

---

[1]《互联网新闻信息服务单位内容管理从业人员管理办法》[EB/OL].http://www.cac.gov.cn/2017-10/30/c_1121877917.htm.

（4）技术总监：对新媒体技术有浓厚的兴趣，有一定的项目管理经验；具有较强的新媒体技术素养。能够组织研究新媒体技术发展架构，规划开发产品；熟悉新媒体技术应用的开发及维护。

（5）推广总监：对新媒体有浓厚兴趣；熟悉两微一端的推广；有一定的大型推广活动设计实施的经验。[1]

三、新媒体新闻编辑的职业特点

（一）兼具被动性与主动性

编辑这一角色自身就有一定被动性，因为，他们往往是对已经基本成形的新闻产品进行最后的加工，无论这种加工具有怎样的创造性，都是以他人的工作成果为基础的。很多门户网站新闻内容是建立在购买有新闻采编资质的专业新闻媒体内容版权基础上的，因此，在新媒体新闻编辑中，对新闻内容加工的有限性和被动性是存在的，有时也显得很突出。

但新媒体新闻工作也赋予了编辑更大的主动性。

这种主动性首先表现为新媒体编辑在稿件的整合过程中，可以对稿件之间的关联性进行梳理。例如，通过一个新闻报道单元来更完整地报道一个线索复杂的事件，以此帮助受众更好地理解各种新闻事件和社会性现象之间的关系。这种梳理，包含了主观的选择、判断，是主动性的一个重要方面。

这种主动性还表现为，新媒体编辑可以创造性地进行新闻专题的策划与组织，化被动为主动。在这种主动性的作用下，新媒体编辑可以策划出与众不同的专题，即使是同样的选题，也可以通过内容的选择与整合方式表现出新媒体的个性，表现出编辑独特的观察视角。

围绕新闻组织评论也是新媒体编辑主动性的一种表现。评论是深化与解读新闻的一个重要手段。根据稿件的需要来选择合适的评论，可以更好地表现编辑的传播意图，引导受众。

组织互动也是发挥新媒体编辑主动性的一个重要方面，新媒体编辑不仅要设计出好的互动形式、管理好社区，还要充分挖掘受众在互动过程中形成的各种资源，将它们与新闻传播活动充分结合起来，使之释放出更大的能量。

新媒体编辑工作的主动性，还将随着对新媒体新闻业务认识的深化而不断丰富与加强。

（二）兼具整合性与原创性

由于受到国家相关政策的约束，新闻网站目前在采访方面的空间有限，因此，新媒体新闻编辑工作更多体现为对传统媒体报道内容的整合。很多人感叹，新闻网站没有

---

[1] 新华新媒文化传播有限公司（新媒体中心）招聘公告［EB/OL］. http://www.xinhuanet.com//newmedia/2017-04/21/c_1120851988.htm.

自己的原创。但是，如果我们从广义而不是狭义方面去理解原创，就会发现，事实上网络新闻工作总是蕴藏着丰富的原创空间。

有研究者认为，新闻的原创表现在以下几个方面：

（1）新闻内容的原创性。主要表现在独家报道，特别是对重要新闻的第一时间报道和独特视角的报道等。

（2）新闻组合结构的原创性。相关新闻信息间的组合配比方式以及整个媒体的新闻信息与相关背景资料的布局方式等。

（3）传播方式的原创性。主要是指传播新闻的技术手段。

除了以上几个方面原创外，新闻评论也是原创的一个重要方式。

因此，新媒体新闻的原创性目前主要可以通过以下几个方面得以实现：一是专题、二是评论、三是形式再包装（如利用Flash技术整合已有新闻素材，制作出全新的新闻报道）。这些都为新媒体编辑提供了足够的创造空间。

充分理解新媒体新闻编辑工作的原创性，有助于编辑的主动性与创造性的发挥，也是不断提高新媒体新闻水平的重要基础。

（三）把关的重要性更强

新媒体传播的特点，使一些人认为，在新媒体中不再存在"把关人"，这是认识上的一种误区。事实上，新媒体新闻编辑就是新媒体中最主要的"把关人"之一。尽管看起来很多编辑只是在做新闻的"搬运工"，即将新闻从别的媒体转发到网站，但是这种搬运工作也是把关的一种体现。转发什么样的新闻，不转发什么样的新闻，将什么样的新闻放在什么样的位置，都是把关的具体表现。

（四）跨专业、跨媒体

互联网既是一个传播媒体，又是一个技术平台。运用互联网进行新闻发布，不仅需要良好的新闻素养，还需要一定的技术能力。这包括：① 互联网资源的利用能力；② 互联网新闻发布系统的运用能力；③ 基本的网页制作技术等。

同时，新媒体新闻编辑需要能胜任不同类型信息的处理工作，包括文字、图片、图表、音频、视频、动画等，这样才能满足多媒体化新闻工作的要求。

除了内容的生产外，新媒体编辑还需要完成大量的互动组织工作，这需要传播学、社会学、社会心理学、管理学等各种知识的支撑。

因此，新媒体新闻编辑工作是跨专业、跨媒体的，对于编辑的知识结构、技能结构等都提出了很高的要求。

四、新媒体新闻编辑工作主要内容

新媒体新闻编辑工作内容十分丰富。总体上看，工作可以分为四个层面，即新媒体新闻报道活动的策划、新媒体新闻的选择、新媒体新闻的加工以及新媒体新闻的延展。

（一）新媒体新闻报道活动的策划

策划本身是一种程序，是一种脑力劳动，是属于未来的事物，也就是说策划主要是针对未来所发生的事物进行决策。换句话说，策划就是对事物的因果关系进行多方面的分析，使用更多的可衡量的措施。在新媒体生态环境中，由于竞争的激烈性还有未来形势的严峻挑战，这些都需要编辑工作有更多的创新。新闻报道策划作为在实践中使用最为频繁的微观策划活动，在当前的新闻竞争中正发挥着越来越重要的作用。所以，精心组织和策划新闻报道活动已成为新媒体编辑工作的首要任务。

（二）新媒体新闻的选择

新媒体新闻的选择是对纷繁复杂的信息进行筛选与价值判断的过程，同时也是一个把关的过程。

新媒体新闻的选择不仅要考虑到新闻自身的真实性与价值，也需要充分考虑新媒体的定位及其所服务的受众对象的需要，而所有工作都要在相关政策与法律体系的基本框架下进行。

（三）新媒体新闻的加工

新媒体新闻的加工，是对传统媒体新闻编辑经验的继承与发扬，它是保证新闻质量的一个重要步骤。

新媒体新闻加工的另一个目标是使新闻更好地适应自己的目标读者需要以及新媒体新闻传播的特点，这包括对于新媒体新闻信息的外在形式进行一定的改造。

此外，由于新媒体的多媒体特性，新媒体新闻加工的对象已不局限于文字稿件，还包括图片、图表、音频、视频、动画等，这对新媒体新闻编辑的素质提出了新的挑战。

虽然单篇稿件的加工是新媒体新闻编辑工作的基础，但是，发掘新闻之间的内在联系，用更有序的方式呈现新闻，是提高新媒体新闻竞争力的重要途径，它也是新媒体新闻编辑的更高追求。

新媒体新闻的整合分为内容上的逻辑整合与形式上的整合。

新媒体新闻的内容整合，又可分为三个层面：挖掘各种新闻或信息之间的内在联系——基本层面；策划新闻专题与组织报道——中间层面；构造整个新媒体内容框架及整合各类媒体内容资源——宏观层面。

（四）新媒体新闻的延展

虽然新闻稿件的基本加工与整合是新媒体编辑的主要任务，但是，新闻编辑的视野不能局限于已有的稿件中，新媒体新闻需要通过不同的方式加以延展。

新媒体新闻的延展既可以指微观层面单一新闻报道层面的拓展，也可以指宏观层面的新媒体新闻编辑工作的延展。

从微观层面来说，就是需要通过评论、互动及社交媒体等多种手段的有机结合，来解读、延伸与发展新闻报道，形成一个更加完整、丰富的新媒体新闻传播体系。并通过有效的方式来评估传播效果，根据需要对传播手段与方式做出相应的调整。

从宏观层面来说，除了新媒体新闻稿件各种方式的编辑工作外，新媒体编辑还需要有效地开展新闻评论的组织、新闻论坛的管理、受众调查的实施、新闻传播效果的评估、受众的互动等工作。

此外，一些新的技术也在不断拓展着新媒体传播的手段与途径，它们也是新媒体新闻延展的另一个层面。

第三节 新媒体编辑应具备的素质和综合能力

随着新媒体时代的到来，新闻传播模式经历着翻天覆地的变革。从社交自媒体到专业的新闻客户端，再到VR全景以及视频实时回传直播……如今，新媒体编辑的工作不再是"剪刀＋糨糊"，新闻发布的快捷性、新闻信息的数字化、新闻形式的多样性，对新媒体编辑提出了更高的要求。除了懂新闻、能编校，新媒体编辑还必须是一名多面手，具备各方面的综合能力和创新思维。

一、新媒体编辑应树立的角色理念

（一）正确引导社会舆论方向

新时期，新媒体的数量不断增加，规模不断扩大，对传统媒体行业造成了极大的冲击。在互联网技术的发展推动下，任何人在任意时间，都可以发布任何消息。这种信息传播的及时性与随意性，让当今时代成为一个"人人皆知"的时代。而这种时代特性，在促进新闻媒体发展的同时，也对互联网及社会环境，造成了不良影响。因此，作为一名新媒体编辑，必须树立正确引导社会舆论方向的理念。

作为一名新媒体编辑，需要具备对新闻、信息的有效判断与甄别能力，在开始编辑新闻内容之前，必须事先做好调查求证工作，在保证新闻内容真实性的前提下，利用专业媒体机构的公信力，将新闻内容传播开来，让社会大众通过相关渠道了解事件的真相，以保证网络舆论的正确走向。2017年3月5日，一则题为《辛东彬狂妄叫嚣：只要乐天打点折　中国人就屁颠跑来买》的新闻报道，描述了韩国《环球新闻眼》对乐天集团会长辛东彬的采访记录。文中称，当记者问到当前中国人抵制乐天，乐天集团将作何打算。辛东彬表示：按照中国人的"市侩""无骨气、无血性"特点，只要降价就能够提高销量，并评价中国人"对国家的责任感似乎很淡"。此后观察者网刊文报道，澄清了这一假消息，并指出了假消息最初是一位名为"蓝心阁"的网友在某论坛上发布的，而韩国根本不存在《环球新闻眼》这一新闻媒体，乐天集团也并未接受过相关采访。认真调查求证，积极引导社会舆论，拒绝消费"民族主义"情绪，对网络上的虚假信息及时辟谣，是作为一名合格的新媒体编辑最基本的职业素养。

（二）合理策划，从全局角度编辑新闻

随着各种App客户端的发展、应用，人们接受新闻信息的方式、渠道日趋多样化，但是只有高质量的新闻内容才能够吸引更多受众、读者。所以需要新媒体编辑重视策划的主题，从全局角度出发对新闻进行编辑，从而为广大受众提供更多有价值的新闻信息。例如，在十九大会议期间，基于"互联网＋"这一背景，各个网站PC端成为报道会议内容的主要阵地。其中，中央新闻网结合本次会议的主题，从全局的角度出发，派出了多位经验丰富记者，并充分发挥自身的优势，形成了线上、线下联动的新闻编辑机制。基于这一前提，"十九大开幕""总书记""十九大"等高频词汇出现在新媒体中，为广大受众提供了更多关于会议的相关信息，满足广大受众的需求。各大网站均对十九大进行了专题报道。如新浪、腾讯、网易、搜狐、凤凰等，其中还有自媒体平台对十九大的内容进行深层次分析、解读，加深了受众的理解。

在全国性的"暖新闻"宣传活动中，无论是网易、凤凰、新华等知名网站，还是地市级的网络平台，都在新闻标题中加上了"暖新闻"的标签，并且每一天都会为受众推发一条相关的新闻，以此来紧扣活动主题。以连云港为例，连网属于地市级的网站，在此期间网站紧紧握住这一发展机会，对主题进行了全方位的策划，凭借"互联网＋"技术，积极推出手机H5页面、网络专题与相关的网络活动。这一举措不仅得到各界的好评，也进一步促进了自身的发展。在发展推广的过程中，连网将主题定为"人，温暖城市；城市，温暖人心"，将连云港每天发生的暖心事件作为编辑的主要内容，不仅包含重大的典型事情，也为受众提供生活中小而温暖的故事，从而向社会传递更多的能量。总的来说，在"互联网＋"的时代背景下，新媒体要想实现"华丽转身"的目标，就需要结合当前新闻的大环境，对新闻内容、新闻主题进行合理策划，以全局为出发点，为受众传播喜闻乐见的咨询内容。同时，全面掌握受众对新闻内容的偏好，结合自身的实际进行角色定位，优化新媒体的编辑工作，推动新媒体的发展。

（三）不间断操作，树立全天候编辑意识

新媒体最突出的特点，就在于传播的及时性与实时性，而作为一名新媒体编辑，必须具备全天候的编辑意识，如此才能保证在新闻事件发生的第一时间，将准确、真实的新闻信息发布出来，让广大民众能够及时了解事件真相。相比于传统媒体，新媒体的新闻发布，不受时间的限制，而面对世界各地的新闻受众，新闻编辑同样需要在第一时间，将有关消息及时地发布出来，以保证新媒体传播的实时性。以2017年8月8日四川九寨沟地震为例，由于九寨沟是我国的旅游胜地，每天都有众多来自全国各地，甚至世界各地的游客到此游览，地震发生之后，广大游客家属及普通民众，都希望能够尽早了解到处于灾害地点的人们的生命安全情况。而在地震发生的第一时间，四川省人民政府联合权威网络媒体，公布了九寨沟管理局的应急电话，并对网络上的不实"灾害现场"进行了辟谣，实时跟踪报道抢险救灾状况。无论是网站编辑、客户端编辑、微信编辑还是微博编辑，在此期间都付出了极大的努力，尽量保证有关消息的及时推送。

当前，网站、客户端和微博采用的新闻推送模式，为"固定更新＋不定时更新"，这种模式的特点，就在于广大民众可以每天定时接受一些新闻实事，而当有重大事件或突发事件发生时，民众也可以通过推送消息，及时了解到事件的进展。由此可见，新媒体编辑需要"24小时"待命，及时关注相关热点，以保证能够及时跟进、更新新闻内容。

（四）积极参与学习，掌握不同的编辑技术

新媒体编辑工作具有内容丰富、形式多样的特点，这就需要新媒体编辑能够具备较强的编辑能力，对此，新媒体编辑应具有主动学习态度，并不断提升自身的学习能力。相比于传统媒体，新媒体编辑工作在很大程度上，会受到技术的影响，也就是说，每一次技术革命、每出现一种新的编辑形式，新媒体编辑都需要对其进行有效的学习，并熟练掌握其运用办法，这是增进新媒体竞争力的重要途径。作为一名新媒体编辑，需要主动学习、不断学习新技术，并能够运用这些新技术，来有效整合新闻内容，以最合适的方式去表现新闻内容，从而更好地吸引广大民众对新闻事件的关注度，提高信息服务的质量。除基本的文字功底、新闻敏锐性与编校能力，作为一名新媒体编辑，还需正确认识新媒体的传播特征，熟练使用多种新媒体软件；同时还应掌握软件当中相关图片处理工具的应用办法；视频与音频剪辑的理论与技术，也应有所涉猎。作为一名新媒体编辑，需要正确了解微信、微博、客户端等平台的优势特点与后台操作流程，从而保证新闻内容能够通过最佳途径传播开来，实现其社会引导价值。

综上所述，"互联网＋"时代，新媒体编辑要明确自身的角色定位，为大众带来更优质的信息服务。[1]

二、新媒体编辑需要具备的素养

（一）扎实的采编业务素养

在传统媒体环境中，媒体编辑更多扮演的是幕后者角色，岗位责任主要集中于对新闻信息的加工和提炼，即由他人提供信息，然后对信息进行修整、完善、文字美化等具体工作。但在新媒体环境中，随着受众对新闻信息时效性、大众性要求的不断提升，媒体编辑角色也不断发生改变，工作职责也从一开始的以"编"为主，逐渐发展为"采编结合"，谁能在第一时间内采编大众需要的新闻信息，谁就能抢占新闻市场的先机。因此，新媒体编辑必须具备扎实的采编功底，要时刻加强对自身采编能力的锻炼，遇到任何一种社会现象、突发状况，都应在脑海中对其进行新闻采编处理，久而久之无论遇到任何情形的新闻信息，都能在第一时间选择正确的新闻采编方式，达到熟能生巧的效果。

（二）极强的政治素养

媒体的生命力在于真实、客观，特别是在信息大爆炸的当下，人人都能成为信息发布者，新闻的真实性、客观性就更显得难能可贵了。部分新媒体为博取受众眼球，为博得人民群众的青睐，不惜以歪曲事实的手段，丑化政府部门或其工作人员的形象，丑化党的形象。此外，也有部分不法分子或西方敌对势力，为制造社会动荡，散播侮辱党和政府形象的新闻信息。面对新闻信息斑驳复杂的形势，新媒体编辑必须加强自身政治素养建设，深入领会国家大政方针，不偏听偏信，增强政治敏感度，自觉维护党和政府的权威性。

---

[1] 侯夷."互联网＋"时代编辑的华丽转身——浅谈新媒体编辑的角色定位［J］.新媒体研究，2018（6）：115-116

（三）朴实的大众素养

受众对新媒体大众化、互动化的需求特征，决定了新媒体编辑要想制作出受众喜爱的新闻信息，就必须不断提升自己的大众素养，具体来讲，可以从以下三点着手。

第一是品格特征亲民化。新媒体编辑的采编要求进一步提升，要想获取第一手资料，就必须深入到人民群众中，获得人民群众的信任，这样才能发觉群众中存在的新闻信息。

第二是文字表达大众化。新媒体之所以能够获得广大人民群众的认可，根源在于它与传统媒体的规矩、条框、刻板、模式化大不相同，它文体自由、洋洋洒脱，因此，新媒体编辑必须不断发挥这一优势，多用大众化的字眼描述新闻信息，增强受众的亲近感。

第三是信息交流互动化。新媒体编辑就自己所发布的新闻信息，应保持开放态度，热情回复受众留言，并置顶部分精华留言，增强受众获得认同感，提高他们参与留言的积极性。

（四）良好的 IT 素养

新媒体内容传播的物理基础是高新技术，其功能的开发运用也要依靠高新科技。新媒体内容的表现形式越来越趋向融合新闻的形式，集视频、音频、文字、图片以及大量相关信息链接的立体报道形式。新媒体编辑必须跟上时代发展步伐，认清新媒体发展所依托的基本载体，不断提升自己的 IT 素养，提高工作效率，改变工作方式，转变工作思维，迎接新挑战。一是要熟悉互联网界面设计原理，如 HTML 语言，网页排版布局等，只有掌握了这些基础设计原理，才能给受众在页面布局、插画配图等方面以耳目一新的感觉，增强新闻信息的趣味性；二是熟练掌握各种新媒体工具的操作技巧，如微信公众号、微博、客户端等，保证新闻信息在第一时间发布出去，避免时间上延迟。

总之，新媒体编辑作为新媒体与受众直接相关的个体元素，要想保持新媒体与受众的天然密切联系，除具备传统媒体编辑所应具备的基本功素养外，还应具备更加突出的政治素养、大众素养和 IT 素养，从而确保受众需要得到满足，为新媒体发展注入持续动力。[1]

三、新媒体编辑能力要求

（一）跨文化传播能力

21 世纪以来，经济全球化进入了一个全新的阶段，新媒体成为各国民间交流的媒介，为获取信息提供了许多便利。为了扩大中国文化的影响力，新时期下的新媒体编辑应当具备跨文化传播的能力，一方面，拥有跨文化传播能力能够帮助中西方新闻报道间互相交流，有利于获取其他国家和地区的新闻现状，了解其他国家和地区的发展情况，

---

[1] 马晓萌.从市场需求论新媒体编辑应具备的基本素养［J］.一线，2018（5）：161-162.

以保证中国在发展中能够掌握到其他国家和地区的发展现状，紧跟世界发展潮流；另一方面，新媒体编辑通过掌握跨文化传播能力，能够考虑到中国与其他国家之间的文化差异，在无形之间达到向其他国家输出我国思想观念的目的。

（二）快速编辑的能力

不论是传统媒体编辑或是新媒体编辑，都需要具备快速编辑的能力，将新闻事件及时记录传播。新媒体相比传统媒体，后者受到发行时间限制而产生延时性，由于新媒体具备即时性，从而对快速的编辑能力具有更高的要求。新媒体编辑需要从海量信息中筛选出具有新闻价值的信息进行报道，确保广大人民群众能够得到第一手新闻，了解国内外的最新事件。

（三）准确编辑的能力

准确性是新闻报道最基本的要求之一。互联网为新闻信息的传播提供了先进的技术支撑，同时也为虚假信息的传播提供了便捷路径，传言、谣言、谎言借助互联网可以更加迅速地传播。新媒体编辑需要对新闻事实深入调查、多方核实，守住新闻真实的底线，能够准确从各种信息中汇总出最有价值的新闻。同时，由于当前社会发展，人们进入了快节奏的生活，这就要求新媒体编辑必须具备用最准确、精炼的话语报道新闻的能力。通过对新闻的准确编辑，保证新闻的传播效率，提高新闻的准确性。

（四）管理协作的能力

在当前融合新闻的环境下，新闻的编辑发布过程不能由一个人单独完成，需要众多部门的协作，这就需要新媒体编辑具备管理协作的能力。

由于新媒体编辑个体间存在着差异性，这种差异不仅体现在编辑人员个性上，还体现在编辑人员在写作稿件时选取的视角、写作风格上的不同。因此，编辑人员在制作新闻过程中，必须加强各部门之间的协调、部门和编辑间的协调，以及编辑和编辑间的协调。因此，新媒体编辑必须具备管理协作的能力，通过多方面的协调确保新媒体行业下新闻稿件的完美。

（五）及时反应的能力

相比传统媒体由于出版时间的延后，在编辑报道中具有延时性特点，而新媒体能够随时随地进行报道，更具有即时性。在新闻发生过程中，常常会存在各种情况，因此，新媒体编辑必须具有及时反应的能力。当重大新闻发生时，新媒体编辑应当随时判断，选择更符合新闻发展目标，更适合新闻报道要求的报道方式，同时，新媒体编辑应当及时根据事件发生状况改变对新闻的报道情况，对要闻、大新闻进行集中报道。

（六）运用科技的能力

新媒体编辑与传统媒体编辑最根本的区别在于对科学技术的应用。新媒体编辑更加依赖于科学技术，新闻阅读者可以通过关键字搜索等方式更加便捷地寻找自己所需要了解的新闻。同时，新媒体编辑可以运用多种形式表现新闻内容，加深读者对新闻的理解和印象。相比传统媒体中的图文表达，新媒体编辑更加生动形象。[1]

第四节　新媒体从业人员发展概况

一、新媒体从业人员职业发展与职业资格管理现状[2]

总体来看，当前网络编辑、记者等新媒体从业人员呈现出明显的年轻化、高学历倾向。与此同时，职业低龄化趋势也表现明显。调查显示，超六成新媒体从业人员工作年限在五年以下，且女性总体职业年龄比男性更低。

新媒体从业人员中，七成新媒体从业人员从事内容编辑制作和新闻采访写作工作，女性从事内容编辑制作的人员比例比男性更高。新媒体从业人员在互联网站工作的占到近六成，从事"两微一端"工作人员也占到三分之一左右。

新媒体从业人员中没有网络或新媒体采编资格证的高达78.89%。有记者证的人员比例占24.44%。超七成新媒体从业人员因为编辑制作信息具有采访工作需求，七成无记者证新媒体从业人员因为编辑制作信息具有采访工作需求。超八成受访者认为新媒体从业人员需要或非常需要记者证。近四成受访人员认为新媒体编辑（记者）职业水平很高或较高，认为新媒体编辑（记者）职业水平一般的人员比例超过一半。超八成受访人员认为新媒体编辑（记者）需要实行职业准入制度，且认为新媒体编辑（记者）需要进行统一的职业培训和考试。

因此，有必要加强新媒体从业人员职业准入和职业培训，加强新媒体记者采访权保障和记者证发放与管理工作。

二、新媒体报道存在的问题

（一）报道缺乏广度和深度

相比传统媒体，新媒体报道更具有即时性和便捷性，人们可以随时通过手机APP浏览网页来获取相关资讯。人们对新闻的需求量不断增加，而编辑人员短期内无法适应由编辑模式的转变带来的新闻报道的变化。当前，一旦出现新闻，各家媒体纷纷对其进行报道，导致新闻内容单一，限制了新媒体作用。另一方面，许多编辑为了扩大新闻价值，会对新闻当事人的隐私进行深究，给新闻当事人带来困扰，导致人们对新媒体行业印象不佳，不利于新媒体行业的长久发展。

同时，一些新媒体编辑为了增加关注度，成为"标题党"，利用耸人听闻或是低俗的标题来吸引读者的关注，以提高新媒体编辑行业发展的商业利润和商业价值。这些报道通常毫无营养，导致当前新媒体环境下的新闻报道缺乏广度和深度。

[1] 杨江科杰，熊志华.关于新媒体编辑的创新机制研究［J］.新闻传播，2017（12）：55–56.
[2] 陆高峰.新媒体编辑记者职业资格管理现状及需求调查［J］.淮阴师范学院学报（哲学社会科学版），2016，38（3）：398–402.

（二）报道缺乏可信度

当前，我国新媒体行业迅速发展，许多新媒体司为了扩大经营规模，在用人制度上较为宽松。导致当前新媒体编辑工作者的职业素质和专业技能缺乏，一方面，当前媒体为了吸引读者关注，采用夸大新闻事实或是编造新闻事实的方法，使得新闻报道失实，无法满足新闻的真实性。另一方面，新闻内容的失实对群众产生误导，受到误导的群众会失去对新媒体行业的信任，引发对新媒体行业的反感，引发一系列的不良反应。

（三）新媒体报道缺乏有效监管制度

新媒体编辑行业与传统编辑行业不同，针对传统编辑行业，能够采取有效的监督管理机制。由于新媒体环境较为复杂，对新媒体监管难以落到实处。在传统编辑行业中，一旦出现报道失实或是不良报道，很容易就能够找到责任编辑由其负责；而在当前新媒体环境下，媒体编辑之间关系复杂，对不实报道或是不良报道源头的追究更为困难，使得行业发展有些混乱。

三、新媒体编辑创新机制的建议

（一）提高新媒体编辑的综合素质

1. 提高新媒体编辑对报道的责任感

在新媒体环境下，由于新媒体公司的逐利性，追求报道的商业利润而忽视报道的真实性，夸大报道内容，对新闻报道不负责任。因此，必须提高新媒体编辑对于报道的责任感，改变报道中的单一性，促进新媒体编辑的多样性。只有新媒体编辑具有对自身写作报道新闻的责任感，才能够促进稿件质量的提高，促进新媒体行业的发展。

2. 提高新媒体编辑的职业素质

由于新媒体行业迅速发展，新媒体公司放宽了人才选用的要求。因此，必须加强对现有新媒体编辑的培训，要求新媒体编辑能够快速全面地搜集材料，辨别信息的真伪，从中寻找符合广大人民群众关注的新闻。同时，招收更多新闻编辑专业人才，提高新媒体编辑的职业素质，最终提高新媒体编辑行业的新闻稿件质量。

3. 报道符合社会主流思想的新闻

当前，一些新媒体编辑所编写的新闻不符合社会主流思想，甚至是对负能量的传播，对社会造成了不良影响。因此，新闻报道必须符合社会主流思想，反映出社会发展目标，提高人民群众对社会主流思想的认同感。同时，通过主流思想的传播改变网络舆论带来的网络暴力，在新媒体稿件中传播社会主流思想，引导人们思想进步，最终促进整个社会的发展。

（二）制定新媒体管理的相关政策

针对我国新媒体发展中追求大众关注率，吸引大众眼球而夸大新闻标题的做法，新媒体稿件中侵权现象的存在，仅仅依靠行业自律远远不够。因此，国家必须制定相关法律法规，对新媒体稿件进行管理，不断丰富传播内容，提升传播速度，扩展传播渠道，加大传播范围，通过制定新媒体管理的相关政策，维护网络秩序，加大对有害信息的惩处，构建符合社会发展思想，有益于人们身心发展的网络环境。

（三）创新新媒体传播形式

新媒体编辑在进行信息传播时应当对传播形式进行创新。在利用新媒体传播时，需要将新媒体和传统媒体结合起来。在使用新媒体进行稿件传播的同时，应能结合多种媒体形式进行传播。如：车站的LED显示屏，公交车上的移动媒体等形式，对新闻稿件进行传播，以期为受众带来新的体验，吸引群众的关注，扩大新闻的影响力。

（四）优化稿件评价制度，激励新媒体编辑工作积极性

在传统媒体管理制度中，长期平均主义的分配制度使新媒体编辑缺乏动力和压力。当前，由于对稿件的价值也缺乏标准的核算制度，没有客观评价标准。因此，新媒体所属单位可以采用绩效制度对新媒体编辑进行管理，优化对新闻稿件的评价制度，制定能够综合各方面考量的客观评价标准。一方面，对优秀稿件的编辑者给予表扬和奖励，提高其工作积极性，另一方面，对稿件写作内容较差、对报道失实和夸大性报道的编辑者进行处罚，在法律监督处罚之外，对新媒体工作者进行处罚。[1]

案例讨论

［媒体人的一天］新华网李洪雷：网站编辑都干点儿啥

学新闻出身的我自然少不了从事各类媒体的同学朋友，有报社记者、电台主播、杂志编辑、电视编导，当然也有我这样的网站编辑。每每聚会不免谈及工作，"新闻搬运工"往往成为他们眼中网站编辑的代名词。身为小编的我每临此境就会喟叹一声，隔行如隔山，"古人诚不我欺也"。其他媒体工作或可为"新闻制造"，而小编自忖网站编辑是在进行"新闻创造"工作，并非仅仅复制粘贴。

"春来常早起，幽事颇相关。"小编每日六点起床七点出门，这点儿颇相关的"幽事"就是一路乘着绿色公共交通，掌中阅尽天下大事，似皇帝早朝批阅奏章般倒也平添一些情趣。帝都的早高峰有时却会添几分堵，没了时间只好将早餐打包，加快节奏边走边吃，不免似狼吞虎咽，恰巧八点到办公室打指纹记录考勤。

选稿、调整格式、修改标题、优化图片、设置关键字……常规的稿件编发是一天工作的开始。可不要小看这项貌似简单的操作，它可是保障网站内容更新最基础的工作。这里面也有很多的门道，小编不仅要清楚SEO、PV、UV等概念，还要学会如何通过稿件编发来提高Alexa排名。除此外，小编还要熟练掌握Photoshop、Flash等图形图像处理软件，懂得DreamWeaver、HTML、JavaScript，还需文笔流畅、思路清晰。总而言之，这项工作既需要会复制粘贴的"新闻搬运工"，也需要技艺精通的全媒体人才。

如果你以为每天小编的工作仅仅是这样，那么只能说你错了。正如开头所言，我

[1] 杨江科杰，熊志华.关于新媒体编辑的创新机制研究［J］.新闻传播，2017（12）：55-56.

们是在进行"新闻创造"工作，而专题策划制作集中体现了这一点。小编所在的部门每天都要开早编会，大家聚在一起汇集新闻热点、报选题做策划，运用互联网最新技术制作交互集成专题。专题形式多样（包括创意视频、视觉杂志、地图新闻等）、内容主题唯一，内容产生新闻、新闻创造价值。小编觉得这就是新闻创造的过程，它不是同质新闻的堆砌，而是把新闻价值最大化的过程，使受众获取更多有价值信息。为此，小编所在团队经常加班加点，尤其是在有新闻事件突发时。比如说两会期间，专题组熬到凌晨是再正常不过了，提神的咖啡苦茶更是人人标配；可是当看到自己的产品成型时，甚至出现在央视焦点访谈上时，身体的疲惫也不禁一扫而空。

小编也负责某局官方网站的更新维护，尤其要有政治意识、大局意识和责任意识，文字、图片编辑工作更要谨慎为之。为确保领导活动信息及时上网，小编手机7*24小时开机，随时能够编发稿件上网。

全天候待在办公室工作的小编，毋庸置疑是单身，迫于各方压力也就浑浑噩噩加入相亲大军。他人相亲正如"留连戏蝶时时舞，自在娇莺恰恰啼"，而小编却是"相谈甚欢刚刚好，加班电话急急催"。时常出现这种情况，小编也自有招数应对，干脆就把见面地点定在单位附近，恰是一举两得双不误。

正在小编打如意算盘的时候，电话铃响了，领导活动的稿件传了过来，抬头望一望墙上的钟表，指向了夜里十一点……

（案例来源：2015年5月4日 14：36：01 中国记协网）

你对网站编辑有何直观认识，和你在学习本章内容之前相比，认识有何不同？

课程实训

思考

1. 新媒体编辑与传统新闻编辑有何不同？
2. 新媒体编辑需要具备哪些能力和素养？

实践

参观一家媒体单位的新媒体部，了解新媒体编辑工作流程，并感知新媒体编辑现实状态。

第二章　新媒体新闻报道策划

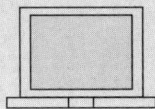

基础理论

新闻报道策划是新闻传播主体运用各种信息传播手段，为广大受众提供最佳新闻信息的一种创造性活动。面对日益激烈的市场竞争，新闻报道策划早已成为各媒体增加新闻产品竞争力、满足受众多样化需求、获得理想的社会效益与经济效益的一种基本且必要的行业实践。当下，新媒体蓬勃发展推动传媒生态格局发生巨大改变，如何在新时期继续发挥新闻报道策划的作用，新闻报道策划本身又有怎样的新发展、新特点，这是业界与学术界共同关注的话题。

第一节　何为新闻报道策划

一、策划

"策划"一词在《现代汉语辞海》中被解释为"积极主动地想办法；定计划，着重在为使对方陷入被动，而暗地里出谋划策（多含贬义）"，在《汉语大词典》中解释为"谋划，计谋"。"策划"一词按照哈佛企业管理丛书编委会的定义为："策划是一种程序，在本质上是一种运用脑力的理性行为"。策划在英文中叫SP，是strategy和plan的缩写，在日本叫作企划，在美国也叫"软科学"或"咨询业"。

策划的内涵十分丰富，包括"企业策划"，如为某一品牌的推广而制作的策划方案、营销方略；"公关策划"，企业为宣传自己，或解除公关危机而进行的一系列活动，如在食品安全事件发生后，管理者当众品尝自己企业的产品等等。与新闻更为接近的是"广告策划"，如在巴西世界杯的广告宣传中，可口可乐和百事可乐制定了不同的广告策划方案，在发布的一段广告视频中，可口可乐主要讲述世界各地球迷的故事，走的是"普世"路线；百事可乐则突出个性和明星效应，除了足球界的顶级球星外，还有流行歌手参与进来。通过分析不难发现，策划一般具备如下元素。

第一，强调主观能动性。无论是"谋划"还是"积极主动地想办法"，都是人的主动性的发挥，策划的成功，依赖于人的思维、智慧和经验等等。

第二，具有较强的目的性。策划是为了达到一定的目的而设计方案、采取行动，具有明确的目标指向，在目标的指引下进行实践，落实策划方案。

第三，策划与创新紧密相连。在策划中强调创意，谋求创新。创新是策划的核心元素，而这种创新必须具有可行性，否则无法付诸策划实践。

第四，策划是对未来的计划、规划。策划是对未来行动的谋划和安排，要求策划者对未来有一定的前瞻性和预见性，能够科学地进行评估，对不断发生的新情况有应变能力。

二、新闻报道策划概念梳理

"新闻报道策划"概念的提出，源于20世纪90年代新闻业界与学界对"新闻策划"的广泛争论。1996年和1997年，上海《新闻记者》和四川《新闻界》几乎同时对"新闻策划"这一课题展开探讨，由此引发众多学界与业界人士投入这场激烈的讨论。深圳大学教授丁未认为，"新闻报道应当事实在先，新闻（报道）在后"，新闻报道活动可以策划，但新闻事实不能策划。而"由媒介参与、组织发起的社会性活动，不论有无商业背景，都应视为媒介的公关行为。"[1]艾风认为，新闻策划"是编采人员对新闻业务活动进行有创意的谋划与设计，目的是更好地配置与运用新闻资源，办出特色，取得最佳社会效益"，并在此基础上对"新闻策划"与"公关策划"做了区分。[2]

2001年6月，华中科技大学新闻学院举办了"新世纪首届新闻策划学术研讨会"。2008年9月，"第二届全国新闻策划学术研讨会"在江西南昌召开。研讨会上，大部分代表认为"新闻策划"是个多义词，应摒弃此概念并将新闻策划定位于新闻报道策划。[3]华中科技大学教授赵振宇在其著作《新闻报道策划》中将"新闻报道策划"定义为，"新闻报道策划是新闻报道的主体遵循实务发展和新闻报道的基本规律，围绕一定的目标，对已占有的信息进行科学的分析和研究，着眼现实，发掘已知，预测未来，制定和实施相应的政策和策略，以求最佳效果的创造性的策划活动。"这一概念现已被广泛运用。

新闻报道策划，就是对新闻报道进行的顶层设计，对某一个新闻主题和新闻素材进行充分的挖掘、谋划、整合，实现深化新闻主题、发掘新闻价值、实现报道创新、推出独家精品的目标。创造性是新闻报道策划的立身之本，是第一要义所在。它要求突破思维定式、不落俗套，最好是破天荒、第一次，选用他人未曾选用的主题，采用他人未曾采用的形式，涉足他人未曾涉足的领域。因此，新闻报道策划，就要运用策划者的逆向思维、纵深思维、发散思维、超前思维等创造性思维，充分整合新闻资源，化散兵游

[1] 丁未. "新闻策划"现象析 [J]. 新闻界，1996（6）.
[2] 艾风. 新闻策划是新闻改革的产物 [J]. 新闻界，1997（2）.
[3] 赵振宇，胡沈明. 新闻策划：在规范中前行——"第二届全国新闻策划学术研讨会"综述 [J]. 新闻前哨，2008（11）.

勇式的"游击战"为一场层层包围、各个击破的"新闻轰炸",从而达到点石成金、事半功倍的宣传效果。从实际运行看,新闻报道策划不仅包括对报道选题的决策、对报道方案的设计,还包括在报道实施过程中,不断接受来自各方面的信息反馈,并据此调整原来的方案,进行新的规划和设计。报道策划是一个先于报道运作,又与报道共同运行的持续的过程。[1]

三、新闻报道策划的原则

新闻报道策划既不能脱离客观存在的新闻事实而凭空产生,也不能摒弃报道主体的主观意识而运行。所以,它应遵循这样几条原则。

(1)取信原则。无论编辑如何策划,新闻报道都要实事求是、取信于受众。因为报道策划不是目的,而是手段,目的是向受众提供更高质量的新闻,使报道取得更好的效果。

(2)创新原则。报道策划的价值在于使报道取得不同凡响的传播效果,因此,从报道选题策划到报道方案设计都要追求与众不同、标新立异。在业界,常常用"发现黑天鹅"来形容策划。在策划过程中,突破传统思维方式的创意、集思广益的智力碰撞、源源不断的创造灵感构成了策划的精彩内核,孕育出令人耳目一新的报道。

(3)变通原则。任何策划都是对未来行动的谋略和规划,新闻报道策划亦然。报道客体发展变化并不以人的意志为转移,随时都可能出现策划者未曾预计到的新情况。因此,要把握传播的主动权,策划者就要善于审时度势,随时变通。策划报道时应尽可能对各种可能出现的情况进行分析,使方案具有灵活性、应变性;在报道实施过程中,要紧密关注各方面情况的变化,随时对报道作出修正和调整。

(4)实效原则。新闻策划的最终目标是使新闻报道获得良好的社会效益,同时也为新闻传媒争取更好的经济效益。社会效益是直接的,经济效益是间接的,且是由良好的传播效果转化而来的。策划手段越隐蔽,获得的传播效果往往越好。报道策划要注重报道实效,而不是注重策划技巧的炫耀。

(5)可行原则。报道设计方案必须具有可操作性,能够准确无误地指导新闻米编活动,而不应流于纸上谈兵。在报道策划过程中,要注意对外部环境和内部条件分析论证,使每一步骤的设计都切合实际,能够扬长避短,具有可行性。[2]

四、新闻报道策划的主要类型

新闻报道策划,在不同的类型的媒介表现出各种不同的形态,这也正是它作为一种充满智慧的脑力劳动所特有的魅力。我们可以根据不同的标准,将新闻报道策划分为不同的类型。以下是几种主要的分类。

---

[1] 蔡雯:新闻编辑学(第二版)[M].北京:中国人民大学出版社,2010.

[2] 蔡雯,许向东,方洁.新闻编辑学(第三版)[M].北京:中国人民大学出版社,2014.

（一）以报道客体发生状态作为分类标准

新闻报道策划可分为可预见性报道策划和非可预见性报道策划。

（1）可预见性的新闻报道策划，是指对能够提前获知的事件性新闻和非事件性新闻的报道策划。卫星发射、奥运会等新闻事件或活动，纪念改革开放40周年等非事件性新闻等，这类新闻的报道策划可以提前进行。

（2）非可预见性的新闻报道策划，是指对无法预见的突发事件的报道策划，如地震、火灾、飞机失事、战争爆发等。天灾、人祸等突发事件实效性强，影响面广，要求媒体在没有任何准备的情况下，迅速挖掘新闻价值，设计最佳的报道形式，让受众系统、深刻、全面地了解事件的发展。这类新闻的报道策划一般无法提前进行，通常是在事件发生之后立即策划报道活动。

（二）以报道策划的运行时态作为分类标准

新闻报道策划可分为周期性报道策划和非周期性报道策划。

（1）周期性报道策划，是指媒体采编部门对日常新闻报道的一种常规性策划，策划的时间具有周期性特点，如特定日报道的策划。节日、假日、纪念日报道策划的最大难点就是这些日子是周期性重复，如何不断出新是媒体策划者面临的最大考验。

（2）非周期性新闻报道策划是指根据报道需要临时进行的报道策划，如对突发性新闻事件的报道，一般不可能提前纳入常规性的报道策划中，只有在事件发生之后立即策划报道，这种策划是周期性策划之外的一种应变策划。还有一些重要活动、会议的报道，虽然可以提前准备，纳入周期性报道策划中，但由于报道内容非常重要，需要以长时间、大规模的报道战役来完成，有时也在周期性策划之外专门进行报道策划。做好重大新闻报道的策划，有利于打造媒体品牌，提升媒体竞争力。

（三）以报道策划的运行方式作为分类标准

新闻报道策划可分为独立型报道策划和非独立型报道策划。

（1）独立型报道策划，是指报道策划独立存在，与其他策划活动无关。报道策划者单纯策划对新闻事件的报道活动，报道者并不介入报道客体中。如报道召开全国两会、政府机构改革等。新闻媒介通常是站在旁观者的角度，进行客观报道，这种报道策划是独立运行的。

（2）非独立型新闻报道策划是指报道策划与其他策划有关联，并相互间发生作用。比如策划救助贫困学生的公益活动、策划宣传媒介的公关活动等。[1]

第二节　做好新媒体新闻报道策划的方法

新闻报道策划是一个系统的工程，在这个系统里，每一个部分都有相对应的作用，

[1] 蔡雯，许向东，方洁.新闻编辑学（第三版）[M].北京：中国人民大学出版社，2014.

各部分之间互相衔接。新闻报道策划以客观的新闻事实为基础，充分挖掘客观事物的新闻价值，选择最适当的主题、运用最恰当的方式推出报道，以实现传播效果的最大化，增强媒介竞争力。新媒体的新闻报道策划更加突出了全媒体的特征。

一、选定一个好选题，做好选题策划

选题报道策划是新闻报道策划的起点。它是指在新闻报道中选择哪些人、事、物（包括什么问题）作为新闻报道的材料对象。选题策划为之后的新闻采访和写作确定方向。好的选题是新闻策划成功的基础与关键，选题的质量影响着新闻报道的广度、深度与传播效果，众多优秀的报道都是建立在成功的选题策划上。

选题策划是一个从无到有，为报道确立目标的过程，通俗来说就是选择什么内容进行报道，大众传播媒介并不是有闻必录，有限的版面、空间、时段和资源以及有限的受众注意力，要求在新闻报道中有所取舍，实施选题策划。

在全媒体的视域下，媒体的选题范围和空间有所扩大，网络化社会为传播主体带来众多形式的选题资源。另一方面，网络舆论的形成要求新闻媒介发挥舆论导向的功能，确立好选题，通过积极的引导，把握住事态的发展。

选题策划方法有不同的研究角度。事件是新闻报道策划的源泉，为新闻报道策划提供了素材和资源。从事件的属性上来说，主要包括一般性事件的选题策划、可预知的重要性事件选题策划、突发事件选题策划、关注度高的网络热点选题策划和深度报道选题策划。全媒体带来了事件呈现和传播形式的改变，使选题策划呈现出新的规律和方法。

（一）一般性事件的选题策划

一般性事件在显著性、重要性上无法与一些影响力大的重要事件、突发事件相媲美，但它在新闻报道中是不可或缺的。重要性的新闻事件资源有限，在社会生活中，发生更多的是一般性事件，它们更加贴近生活、贴近实际、贴近群众，是新闻报道中的必要组成力量。

一般性事件的广泛性和丰富性凸显出选题策划的重要作用，事件在网络上聚集传播，促使媒体在选题策划中不能忽视丰富的网络资源，不能遗漏有价值的新闻素材。而全媒体带来了信息的膨胀式传播扩散，面对多种平台上纷繁的新闻信息资源线索，新闻媒体不可能面面俱到，对于一般性事件，重在"选"。

做好一般性事件的选题策划，有助于实现其传播效果的最大化，通过科学合理地组织规划，通过创造性的思维运作，发挥事件最大的新闻价值，达到平中见奇的效果。

1.利用网络资源

在网络化社会，利用全媒体寻找资源，进行选题策划，渐渐成为媒体的一种常规渠道。网络因为其相对自由开放的环境和快捷方便的应用，成为抨击社会丑恶现象和弊端，打击不文明行为的空间。弘扬真善美，抨击假恶丑，反映了网络在当代人们生活中扮演的角色。传播者在门户网站、微博热门话题、微友互动私信留言等方面筛选新闻选题，在无数条新闻线索中，必将有一些能成为独家的新闻选题，媒体要在"海选"的思维下寻找确立选题，做出自己的独特报道。

网络资源包括网民提供的新闻素材、新闻线索，这些对新闻选题有直接帮助。网民通过在网络平台中的交流，形成了一个新的新闻生产和传播场所，和官方的传统的新闻生产模式相对应，这些"民间制造"的内容有些并不符合新闻原则，有些没有新闻价值，有些纯属是谣言。这些"民间制造"有些内容与正统的传统的媒体发布格格不入，对同一事件完全是相反的解读，有些并不具备新闻的属性，在写作呈现上也并不规范，但不可否认的是，这些网络媒介对于一般性事实呈现、线索提供是有利处的。一些内容形成互补效应，弥补了传统媒体的不足，这种补充作用为新闻媒体的一般性事件选题策划提供了另一种可行的渠道，借助于网民的强大力量，有利于发现更多的有价值的新闻，不错过有意义的新闻点。

2. 开发受众资源

对新闻报道策划者来说，新的受众特点不仅带来了挑战，也提供了可以开发利用的资源。双向互动的传播模式将受众的潜力开发出来，与单向度的传播不同，受众有了更大的主动性。这种主动爆发出来的力量，对一般性事件的选题策划有助推作用。受众发布信息的便利，也促使更高规格的互动实现成为可能，互动成为新闻传播的常规武器，并随着媒体的更新换代，不断呈现出新的形式和特点，通过互动可以补充新闻元素，对一般性事件主题深化有重要作用。

此外，受众通过网络的传播交流在一些议题上形成网络舆论，这为新闻报道策划的选题提供了依据。在信息化时代，受众通过网络表现出来的各种需求意愿，都可以为一般性事件选题策划提供思路。

3. 以事实的新闻价值为基础

新媒体的作用更多地表现在形式运用上的创新，丰富了新闻资源和素材的开发渠道。对于一般性事件资源的把握，归根结底是看内容所具备的新闻价值要素，是对事件新闻价值的利用开发，一些看上去一般的事件隐藏着重大的新闻价值，通过策划报道，可以形成大的影响力。

比如《强大的网民们，这次你们骂错啦！》这组报道。该报道的选题源自2012年12月6日网友发布的一条微博。很多网友在转发、评论中指责河南省罗山县浉河大桥"偷工减料"，称其为"豆腐渣工程"，引起网民关注。

捕捉到这一线索后，河南新闻媒体大河报记者于当天下午第一时间联系相关部门，了解事件真实情况，并发出了澄清事实的独家报道。针对相关焦点问题，经过周密策划和翔实采访，大河报于独家首发报道次日以3个版面的篇幅在"今日关注"栏目重磅推出后续深度报道。12月10日，大河报"时评"版再以《理性才有力量》为总栏题刊发3篇专题评论，给这次系列报道画上了完美的句号。

报道体现出媒体人员在全媒体时代的选题上应有的新闻敏感度，针对这一网络事件，大河报并不是视而不见，而是找到了确立选题进行报道的角度，通过选题在选题策划中，栏目为新闻提供了表达空间，在全媒体的传播报道中，通过设立相应的栏目，可以丰富报道的选题内涵。可预知的重要性事件在很多时候都有经验可供借鉴，有的策划报道模式固定成一种常规思路，进行栏目创新，可以使报道内容更具新鲜性。

（二）可预知的重要性事件选题策划

一些重要性事件可以预知，具有规律性，如全国两会的报道，俄罗斯世界杯的策划报道等等。对可预知的重要性事件报道，媒体有充足的准备时间，并有经验可供借鉴，这同样带来了选题创新的困难，难以让受众产生新鲜感。新闻策划是一种创造性活动，对新闻报道的创新集中体现在选题创新上。选题策划在可预知的重要性事件报道中有重要作用。

"两会"作为国家政治生活的大事，每年都是热点，每年的"两会"报道也是媒体策划能力的汇报展现。以"两会"报道为例，媒介在全媒体时代，可以通过合作共享与设置栏目，在选题策划上有所作为。

1. 融合共享，扩大选题范围

媒体之间通过融合合作，可以实现资源的优势互补。在对可预知的重要性事件进行报道时，传播者往往有足够的准备时间，在选题上可以充分考量，通过与其他媒体合作，利用其他媒体的资源，将有更大的选题空间和灵活性。

人民网发起搭建的"全国两会全媒体报道"平台，开创了媒体合作的新形式。2014年，人民网邀请了包括广西日报、湖北日报、广州日报等在内的全国27家主流报纸媒体，以及腾讯、新浪、网易等多个门户网站和百度等互联网企业，共同启动2014年两会报道全媒体平台。广西日报联合人民网，共同邀请广西两会代表、委员及专家学者就社会热点问题和网民关注的问题进行访谈，并在合作媒体平台上共享文字、评论、图片和视频内容。通过合作关系的建立，使广西日报在两会的报道中既有全国视野又能突出地方特色，对丰富选题、深化选题有重要作用。

2. 设置栏目，丰富选题角度

栏目的策划运作，为网络时代新闻传播打组合拳，发挥组合效应提供了平台，文本、图片、音频、视频等多种表达元素在栏目中或是单独出现或是交叉使用，或是全需全有，形成报道的合力，发挥新闻传播的整体效果。

在选题策划中，栏目为新闻提供了表达空间，在全媒体的传播报道中，通过设立相应的栏目，可以丰富报道的选题内涵。可预知的重要性事件在很多时候都有经验可以借鉴，有的策划报道模式固定成一种常规思路，进行栏目创新，可以使报道内容更具新鲜性。

"两会"报道在互联网中以专题的形式呈现，在大专题的框架下，设立分栏目，每一个分栏目都有一个小的选题角度，各栏目运用的表达方式也不同，通过细分，发挥各部分的功能，在整体上形成合力，成就报道特色。

搜狐网的特色栏目"壹字两会"在选题上独辟蹊径，以单个文字为载体，概括总结每天的核心问题，以一个"霾"字开头，将两会召开前的天气状况与国计民生联系探讨，结尾以一个"盼"字表达，包括对马航失联客机的期盼、对环境治理的期盼等等。

在凤凰网的栏目中，"两会亲历日记"发布葛剑雄的个人文章；"两会声音"精选了有代表性的委员的言论；"吴小莉看两会"直接表现出吴小莉的个人视角；"凤凰观察"则是打着吕宁思、阮次山、何亮亮、邱震海等凤凰首席评论员的旗号，多视角全面解读中国两会。在选题策划上更加依托名记者和主播的个人魅力，突出个人视角。

新浪网依托于新浪微博，更多的利用微力量来策划报道两会，通过微博来策划大的选题报道。

（三）突发事件的选题策划

突发事件主要指突然发生、没有规律性、能够产生重大影响的事件。如自然灾害，突发食品安全事件等等。全媒体视域下，对突发事件的选题策划，主要体现在及时跟进与终结谣言上。

1. 及时跟进

微博等新兴网络媒体在突发事件的报道中占据着时效性的优势，在事件刚刚发生时，这些社交媒体往往能捕捉到第一现场讯息，成为前期传播的主力。此时人们首先关注的是事态的最新进展状况，是动态性的最新变动的信息，网络自媒体顺应了受众的这一要求。而随着事件的进一步发展，动态性的信息越来越少，此时受众更需要深度性的报道，了解事件的前因后果，发展态势等。这要求媒体在突发性事件中快速做好选题策划，以理性思维引导舆论。

在突发性事件的选题策划中要及时关注网络新媒体的最新信息，及时跟进，把握舆论风向，这样在选题上才能有针对性、可行性。

2. 终结谣言

网络谣言为突发性事件提供了一个选题角度，一些突发事件因为事关重大，发生突然，信息的披露有一定的滞后性，为网络谣言提供了滋生空间。对谣言的击破不仅返回了事实的真相，扩大了媒体的影响力，也为媒体的运作报道提供了新的切入点。从形式上来说，一些网络媒体开设辟谣栏目，如人民网的"求真"栏目，果壳网的"谣言粉碎机"，搜狐网的"谣言终结者"，在坚守新闻真实底线时，彰显出媒体的品牌。

针对马航事件流传的谣言，搜狐网的"谣言终结者"通过创造性的选题策划报道，给受众呈现出不同的新闻产品。

"谣言终结者"以"论马航谣言的起源"为标题，将谣言分为生还奇迹类、搜寻进展类、事故原因类和乘客信息类，并简述了谣言诞生原因，配以求证和点评，具有力度和深度，使受众对于谣言的理解更立体、更客观、更全面。

即便是作为众矢之的的网络谣言，也具有选题的价值，不同的是，这种价值是建立在对谣言的终结和粉碎的基础上。与网络谣言的斗争，考验着策划者的辨别能力，也考验着策划者的利用和开发能力。

（四）关注度高的网络热点选题策划

网络热点、社会热点无疑是报道策划最直接的选题来源。因为新媒体相比传统媒体传递信息更加快捷，所以对当日热点新闻，也能做出最快的反应。这样做出的新闻必然"自带流量"，更容易被大众所接受。一些关注度高的网络热点选题，通常是在某一因素刺激下（如打击腐败），由网民持续地施加影响，不断扩大传播效果，其在选题上具有明显的"自选"特征。对于媒体来说，网络热议和关注，为策划的选题和创新带来头脑风暴。一些事件在网络环境的催生下成为舆论的焦点。网络的这一功用，要求在选题策划中进行全媒体布局，及时把握网络上信息的走向，判断其价值，使自己不脱离这个新兴的舆论场所，从而流失受众。

如"表哥"杨达才事件，正是在网民的推动下发展进行的，事件从开始到结束都有微博的介入，在微博中经过不断的质疑，人肉搜索，互动交流，传统主流媒体开始报道。《南方都市报》等媒体对微博上的言论进行了摘编报道，央视《新闻1+1》节目《局长的"微笑"局长的"表"》对此进行了关注。

杨达才的落马显示出网民的巨大力量，相对于"8·26"交通事故，打击腐败成为网民更为关注的焦点。从选题策划角度重新梳理这一事件，可以发现：选题方向在最开始为突发的交通事故，对于事故的报道，媒体走的流程多是伤亡情况，事故原因，善后处理等相对固定的板块。而网民由一张照片开始，对新闻进行了不同的发掘，先是微笑成为主题，在事故现场微笑，与人们的认知和伦理不相和谐。在"狗咬人不是新闻，人咬狗才是新闻"的定义解读下，这一爆料点具有一定的新奇性和可传播性。后来手表成为主题和关注的焦点。一块块手表接连爆出，从品牌到价格无一不全。以手表为导火索，网民通过发掘形成反腐的舆论声势，并最终导致杨达才的落马。网民对于这张现场照片的不断开发，体现出网络在寻找新闻资源时的强大魔力，也证明了网络在选题上的灵活性、多变性和创造性。

（五）深度报道的选题策划

深度报道不是一种文体。深度报道是对某一社会普遍现象或热点问题、重大问题而进行的深刻的全方位深层次的报道，具有很浓的分析、思辨色彩。深度报道的策划从选题入手，在选题上主要是把握住普遍性和显著性。

当今社会，一些具有普遍价值的问题、现象更多地暴露在网络上，如反腐问题。在网络上，受众有了自由交流的空间，通过不断的传递扩散，形成与传统媒体官方舆论并立的网络舆论，各种观点传递散播，对于新闻有了不同的解读。群体极化爆发出惊人的舆论引导潜力，群体极化指"团体成员一开始即有某些偏向，在商议后，人们朝偏向的方向继续移动，最后形成极端的观点。"这种现象不仅存在于现实中，在网络中越来越强。舆论产生的基础是广大网民对某一事件、问题、现象的看法。这些内容是大众的普遍关心所在，且具有显著性、重要性，为深度报道的选题策划提供了思路。[1]

二、根据实际采编情况，灵活调整策划方案，不生搬硬套

新媒体报道策划，因为基于自身的"快"，很多时候是在新闻还未完全"发酵"的

---

[1] 巩盼东.全媒体视域下的新闻策划研究［D］.桂林：广西师范学院，2014.6：28–34.

情况下进行的，所以新闻事件本身出现"反转"的可能性比较大。这种情况下，必须及时调整策划方案，根据新闻真实情况，进行报道策划，切不可"一锤定音"，脱离新闻实际，按照既定的策划方案生搬硬套。

而且，任何一个好的新闻报道策划，大多都是经过多次方案调整实施的。记者在实际采访中，会遇到各种预想不到的问题，会和提前做好的策划有出入，尤其是新媒体报道策划中可能会涉及更多新媒体产品。例如直播会受制于各种技术手段，因此没有一成不变的策划，必须根据实际采访情况，进行及时、灵活的调整。

三、丰富报道形式，增强互动，找到共鸣

对报道策划来说反馈信息是整个策划系统的重要构成。受众和媒体之间进行多方面的互动才能够让受众对媒体所传播的内容更有兴趣，也更具有积极性。新媒体的互动性特征更有利于媒体与受众展开互动，如页面留言、专题论坛、在线直播等。在新媒体报道策划中，要利用自身优势，尽量丰富报道形式，通过文字、图片、视频、VR、H5等各种形式，将新闻更加生动、精彩地展现。同时，因为新媒体具有即时发布的特点，滚动更新内容的方式也会让报道策划更加有"黏性"。另外，因为新媒体具有与用户互动的功能，在报道策划中也应充分考虑到与网友的互动效果。随着5G数字技术的加快开发和智能化的发展，各种其他新媒体，都将陆续加入新闻传播的行列中来，使报道更加立体丰富，各种互动平台的建立，带来反馈渠道的高效畅通。在互动中才能把握受众需求，才能在策划中把握住"共鸣"这个原则，即找到"泪点"，找能打动人心的话题进行报道策划，引起受众的共鸣，这样的新闻才会有更好的传播效果。这样不仅能让报道更加丰满，而且对提高报道本身以及媒体的影响力作用较大。

四、在策划基础上让新闻报道更有新意

新闻媒体之间的竞争非常激烈，在本质上来讲要争夺受众，无论是哪一家媒体只要能够吸引观众的注意力那么就能够在竞争中获得更多胜利。在当前的新闻媒体发展过程中，存在很多同质化的新闻内容，相对于受众来讲，很多新闻作品中的类似内容让观众在审美上出现疲劳感，并且在新媒体的发展环境当中要更好地突出重围才能够赢得观众的喜欢和青睐，不断的突出新意，展现出新闻的特点。新媒体时代也是信息的爆炸时代，在这个时代的发展过程中需要更有特色也不是一件简单的工作，新闻素材获得更加便利，新闻方面的资源使用也非常便捷，资源种类丰富，如果只是对新闻线索进行简单的加工，一般都是毫无新意可言的。在这样的情况下，策划就显得尤为关键和重要，编辑可以对媒体进行更好的定位，有报道的原则，这些方面都需要做好精心的准备，精准的把握。编辑需要充分地发挥出自身优势，做好个性化和特色化的新闻编辑工作，强化在报道中策划的力度，还需要对新闻资源进行组合以及串联，做好综合性的开发工作，在新闻素材中挖掘出更多更有价值的内容，也能够寻找到更好的时机，从多个角度对新闻进行报道，让新闻呈现出不同的形式，有独树一帜的新闻

信息吸引大众的眼球。

五、新媒体策划让新闻更有深度

现如今，海量信息社会，大家每天都会面对扑面而来的各种新鲜信息，短平快的新闻已日渐不再是媒体"比拼"的重点。做出有深度，有看点的新闻，才更能吸引大众。而深度新闻报道，离不开有效策划。深度报道策划，往往是在新闻第一落点的基础上，去寻找一个更深层次的第二落点，进行深入、全面的挖掘。这种挖掘，需要记者的深入基层采访，挖掘更多素材，也需要编辑构建更加完整的报道框架，需要记者和编辑互相碰撞观点，共同完成。

对稿件进行加工，和记者之间建立起更好的联系，并且还能够更加积极主动地搜集多种资源，进行整合和延伸，争取从中提炼出更多的主题性内容，发掘更有深度的报道，也可以进行连续性的报道，让专题形式或者是其他报道形式都出现在新闻报道中，提升新闻的广泛性。报道在策划上可以是定期进行的也可以是不定期进行的，有内容范围也有重点，在报道的过程当中，要有报道的前期准备，同时有发稿计划，发稿形式和规模也要有所创新，布置采访的力量，确定好每一阶段的人员构成，只有这样才能够让报道按照策划进行，才能够减少纰漏的产生，进而提升观众对新闻报道的了解和关注力。

六、策划中应避免不及时、造假、过度、炒作等现象发生

（一）反应慢、策划不及时

新闻是有热度的，新媒体时代，新闻报道时效性几乎达到了极限，新闻过了几小时也许就已经无人关注，所以新媒体报道策划一定要"快"。

（二）记者专业素养不足，采访不严谨

真实严谨的新闻内容是报道策划的关键，如果记者采访不深入或者出现错误，那再好的策划方案也毫无意义。例如，2016年5月14日，某国家级新闻网站重磅推出《地沟油去哪儿了？起底京畿地沟油黑色产业链》的报道。报道称，记者历时一个多月的暗访，发现在京畿地区，一条地沟油生产链在隐秘而高效地运作着。记者跟踪调查发现，载有疑似地沟油的油罐车最后进入了嘉里粮油（天津）有限公司的厂区。而事实上，该名记者将"嘉里油脂化学（天津）工业有限公司"误认为是隔壁的"嘉里粮油（天津）有限公司"，处理废弃油脂本是前者的正常业务，从而闹出一个大大的新闻报道策划闹剧。客观上对两家企业均造成伤害，而更大的伤害，显然还在于新闻公信力的丧失。

（三）闭门造车，故意策划制造新闻

新闻报道策划因为是提前于新闻报道的行为，所以属于一种"合理想象"的创意活动，因此，在实际操作过程中，一定会有和新闻事实有出入的地方，这时，一定要根据记者真实采访到的新闻素材来灵活调整策划方案，切不可只顾"闭门造车"，让策划在实施时脱离了实际，最后造成虚假新闻。

据媒体2014年12月17日报道，12月7日，就是国际艾滋病日后的第6天，四川省西充县某村，200余位村民用写"联名信"的方式，决定要将村里一位携带艾滋病病毒的8岁男童坤坤驱离出村子。而事实上，这是一起严重失当的新闻报道策划事件。据坤坤爷爷罗生（化名）称，村民写联名信"驱离"坤坤一事是媒体让这样做的，"联名信的内容都是他们写好的"。新闻报道策划是基于新闻事实的，无论相关媒体与记者的主观意图是什么，如此不顾事实与新闻报道策划伦理，为了达到预定目的而不惜深文周纳地策划的行为，已经偏离了新闻报道策划的初衷，也是违背新闻报道策划伦理的行为，是每一个新闻工作者都应该完全杜绝的。

（四）过度策划、恶意炒作

营销策划行为盛行，新闻报道策划商业化或者被商业利用的道德风险加大。2014年10月23日，某报用一个整版刊载了一条新闻：《95后女子"用身体换全国游"每到一地征临时男友》。然而，这一新闻的营销性质很快被戳穿。

10月23日，自媒体微博账号"传媒大观察"发布微博："已经初步证实这起为某社交软件涉嫌色情营销假新闻炒作，我们正在搜集更多证据向公安机关及互联网管理部门举报。奉劝各大'权威'媒体自重。"

自媒体时代，很多新闻事件都发端于新媒体，若不经过审慎遴选和深入辨识而轻易将事件搬上媒体，其间往往隐含巨大风险。

第三节　新闻报道方案的设计

报道方案设计是新闻报道策划的核心和关键环节，设计方案目的是对要报道的内容作全面的表述。让参与和执行报道任务的所有工作人员有一个明确且统一的行动指南，有利于策划思想的实现与提升报道效果。

新闻报道策划方案主要内容包括：确定报道范围与重点；设计报道规模、进程和媒介形态运用；制订发稿计划；设计报道结构与报道方式；报道力量配置与报道运行机制等几个方面。

一、确定报道范围与重点

报道范围是全部报道客体的组合，规定了报道对象是哪些人和事，报道面有多大。报道重点式报道客体中最重要的部分，规定了报道的核心人物或核心事件、核心问题，需要报道者投入最多的力量，在媒体上也要予以突出表现。

二、设计报道规模，进程和媒介形态运用

报道规模是报道的时间、空间与人力三方面因素组合的概念，如报道持续进行多长时间、文章篇幅情况、栏目设置情况、动用多少采编力量。报道进程是指报道全过程

中时段的分割和安排，规定报道分多少阶段进行、何时开头、何时推进与扩展、何时结束，以及各阶段之间如何衔接；媒介形态运用是指报道对媒介发布的选择，是用一种媒体，还是全媒体矩阵联动报道。

三、制订发稿计划

发稿计划是报道进程中各阶段发布出的新闻稿件的统筹规划，包括确定每篇稿件的题目、内容、体裁和篇幅，确定稿件发布的先后顺序、具体时间及发布的媒介，稿件在媒介中的位置。制订发稿计划，要根据报道选题与报道效果目标对下列几方面内容进行落实：第一，稿件的体裁和形式的配合。第二，事先对媒体界面的设计、节目包装进行考虑并据此确定发稿目录。第三，在运用多种媒介进行融合新闻报道时，还要充分考虑到不同媒介形态的特点，有针对性地对新闻稿件进行分流，并注意不同媒介同题报道之间的相互配合和相互推广，提前做好设计。新媒体内容要特别重视互动性的设计，并力争使稿件能够让用户在社交媒体上转发和评议，吸引用户提供与新闻相关的内容，丰富新闻报道的视角，提高报道质量。

四、设计报道结构与报道方式

（一）报道结构

报道结构是报道各组成部分相互之间的关系及其组合排列所呈现的外在形式。它是由报道选题和报道预期目标决定的。报道结构的组成要素包括时间、空间、角度、广度、深度和传播符号。

（1）时间，指报道在时间延续方面表现出的特质。大多数策划性报道都有或长或短的时间延续性，突发事件的追踪报道、重大社会问题的深度报道、重要会议或活动的连续报道，在时间方面一般尤为突出。

（2）空间，指报道在媒介空间位置方面表现出的特质。如网站上放置的网页层次；音视频各个栏目、节目的组合，形成立体化的报道格局等。融合新闻报道的空间不仅要考虑在每一种媒介上的空间位置安排，更要重视将这些媒介作为一个整体来看待，让每一个媒介在空间位置安排上能够为多种媒介融合报道的效果发挥助力。如重要的网络新闻专题在网站首页展示主题的同时，可以在微博上重点推介，同时在公众号上推出多媒体报道。

（3）角度，指报道在反映客体的着眼点和侧重点方面表现出的特质。报道可以从客体的某一侧面或要点切入，也可以从多侧面、多个要点切入，有些持续较长时间的报道，角度还可能在报道进程中有所变化，如从一个侧面转向另一侧面，或由一个侧面转向多个侧面。

（4）广度，指报道在集纳有关客体的横向信息方面表现出的特质。任何报道客体都是存在于一定的社会系统中的，客体的发生、变化与周围环境有着千丝万缕的联系。新闻报道不仅要揭示客体自身的现状，有时还要揭示与其相关的其他客体的现状，即向受众提供有关报道客体的环境性信息、相关性信息，这类信息的结合构成了报道的广度。

（5）深度，指报道在集纳有关客体的纵向信息方面表现出的特质。报道客体的发生与发展都有从量变到质变的演化过程，而新闻报道只能在事物发展变化过程中的某一时间域中展示客体，因此，要让受众全面准确地了解报道客体，有时还要提供客体的背景性信息和前景性信息，这类信息的结合构成了报道的深度。报道深度还与角度有着密切的关系，一般说来，深度报道往往善于从不同角度切入，全方位、大视角地展示事物的原貌，并力图以全面的纵向信息揭示事物发展变化的本质。

（6）传播符号，指报道用以展现客体的符号表现出的特质。不同的媒介有不同的符号系统，而具体到每一个报道，所采用的符号又有各自不同的组合方式，比如电视报道中现场实录图像、打字幕、做三维动画资料、出主持人形象等使符号的运用更加繁杂多样。融合新闻报道可以在多种媒介上运用多种传播符号，这时就需要根据不同媒介的符号特点进行整体性的设计。

（二）报道方式

报道方式是指将零散的新闻稿件整合为报道整体的操作模式，即新闻编辑根据报道目标，运用某种手法组织若干相关报道，使之形成具有一定报道规模或持续一定时间的报道整体。

报道方式分类标准不同，得出的类型也不同。

1. 以编辑组织安排稿件的特点划分的报道方式

（1）集中式。指在短期内组织大规模、多篇幅的稿件集中于一定的界面或时段，形成较大的声势，具有强烈、醒目的效果。这种报道方式比较多地用于一些重大活动、重要事件和重大问题的报道。

（2）系列式。指着重于组织报道事物各个侧面的稿件，集不同角度的报道于一身，使报道具有一定的深度和广度，具有启迪性。

（3）连续式。指紧跟事件或问题的发展变化进行追踪，连续发出报道，反映其全过程，取得及时、深入、扣人心弦的报道效果。

连续式报道法多用于突发性时间的报道。事件一旦发生，受众急于了解下一步情况，只有进行追踪采访，及时通报每一个新变化、新进展，才能使报道善始善终，满足受众的要求。所以，连续式报道的最大特点是每篇稿件报道的对象一样，但反映的时间、过程不同，前一篇报道的内容往往构成下一篇报道的背景，再下一篇报道又从这篇报道起步，环环相扣、步步紧跟，充分体现出新闻的时效性。

2. 以编辑组织报道活动的行为特点划分的报道方式

（1）组合式。指组织一批记者在同一时间、不同地点围绕同一主题进行大规模的采访，从而采集一组稿件反映同一主题、不同门类的情况，并同时采集集中式的稿件编排方式，形成较大的报道规模。

组合式报道多用于报道面宽、报道对象较多的报道，旨在全面、深刻地揭露问题，或通过众多报道对象的相互比较，说明问题和道理。它的最大特点是每篇稿件的主题、规模、形式都基本相同，但报道的具体对象不同，通过不同对象的情况报道，更全面地反映问题，引起社会关注。

（2）受众参与式。指吸引并组织受众参与报道活动，如邀请受众参与新闻采写互动，发动受众对报道内容展开讨论等，受众的活动与意见构成报道的主要客体。这种报道方式多用于报道社会发展中出现的新现象、新问题、新观念。参与式报道在新媒体的新闻传播中出现得更加频繁，互动式传播是新媒体的重要特色之一。"互动新闻"的设计需要特别注意以下几点：一是在前期搜集新闻线索以及报道新闻事件的过程中都要给受众加入和参与的机会；二是对新闻内容的呈现，要让受众有选择操作的主动权，如通过互动式信息图表、数据可视化等手段，让受众自主点击，获得更好的用户体验；三是对互动方式的运用要有适当的控制，要让受众在最短的时间内耗费最少的精力弄明白如何互动。

（3）媒介介入式。这是指新闻媒介直接参与报道客体，成为其中的重要角色。如媒介策划和组织社会公益活动，或媒介介入被报道的事件之中，影响甚至改变事物发展轨迹，同时对这类新闻进行报道。这种报道方式是媒介公关新闻策划与新闻报道相结合的产物。采用媒介介入式需要注意的是应严格对活动内容进行把关，媒介介入的活动应该是有良好社会影响的公益性活动。

（4）媒介联动式。这是指新闻媒介相互合作，练手展开某一报道。在联动式报道中，各个媒介从自身的特点和优势出发，选择恰当的角度和表现手法，使报道主题在各个媒介上有各具特色的展示，所有联动媒介的报道形成合力，造成声势浩大的报道效果。我国目前的媒介联动式报道主要有两种类型，一种是不同类型的新闻媒介进行联动报道；另一种是不同地区的同类媒介合作进行联动式报道。

融合新闻报道，是对媒介联动式报道的进一步发展。在一家媒介集团同时拥有了不同类型的新闻媒介，并且以融合新闻的思路进行报道策划时，媒介之间会围绕同一报道选题进行资源共享、报道联动，实现优势互补。

报道方式的选择主要根据报道选题和内容的需要而定，而且以上这几种主要报道方式可以灵活多样地组合使用。一般来说，越是选题重要、报道规模大的报道，越需要灵活运用多种报道方式。因此，对报道方式的选择、组合和创造是报道策划中值得重视的一个问题。

五、报道力量配置与报道运行机制

报道力量配置是指参与报道的人力、资金和技术设备的设置。报道运行机制是指为实施报道而临时建立的组织机构、工作流程及其管理制度。报道力量配置与报道运行机制是根据报道内容、报道规模和报道方式确定的，报道越重要，报道规模越大，报道方式越多样化，报道需要投入的力量也就越大，运行机制也就越复杂。

每一次重大报道活动要依靠分工协作去完成，也就是要通过一定的组织结构去落实。组织结构的各项要素在新闻报道的组织设计中都非常重要，它们是：

（一）工作设计

建立承担一次报道任务的报道组织机构，首先要明确完成这项任务需要哪些工种、多少岗位，要给参与者规定工作内容，使其了解组织对他们的要求是什么，他们应该做什么，不应做什么，对工作的责与权有多大。

（二）形成小组

在确定了报道所需要的所有工种和岗位之后，就要考虑如何将这些工种和岗位组合成不同的工作小组。设立小组是根据每一次报道的具体情况而定的。有根据报道内容设立的，如"两会"报道中设立"'人大'报道组"和"'政协'报道组"；有按照地点设立的；有按照新闻产品种类设立的，如"直播小组""专题小组""资料小组"等。在一些特别重大的报道活动中，还会有多种小组形式并用。

（三）建立层次结构

在设立小组之后，还需要建立上下级报告网络系统，即建立层次结构。层次结构主要用以规定上下级关系，也即确立指挥链和管理制度。报道的组织结构一般以"策划中心""指挥小组"这类最高领导层下辖个专业小组的扁平结构居多。

（四）责权分配

即将责任与权力分配到各个层次、各个小组和各个岗位上去，比如授权给每个小组的负责人，由他统管一切。在这一步骤中，集权与分权关系的处理是一个关键，集权是由高层管理者控制整个组织，分权则通过向下层授权，让下属作决策，使对整个组织的控制也分布在各个层次。这两种情况都各有利弊，前者会导致决策缓慢，而且不利于创新，后者则可能会发生下层因缺乏经验而决策失误，因此通常需要相对地使用集权和分权。

（五）协调与整体化

各个小组和成员在完成任务时都需要共同协作，组织结构内各小组和成员之间就必须建立横向关系，协调和整体化指的就是这个意思。比如编辑制作小组要考外勤采访小组提供原材料和外部信息，外勤采访小组要靠编辑制作小组提供内部指令和整合劳动成果，两者彼此依存、相互影响。因此，报道的组织机构非常强调协调和整体化。

此外，在报道的组织机构建立时，应该对客观环境进行全面的了解和分析，据此对所有应该设立的工种、岗位进行周密部署。由于重大的策划性报道总是随着报道客体的而发展而推进的，在报道开始前设立岗位时就要充分预见各种可能出现的意外情况，提前作出安排，制定预案。

新闻报道策划与一切策划活动一样，是对未来行动的谋划和安排。策划的成功在很大程度上取决于策划者对事物未来发展变化的预见力，以及对不断发生的新情况的应变能力。因此，新闻报道策划，往往要有多种设想和准备，最好能够设计多套报道方案，以便比较、选择。选择报道方案时可以考虑两个方面：一是对候选方案的效果进行预测，与报道效果目标两相对照，选择最接近效果目标的方案；二是对候选方案的实施条件进行分析，与媒体内部现有的条件两相对照，选择两者最接近的方案，参见表2-1。[1]

---

[1] 蔡雯，许向东，方洁.新闻编辑学（第三版）[M].北京：中国人民大学出版社，2014.

表 2-1　新闻报道策划方案要点

要　　　点	内　　　容
报道思想与总的指导方针	包括报道的主旨、要求、目标、层次、规模、时空和针对性等
重点稿件和配合报道的题目	要一一列出，不能大而化之。要明确其要点和切入角度，明确报道要采用哪些形式，是否做组合报道，考虑与对手的差异化竞争
交稿、发稿的进度安排	要具体到哪一天。有的重大事件性新闻，则要落实到分秒，如奥运会上的夺金项目。明确整个报道的准备、启动与结束时间
采访地点、场所的明晰	对于新闻事件发生的不同地点和场合，有一个分兵把守和派兵出击的问题。对藏有新闻的地方，一定不要放过
组织领导和人员分工	这方面要职责分明，人尽其才
流程	明确处理稿件的各个环节，怎么交稿，谁来交稿，谁来选稿，哪些要审稿，怎么审稿，谁负责改稿，如何签发等
协作	需要哪些业务部门的配合。如图表部门、音视频部门、评论部门等
报道结束后的跟进	主题报道结束后，后续报道如何跟进。批评性报道完成后，要考虑对方反弹时的应付手段
意外情况预案	列出可能会出现的与策划方案不一致的集中情况，以及应对措施
行政和技术保障	包括后勤、通联、设备、保险、防护等

第四节　新闻报道策划的实施与调控

一、新闻报道实施与信息反馈

经优选并补充修正后的新闻报道方案用于新闻报道活动中，报道策划和组织便进入了最后一个极端——新闻报道的实施与调控阶段。

在传播过程中，策划者必须随时接受实施中的信息反馈，据此调整原先的策划方案，形成"策划—实施—再策划—再实施……"这样一个多次循环的过程。新闻报道策划在报道事实之前先期运作，形成设计方案；在报道实施过程中，报道策划仍然与报道同步推进，一方面接受反馈，一方面修正方案，直至报道结束。

在报道实施过程中适时地修正方案，就需要建立信息反馈机制，主动地、全面地、及时地接受各方面的信息。策划者要接受的信息反馈主要包括以下四点。

（1）报道者的反馈。

（2）报道对象的反馈。

（3）有关部门和主管单位的反馈。

（4）受众的反馈。

二、报道方案的修正

在报道进行过程中，来自各方面的信息反馈是报道策划在报道实施过程中持续进行的重要依据。根据各方面反馈的信息，策划者一般可对原先的报道方案做下列各种修正。

（1）修正报道思路。

（2）调整报道内容。

（3）调整报道规模。

（4）改变报道方式。

（5）调整报道力量与报道机制。

新闻报道策划与新闻报道实施是并驾齐驱、相互依存的两个方面，在报道进行的过程中，策划者需要自始至终地接受反馈，并据此随时修正报道方案，从而有效地控制报道活动，促使新闻报道能够最好地实现效果目标。[1]

案例讨论

410万＋互动量，求是网如何联手腾讯打造正能量刷屏爆款？

9月30日，我国迎来第五个烈士纪念日，求是网与腾讯公司策划了一组创意H5和短视频（见图2-1至图2-3），缅怀革命先烈，弘扬烈士精神。在重要时间节点，理论网站如何与商业网站协作，打造"爆款"，传递正能量？

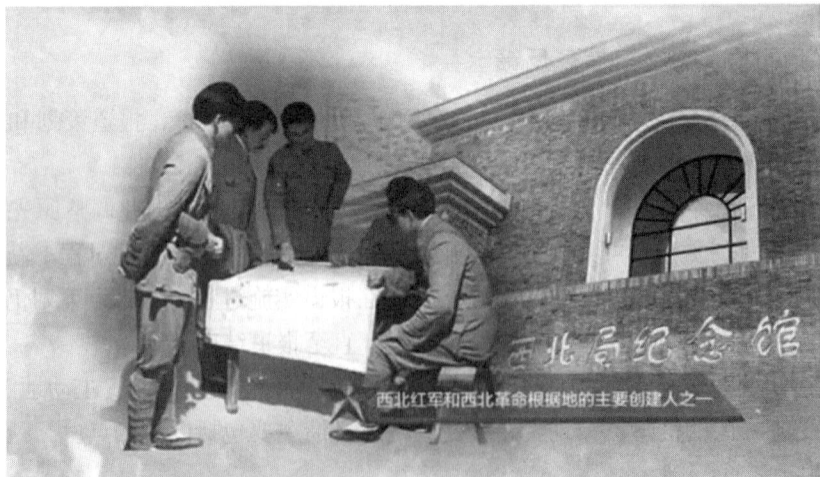

图2-1 视频截图

[1] 蔡雯，许向东，方洁．新闻编辑学（第三版）［M］．北京：中国人民大学出版社，2014.

一、传播数据

8 000万+ 作品累计推送覆盖人群超过8 000万

410万 410万网民通过H5互动献花

200万 相关短视频播放量高达200万

10万+ "求是网"微信长图文浏览量超过10万

（数据统计截至10月8日）

二、传播亮点

1. 各抒己见 协同打造刷屏爆款

此次活动中，内容优势与渠道优势实现了无缝对接。求是网发挥自身信息资料丰富全面、导向把关专业权威等内容优势，筛选相关历史史料，做好内容导向和政治导向把关。腾讯公司积极协调推广渠道，利用微信"看一看"、腾讯新闻客户端、弹窗推荐、天天快报客户端等自有渠道，充分发挥新媒体平台快速及时、可视化、强互动等特性，吸引网民积极参与、分享，有效调动舆论关注热情，双方各自发挥特长促使此次正能量宣传迅速成为爆款。此次宣传活动充分体现出"强内容+大渠道"宣传模式的有效性。

2. 形态多元 增强网民互动

为创新宣传形式，本次活动引入多元化的新媒体形态助力传播，通过长图文—H5—短视频的"陆海空"模式，全方位向网民展示烈士们的光辉形象。其中在H5设计中，除展示革命烈士图像及生平介绍外，还特别加入为烈士照片"清除灰尘"的互动环节，使观看者通过感官体验与互动，加深对文章主题的理解和认可，

图2-2 H5海报

充分调动网民参与活动的积极性，增强对英烈的敬仰之情，同时通过感谢网友并记录其"献花"的排序，调动网民荣誉感，促使他们进行主动转发二次传播，吸引更多人参与，形成传播闭环。此外，为了迎合当前移动互联网用户对短视频的青睐，本次宣传活动特意将素材再次剪辑制作成了长度为2分钟的短视频《不能忘却的纪念》，既通过"求是网"公众号发布含视频的微信文章，又通过腾讯视频平台进行多元化传播。

3. 巧妙借势　节奏把握合理

9月30日是我国第五个烈士纪念日，同时是我国英雄烈士保护法施行后第一个烈士纪念日。前期的宣传报道已经形成一定的舆论氛围与关注度。本次宣传活动借势发挥，首先于29日16时由"求是网"公众号和企鹅号发布长图文进行预热，并在19时30分晚高峰全民阅读时段由微信"看一看"进行推荐，瞬间获得"爆炸性"传播。

9月30日上午10时，习近平等党和国家领导人在天安门广场出席向人民英雄敬献花篮仪式，助推了这一纪念日的关注热度。当天9时30分，"求是网"公众号、腾讯视频账号同时发布短视频《不能忘却的纪念》，该视频于9时40分被腾讯新闻"新时代"频道首屏推荐，于10时30分被腾讯视频移动端push推送，于12时被微信"看一看"推送。短视频推送节点选取在习近平总书记向人民英雄敬献花篮期间，分多个渠道依次推出，成功吸引舆论关注，促进热点传播并形成梯次传播效应。

4. 集群作战　新媒体矩阵发力

腾讯指数大数据分析显示，缅怀英雄烈士话题在求是网发稿后引发广泛关注，形成矩阵联动效应。求是网旗下"学而时习""武当山""@求是"等微信微博新媒体积极响应，形成主要宣传力量，带动"中国经济网""解放日报""党建视点""海峡科化""中国石化胜利油田"等政府、企业新媒体转发扩散。据统计，本次活动共有135个微信公众号参与传播，共推正能量。

三、舆论反响

1. 舆论反响热烈，宣传活动全网传播总量5 539条

腾讯指数大数据显示，9月29日16时至10月1日16时，涉及H5《缅怀革命烈士　向未来出发》和短视频《不能忘却的纪念》的相关信息全网传播总量为5 539条。9月29日《缅怀革命烈士　向未来出发》稿件发布后，舆情热度迅速走高，并于当日达到整体传播峰值，随后在深夜逐步降低。30日11时随着短视频的推广，舆情再次达到传

图2-3　视频截图

播高峰，网民纷纷主动在朋友圈转发专题稿件。微信平台专题稿件传播量达到4 507条，占微信传播总量的93.7%，网民主动转发效应明显。

2. 致敬、敬礼、铭记等热词体现网民缅怀之情

针对全网相关讨论内容进行词频分析可以发现，民众通过网络表达对革命烈士的缅怀之情，"革命烈士""致敬""敬礼""缅怀""铭记"等词组出现频率较高。而"不忘初心""牢记历史""继往开来"等词频繁出现，也反映出舆论对在党的领导下，中华民族走向伟大复兴历史征程的憧憬与期待。

3. 最热表情体现民众感恩英烈、祝福祖国

根据微信网民精选评论最热表情，可以从一定程度上反映网民群体的感情倾向。"祝福"表情在跟帖中使用频次最多，量级远超其他表情位居首位，网民怀着庄严肃穆的心情向革命先烈献上鲜花，并表达对祖国母亲的祝福。同样，"关爱""点赞""致敬"等表情也体现出网民对那些在革命年代抛头颅洒热血的革命烈士的感恩之情。"加油""开心""奋斗""祈福"的表情则反映了网民对未来生活的美好向往，他们励志实现中华民族伟大复兴，不辜负革命先烈的历史贡献。

四、经验启示

缅怀烈士，追求未来，相关话题情感真挚、内容厚重，在当前社会信息消费以快速与碎片化为主的今天，容易淹没在信息流中，难以吸引网民持续互动关注。但此次正能量宣传活动通过宣传方式方法的创新，最终取得不俗的传播效果，其经验总结如下：

一是传播形式创新，宣传内容与传播渠道巧妙融合，将同一组素材打造为多元形态进行充分释放，并利用多样渠道进行分发，促使话题宣传效果得到最大程度的输出。

二是宣传手段创新，整体宣传工作部署得当有策略，传播推送讲节奏，贴近网民阅读习惯，科学合理，并能巧妙利用时间节点，借势传播，激发网友爱国热情。

三是合作模式创新，通过中央媒体与互联网大平台充分协作的方式，充分利用新媒体传播优势，以及爆款互联网产品的用户触达能力，将权威优质的正能量内容广泛传播。

你认为新媒体在新闻报道策划中如何创新？

课程实训

思考

1. 什么是新闻报道策划？新闻报道策划有哪些主要类型？

2. 在新闻报道策划中，选题决策的依据是什么？如何做到选题的个性化？

实践

1. 寻找新媒体新闻报道策划与创新案例，分析这种创新的策略与走向。

2. 在"中秋节""国庆节""记者节"三个选题中择一，做一个新闻专题策划方案。

第三章　新媒体报道内容选择

　　大千世界，每天发生变动的信息浩如烟海。对于一家媒体来说，传播什么内容是所有媒体人都必须思考的问题。新媒体又是一个信息集成与用户聚集的平台，对于新媒体编辑来说，庞杂、海量、无序的信息从各类渠道源源不断地传送到编辑部，那么，什么样的信息能够传播？什么样的信息值得传播？什么样的信息需要重点传播？这就涉及信息选择的问题，具体体现在新闻编辑业务上就是对新闻稿件的选择。所以，对于新媒体来说选择稿件是编辑最基础性的工作。编辑只有依据科学又正确的稿件选择标准才能够将高质量的信息传播出去，才能实现最佳传播效果。

第一节　新媒体新闻稿件的来源

　　国家2017年6月1日起施行的《互联网新闻信息服务管理规定》第二条将新闻信息概括为：包括有关政治、经济、军事、外交等社会公共事务的报道、评论，以及有关社会突发事件的报道、评论。并在第五条中提出传播新闻信息的许可要求："通过互联网站、应用程序、论坛、博客、微博客、公众账号、即时通信工具、网络直播等形式向社会公众提供互联网新闻信息服务，应当取得互联网新闻信息服务许可，禁止未经许可或超越许可范围开展互联网新闻信息服务活动。前款所称互联网新闻信息服务，包括互联网新闻信息采编发布服务、转载服务、传播平台服务。"[1]其中，采编发布服务，是指对新闻信息进行采集、编辑、制作并发布的服务；转载服务，是指选择、编辑并发布其他主体已发布新闻信息的服务；传播平台服务，是指为用户传播新闻信息提供平台的服务。

　　并在第六条中规定："申请互联网新闻信息采编发布服务许可的，应当是新闻单位

---

[1]《互联网新闻信息服务管理规定》http://www.cac.gov.cn/2017−05/02/c_1120902760.htm.

（含其控股的单位）或新闻宣传部门主管的单位。"[1]新闻单位是指经国家有关部门依法批准设立的报刊社、广播电台、电视台、通讯社和新闻电影制片厂。控股是指出资、持有股份占企业资本总额或股本总额50%以上，或出资、持有股份的比例虽然不足50%，但依其出资额或持有股份已足以对企业决议产生重大影响。新闻宣传部门包括各级宣传部门、网信部门、广电部门等。[2]

取得互联网新闻信息服务许可的新媒体，新闻稿件主要来自以下方面：

一、新媒体原创新闻内容

包括新媒体记者、编辑自己采写的稿件和有传统媒体背景网站的母媒体记者提供的稿件。

传统新闻单位的新媒体平台稿件主要来自自行采写。他们主要通过采编流程再造，搭建"一次采集，多种生产，多元发布"的"中央厨房"发展模式。且这一模式已成为新型主流媒体数字化转型升级的重要支撑。如重庆日报报业集团、广西日报报业集团、温州日报报业集团、贵州日报报业集团、四川日报社、辽宁日报社等纷纷建立起"中央厨房"式的全媒体发布平台，通过创新体制机制，转变发展理念和思维，改变了过去传统媒体与新媒体单打独干的状况，实现了"记者一次采集信息、厨房多种生成产品、渠道多元传播给用户"的全媒体形态、24小时全天候的生产。

2015年11月6日首批获发记者证的网站包括人民网、新华网、光明网、中国网、国际在线、中国日报网、中国网络电视台、中国青年网、中国经济网、中国台湾网、中国西藏网、中国广播网、中国新闻网、中青在线14家中央主要新闻网站。[3]截至2018年12月31日，经各级网信部门审批的互联网新闻信息服务单位总计761家，具体服务形式包括：互联网站743个，应用程序563个，论坛119个，博客23个，微博客3个，公众账号2 285个，即时通信工具1个，网络直播13个，其他15个，共计3 765个服务项。[4]截至2017年12月31日，新闻网站记者1 406人。[5]这组数据显示单独为新闻网站服务的采访力量还是很有限的。商业网站在非时政新闻如体育、娱乐、健康、生活、科技等领域也在进行着原创采集。

通过对收集到的各网站链接内容来源的分析，发现无论是商业门户还是新闻网站，其原创新闻都接近全部内容的三分之一，并且商业网站在非时政类新闻方面原创率略高于新闻网站。表3-1是新浪、网易和新华网原创新闻在各频道分布的具体情况。从表中

[1]《互联网新闻信息服务管理规定》http://www.cac.gov.cn/2017-05/02/c_1120902760.htm.
[2]《互联网新闻信息服务许可管理实施细则》.
[3] 首批14家中央主要新闻网站记者获颁新闻记者证［EB/OL］. http://media.people.com.cn/n/2015/1107/c40606-27788133.html.
[4] 数据来源：互联网新闻信息服务单位许可信息［EB/OL］. http://www.cac.gov.cn/2019-01/11/c_1122842142.htm.
[5]《中国新闻事业发展报告（2017年）》［EB/OL］. http://www.xinhuanet.com//zgjx/2018-06/19/c_137258556_8.htm.

可以看出新浪的体育、娱乐和科技频道原创率很高,网易的体育、娱乐频道原创率较高,新华网的新闻与体育频道原创率较高。三大网站横向对比下,新浪与网易新闻频道的原创率远远低于新华网,新浪网与新华网在社会频道中的原创新闻都为0,新浪与网易的娱乐新闻原创率都超过了50%,三大网站的体育新闻原创率均较高。这表明即使商业网站被禁止自采新闻,但实际上商业网站的新闻原创率总体上已经高于具有新闻采访权的新闻网站。

表 3-1　新浪、网易、新华网各频道原创新闻比重

网站频道	新闻	财经	军事	社会	科技	娱乐	体育	深度
新浪	12.06%	9.09%	12.21%	0	56.30%	61.08%	78.70%	—
网易	20.56%	30.23%	5.63%	—	28.40%	54.55%	59.60%	16.80%
新华网	48.60%	23.57%	25.33%	0	11.11%	21.47%	45.37%	—

二、转载其他媒体新闻内容

商业网站不是新闻单位,由于没有合法采访和首发新闻的资质,经批准许可的也只有转发新闻的资质,没有自采新闻职能。商业网站的新闻内容大多来自版权采购或合作。比如澎湃新闻与今日头条的合作,人民网与腾讯的合作,新浪网转发新华网的稿件等等。

对任何网站来说,转载其他媒体新闻内容都要遵循《互联网新闻信息服务管理规定》第十五条规定:互联网新闻信息服务提供者转载新闻信息,应当转载中央新闻单位或省、自治区、直辖市直属新闻单位等国家规定范围内的单位发布的新闻信息,注明新闻信息来源、原作者、原标题、编辑真实姓名等,不得歪曲、篡改标题原意和新闻信息内容,并保证新闻信息来源可追溯。

互联网新闻信息服务提供者转载新闻信息,应当遵守著作权相关法律法规的规定,保护著作权人的合法权益。[1]

根据调查发现,商业网站转载的新闻来源分布较为广泛,从被转载媒体的覆盖范围来看,商业网站的新闻来源于全国性新闻媒体与来源于地方性新闻媒体的比重相当。

三、新媒体用户创造的内容

拥有为用户传播新闻信息提供平台服务资质的新媒体平台用户可以在其平台发布资讯。在利用用户制作内容方面,商业网站比例要比新闻网站多。且商业网站采用用户

---

[1]《互联网新闻信息服务管理规定》,http://www.cac.gov.cn/2017−05/02/c_1120902760.htm.

制作内容没有标明来源依然存在，新闻网站所采用的用户制作内容新闻来源更为规范。

Web2.0时代带来了数字化新媒体形态的崛起，也滋养了广泛的用户生成内容（UGC），在这样一个重视交互性和即时性的网络环境中，UGC作为个人表达和创作的形式给社会文化、艺术、科学各个方面都带来了充满活力的改变。而伴随着UGC的迅速发展，各类问题也逐渐凸显出来，其中尤为突出的是UGC用户版权问题。所以，在使用新媒体用户创造的内容时，要注意UGC版权保护问题。维护草根著作权的权利，鼓励全民原创，发掘优秀人才，丰富文化传播的种类和内涵。通过保护UGC生产者的版权利益，激励用户创作，提高优质UGC的比重，打造具有UGC特色的内容生态圈，将庞杂多样的UGC内容进行更好的整合和传播。

四、党政机关和社会机构媒体内容

近年来，政务新媒体快速发展，在推进政务公开、引导网络舆论、加强政民互动等方面发挥着重要作用。截至2018年12月，我国在线政务服务用户规模达3.94亿，占整体网民的47.5%。政务新媒体的功能就是通过政府媒体及时发布、公告相关资讯。这类新闻信息权威、准确、专业，与政经、民生、百姓社会生活息息相关，正在成为新媒体的新闻来源。

五、行业及企业新媒体内容

近几年，各行各业、各类企业的新媒体不断激增，官方网站及官方微博已成为其新型的、自主的媒体平台，及时在官方媒体上发布经营产品信息、行业动态信息、公司运作业务信息已成为企业重要的对外传播工作。这类信息大多及时、准确、权威，没有信息损耗，也不会产生误解和歧义，因而也成为新媒体的新闻来源之一。商业网站转载新闻的其他来源中，都存在着一定数量直接来自政府部门、机构和企业。

不同来源的新闻品质自然有所差异，从品质上看，自行采写原创的新闻稿件和转载新闻媒体单位的稿件，来自党政机关和社会机构媒体内容质量较高，这类稿件内容大多准确、真实、权威、可信度高，可以信赖。来自新媒体用户创造的内容庞杂多样，良莠不齐，需要慎重选择，多加辨识。来自行业、企业的内容一般可以信赖，但需要辨识哪些是新闻信息，哪些是软文，哪些是广告。

第二节　新媒体选稿流程与方法

新闻编辑的选稿在很大程度上依赖于媒体报道的风格和受众群的定位。不同的选稿技巧，就会有不同的选稿方法，产生不同的选择效果。作为新闻编辑，如何才能"慧眼识珠"，在众多司空见惯的普通新闻稿中去发现有重要价值的新闻事实，是对我们新闻编辑选稿技巧的重大考验。

一、新媒体新闻选稿流程

新媒体新闻选稿有两次过程、两种方式：第一次过程是从众多稿件来源中一般性筛选择稿件，第二次是从已进入本媒体稿库的稿件中选择重要稿件发布到频道首页、新闻中心首页或网站首页上；第一种方式是人工手动选择，第二种方式是机器自动抓取。

第一次过程被称为选取，也就是平时提及最多的CP（copy-paste）。早期，没有相应的技术支持，网站只能采用手工方式选稿。现在一些网络媒体已经开始借助于软件自动从各供稿源抓取新闻到库。抓取前设置抓取时间、关键词，标识被抓取的网站等，综合性门户网站基本每5～10分钟就抓取一次，只要被选对象有新闻更新，抓取软件都能即时发现并抓取到本网站，然后自动配置到各相关频道。网站还可以设置专门的初稿编辑部，由初级编辑或助理编辑负责本网站所有稿件的初选，并将初选的稿件归类到不同的频道。

但是，网站不能完全依赖于自动抓取，虽然自动抓取效率高，但准确度低，有时还可能遗漏重大新闻。大多数网站采取的是自动抓取与人工选取相结合的方式，用自动抓取保证新闻的量、新闻的及时更新，以及对其他网站的监看，用人工手动选取保证新闻的质，因为人脑的判断终究要强于机器的简单判断，选取后的稿件与网站的标准比较一致，采用率也会较高。

第二次过程是推荐，是一次高级选择的过程。互联网能存储海量信息，但不是每一条新闻都能被网民浏览到，因为承载重要新闻的空间是有限的，网民的视线也是相对集中的，要想让一些重要的、有价值的、涉及相关话题的新闻让网民第一时间看到，就需要对入库稿件进行有选择的编排和发布。按一个网站每天转载传统媒体3 000条稿件计，能发到首页的不到10%，网站编辑要从3 000条稿件中选出300条，就需要网络编辑根据新闻规律、网络传播规律和网站自身的要求等对稿件进行选择、推荐。编辑有权决定选择什么样的稿件，稿件是放到网站首页上还是新闻首页上、是放在频道中还是放在滚动新闻中，稿件以什么形式出现，稿件在各级页面上该放置多长时间等。这一推荐过程也被认为是网络媒体议程设置的过程。[1]

二、新媒体选稿方法

（1）在所有稿件中，根据新闻价值分析挑选出真正意义上的新闻稿件。这是选稿操作的第一步，目的是首先淘汰那些不具有新闻价值的稿件。

（2）根据社会效果分析挑选出符合媒介立场与导向的新闻稿件。这是选稿操作的第二步，目的是淘汰那些有负面社会影响、导向不正确的稿件。

（3）根据稿件对新闻媒介的适宜性分析挑选出能够表现媒体特色的新闻稿件。这是选稿操作的第三步，目的是淘汰那些与媒体定位及编辑方针不符的稿件。

---

[1] 詹新惠.《新媒体编辑》[M].北京：中国人民大学出版社，2013年.

一篇适用的新闻稿，既要有好的内容，又要有好的表现形式，具体来说就是要符合几个基本的条件：真实、准确，具有新闻价值，符合报道需求，简练，生动。只有让新闻编辑的眼睛能在3秒内发亮，一篇新闻稿才能快速获得读者关注。

通过三轮淘汰，在采用之前，还需要做的一项工作就是：对新闻事实进行核实。"真实"是新闻的生命，对事实的核实往往需要耗费时间和精力，所以放在选稿完成以后、进入稿件修改这个环节中再进行。这样既保证选稿的速度又保证了稿件的质量。

第三节　稿件选择的依据

新闻选择，就是对选题的判断——哪天新闻UV[1]会高？哪条新闻评论会多？哪条新闻重？哪条新闻轻？

新媒体稿件必须具备可读性、知识性、趣味性，在语言表达上则要更为口语化以及平民化，轻松活泼，才能更加吸引受众阅读。这就是所谓的"卖点"，也即新闻价值。

一、新闻价值分析

1. 时间

新闻事件发生的时间与发稿时间越靠近，新闻价值越大。即时传播是新媒体最重要的特征，很多新媒体强调以"秒"来计量发稿速度。特别是在移动传播时代，速度更是新闻的生命。以新闻客户端使用推送手法为例，重大新闻发生时，如果你能做到第一个推送内容，会得到大多数的用户点击。

狭义的时效性指"新闻发生的时间"距离"该新闻被报道的时间"的长短；从广义上说，是指新闻人是否最早获取线索，最早进行新闻价值的判断，以及最早介入采访。早一分钟做到这些，你获取的信息就越接近真实、越全面。

比如，2014年12月22日，因涉嫌严重违纪，时任全国政协副主席、中央统战部部长令计划被查。搜狐新闻客户端快讯推送商业门户网站第一。

为了"抢跑"，新闻客户端提前准备了3个版本的PUSH语：令计划涉嫌违纪被查；令计划涉嫌严重违纪被查；令计划涉嫌违法违纪被查。当新华社发布消息后，按照其口径发布了第二个版本。

2. 新意

在一篇稿件中，受众获得的感兴趣的信息越多，这篇稿件的新闻价值也就越大。

---

[1] UV（unique visitor），指访问某个站点或点击某条新闻的不同IP地址的人数，它可以用来衡量一条新闻的关注度。

3. 重要

新闻报道客体在社会上产生的影响力越大，新闻价值越大。一切新闻最终均为"人的新闻"，重要性体现在对人的影响上。那么一则新闻影响了多少人，一个两个，还是成百上千？影响了什么人？影响7个普通人和影响7个重要人物的新闻当然有差别，新闻的"功利"主要体现在此。影响到什么程度？比如一场疫情袭来，是只能让皮肤起个红点，还是能置人于死命？

4. 显著

新闻稿件中涉及的人物、地点、事件等越著名，新闻价值越大。比如名人效应在新闻里体现尤为突出。新闻涉及的人知名度越高，传播效果越好。但融媒时代对人物显著性的要求降低了，完全突破了名人限制，普通人做的稍微有些不寻常的事情都成为新闻。媒体对新闻当事人的知名度要求已经降低了，转而更加关注新闻本身的价值。在互联网传播环境下，对显著性的量化判断变得轻而易举，用户关注度已经成为衡量显著性的有效指标。页面点击量、跟帖评论数、点赞数量、分享数量等量化指标，都可以用来评判显著性的大小。

5. 接近

包括地理接近和心理接近两层含义。地理接近指新闻事件发生的地点离读者越近，新闻价值越大。心理接近指新闻客体激起读者的心理震动越大，新闻价值越大。比如，新闻事件是否影响到我们的生活甚至生命；新闻当事人或重要新闻元素是否与我们紧密相关。雾霾，正是因为其严重影响生活而被强烈关注。

6. 兴趣

越注重那些使人感到有意思、有情趣、有吸引力的新闻价值越大。

新闻的兴趣包括"人情味"与"趣味性"两大特征。"人情味"是指新闻中与人性相关的内容，同普通人的思想情感紧密相连，人文意蕴较为浓厚；"趣味性"是指新闻事实的新奇、特异、有趣、引人注目，题材内容以轻松愉快为主。两者有联系也有区别。无论人情味报道还是趣味性新闻，都要关注和满足人类的普遍兴趣，这是它们的共同点。但有人情味的新闻报道不一定有趣味性，反之亦然。比如，报道艾滋病人忍受痛苦、顽强同死神抗争的新闻报道富有人情味，但却无趣味。给新闻报道里加点趣味，让趣味更有人情味。

二、社会效果分析

新闻可能在政治、经济、法律、文化、道德等方面产生的影响的评价。

第一，将新闻稿件的内容与发布新闻的时机与社会背景结合起来考虑，要认真分析受众心理，立足于全局看问题。

第二，分析新闻稿件的社会效果，要注意用辩证的眼光看问题。

第三，对于新闻社会效果的判断，要注意合理、合法，要杜绝有明显危害性质的新闻。

在评价社会效果时还要注意报道时机问题。从报道时机来看，新闻编辑要有"养"的技巧。

比如，平常时候一条表现某地旅游市场混乱的新闻可能比较普通，但如果马上到旅游高峰期的话，这条新闻就容易引起人们注意。"养"新闻之所以重要，还因为它直接影响着新闻传播的效果。对于新闻编辑工作者来说，选择的新闻稿就是要抢时效、抢首发，以赢得显著的社会影响，但也不能一概而论，有时候也有例外。一篇有价值的新闻稿对社会影响如何，不一定是要抢发，而是要看准报道的时机，

三、媒介适宜性分析

1. 根据新闻媒介的性质、地位和任务分析稿件的内容和形式是否相宜

新媒体较突出的一个特点就是新闻视觉感的独特呈现，这是传统媒体所不具备的优势。"两微一端"是一个多媒体信息呈现的平台，在采写时要充分利用多媒体传播的优势，除文字外，还要善于运用图片、音频、视频等多媒体形式展现新闻事件，使新闻更加立体化、全面化。

报道如果能运用多种媒体形式来呈现信息，不仅能大大增强新闻的吸引力，还能全面立体地展现新闻事件的全貌。这样的稿件，会被"两微一端"优先采用。

2. 根据新闻媒介的读者定位分析稿件是否适合自己特定读者群的需要

排序法是通过受众调查，了解受众对信息需求的期望方向。简言之，就是通过调查受众关注的新闻方向对新闻内容选择进行关注度排序，新闻编辑在选稿时，带有倾向性地去选择排在靠前的一些新闻内容。

扫描式阅读已成为当下趋势。"两微一端"文章的内容表现形式以文字、图片、视频为主，有时会辅以表格。其中，以图文结合最为普遍。这是因为，图文结合的形式最符合新媒体内容传播"浅阅读"的特点，碎片化的语言加上直截了当的图片，直击大脑，同时也便于进行广泛传播。

"两微一端"的文字以短小精悍为主，大多是作为图片或视频说明出现。字数多的"深阅读"文章在微信公众号当中微乎其微，一方面是由于"深阅读"文章具有较高的创作难度，另一方面则是受众对碎片化的"轻阅读"情有独钟，"深阅读"文章曲高和寡，难以达到满意的传播效果。

稿件行文风格方面，主要看气质，"友谊的小船说翻就翻、厉害了我的哥……"在新媒体上看到这些时尚的网络语言，你会不会觉得很亲切？今天，"两微一端"无疑在构建一个新的"文本风格"——新闻语言的平民化倾向。

词汇是语言最基本的组成部分，其变化和发展直接反映了社会文化的变迁。就连《人民日报》的"两微一端"都改变了传统新闻过去以单向传递信息、灌输观点为主的话语方式，变得很亲民、接地气，越来越口语化。今天，面对新媒体的受众，我们要改变"严肃刻板"的面孔，这样才能在"以受众为中心"的新媒体语境下，实现新媒体的新发展。

第四节 选稿注意事项

一、选稿注意事项

1. 开发利用信息资源

充分发挥稿件的各种用途，最大限度地开发利用新闻信息资源。稿件有多种用途，具体如下。

（1）备用稿。如果一条稿件不宜立即采用，是否有备用的价值？如果稿件是因为报道时机不合适，或者内容上有问题没搞清楚，可以作为备用稿件，先放一放等待时机，或根据稿件中存在的问题要求记者、作者重新采访写作。

（2）内参稿。如果一条稿件不宜公开刊登，是否有作为内参的价值？有些新闻稿件不适合公开报道，主要是它们涉及的新闻事实比较敏感或复杂，公开发表可能会造成不良的社会后果，这类稿件可以考虑作为内参发表，使其在一定范围内产生影响。

（3）线索稿。如果一条稿件不宜采用，是否其中还隐藏着其他有价值的线索或内容？是否可以作为其他新闻报道的依据？在一些新闻稿件中，主体新闻事实不具有公开报道的价值，但稿件中相关的事实却值得重视，这就为后面的采访提供了线索和依据，编辑可能从中发现新的主题，为记者的采访报道提供线索，甚至可以据此策划与组织报道，指挥有关记者和原稿件的作者进行合作。

（4）转交稿。如果一条稿件不宜公开发表，是否有必要转交有关部门进行处理？有些稿件尤其是作者的自发来稿，反映的问题不具有普遍意义或代表性，但稿件中涉及的问题却关系到一些人的切身利益，反映了比较严重的问题，对这类稿件，编辑应该转交到有关部门，帮助作者反映情况，使问题最终能够得到解决。

2. 慎重、及时地处理每一篇稿件

新媒体以秒来计量发稿时间，特别在移动互联网的竞争中，独家报道非常难，但如果在速度方面抢先，你就是独家，所以选稿做到慎重的同时还要特别注意及时快速。

3. 重视作者的补充说明，尽快通知作者用稿情况

有些作者给媒体投稿时，会在稿件之外介绍稿件一些基本情况，或就某个问题向编辑说明。新媒体时代，大多稿件上传发稿系统，编辑选稿时尤其要注意这类稿件的附注说明，附注里可能会有重要的线索或信息，编辑应该重视。

另外，编辑对稿件的处理结果也必须尽快通知读者，这是对作者劳动的尊重，也是对媒体形象的维护。新闻稿件都是有时效的，一篇稿件不适合一家媒体采用，但可能适合另外的媒体。

4. 注意建立选题库、信源库、稿件库

（1）选题库。不管什么样的选题，不管来自哪个渠道，只要觉得有一定的价值、统统入库，随时更新。

（2）信源库。记者在采访中获得的一切信息来源和关系，除记者本人留存外，还要

统一复制给编辑部，由专人入库，成为共享资源。

（3）稿件库。所有的已编和待编稿件，以及所有的资料、与其他媒体的交换信息、世界主要媒体的已发稿件，均应入库，供编辑查看。

"三库"建立之后，材料要时时补充、更新、检阅、思索和利用。

二、如何提高选稿水平

（1）熟悉党的路线、方针、政策，把握全局。

（2）对社会生活充分了解。

（3）在工作实践中培养自己的职业敏感。

（4）要有全面的观念：

① 不能只看到稿件中积极的一面，而忽视了其中可能存在的消极的一面；

② 不能只看到新闻消极的一面，而忽视了其中可能转化的积极的一面。

（5）要有平衡的观念：

① 地区、领域、行业及其各构成要素的平衡；

② 肯定与否定的平衡。先进的、积极的因素是主要的，但也不能放弃对那些落后的、消极的因素展开必要的批评。但也要注意普遍性与针对性和时机性，加强建设意识。

既要突出报道的重点，又要兼顾报道之间的平衡。它最终是通过界面的布局设计和内容整合来实现的。

案例讨论

国家版权局约谈13家网络服务商要求规范网络转载

2018年9月30日10：06：54　来源：新华网

新华社北京9月29日电（记者史竞男）国家版权局29日在京约谈了趣头条、淘新闻、今日头条、一点资讯、百度百家号、微信、东方头条、北京时间、网易新闻、搜狐新闻、新浪新闻、凤凰新闻、腾讯新闻等13家网络服务商，要求其提高版权保护意识，切实加强版权制度建设，全面履行企业主体责任，规范网络转载版权秩序。

今年7月，国家版权局、国家互联网信息办公室、工业和信息化部、公安部联合开展打击网络侵权盗版"剑网2018"专项行动，将网络转载版权专项整治作为专项行动的重点任务。

国家版权局强调，网络服务商直接转载传统媒体作品的，要进一步完善版权管理制度，坚持"先授权、后使用"的著作权法基本原则，未经授权不得直接转载他人作品；依法转载他人作品时，要主动标明作者姓名和作品来源，不歪曲篡改标题和作品原意；要积极与权利人及相关版权组织开展版权合作，完善授权许可机制，遏制网络侵权盗版。

据了解，下一阶段，各级版权执法部门将重点打击网络转载领域存在的各类侵权盗版行为，引导网络企业加强版权自律、规范版权管理，推动网络平台与权利人（组织）、版权相关联盟（协会）开展版权合作、探索符合网络使用需求和传播规律的转载授权模式，共同维护良好的版权秩序。

（案例来源：国家版权局约谈13家网络服务商要求规范网络转载http://www.xinhuanet.com//zgjx/2018−09/30/c_137503088.htm）

请你谈谈新闻采编权对新媒体发展有哪些影响？

课程实训

思考

1. 如何分析稿件的新闻价值？

2. 如何判断稿件的社会效果？

3. 如何根据新媒体的特点选择稿件？

4. 新闻稿件的用途主要有哪些？

实践

1. 两人配合，请一人从当天新闻网站上下载20条新闻，把它们打乱，再请另一人按新闻价值将它们排序，最后和原网页对照。然后，另一人重复这个程序。

2. 建立一个文件夹，对每周中国出现的新词进行整理。

3. 根据前一章中涉及的报道方案，从已经采写的稿件或相关媒介的报道中选择适合采用的稿件。

第四章　新媒体文字编辑加工

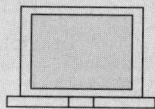

作为媒介表达元素，文字远比音频、视频原始和古老。在各类新媒体新闻平台上，文字的比重仍然很大，文字编辑工作仍然是新媒体新闻编辑最日常的工作，也是保证文字稿件质量的重要环节。对文字的修改主要从三方面着手，一是对新闻事实的核实和订正，二是对新闻稿件中观点的修正，三是对稿件辞章差错的修改，完成上述三方面的任务，使新闻稿件达到可以传播的水平。

第一节　修改文字稿件的程序

一、修改文字稿件步骤

编辑修改文字稿件一般要经过三个步骤。

（一）通读全文，掌握作者的表达意图

这一步目的在于认识原稿件，这种认识包括两个方面：一是把握原稿件的主题、材料、结构和语言等各方面的情况；二是发现稿件中存在的问题，并设想解决这些问题的方法。这种认识是修改稿件的基础。认识越清楚，下一步修改就越顺利，质量也越有保障。不能急于求成，在未通读全文的情况下，就边看边改，往往理解不全面，修改也就不透彻，甚至可能歪曲原意。有些复杂的稿件，可能通读一遍也未必能认识，需要多通读几遍，多花些时间，而不要匆匆动手，免得后来返工，浪费时间。

（二）修改文中差错，达到修改稿件的目的

（1）初次修改与加工，即第一次修改。一般是直接在原稿件上进行修改，对错误的事实进行更正，消除原稿中的主要差错，理顺事理、文理，删除明显的冗文，或是添加点睛之笔。修改之前建议复制原稿一份，以防删除有误，恢复原稿麻烦，另外也可以及时对照发现误改。

（2）再次进行修改。再次进行修改通常在已经过初加工的稿件上进行。它的任务是改正上一次加工时漏改的部分，消除因输入而产生的新差错，并根据页面设计的需要，再次进行删节或调整结构。再修改可以只进行一次，改后直接可以置入页面了。

（三）对修改稿件进行全面检查

稿件置入页面后，必须从头至尾阅读一遍，重要稿件还需要多读几遍，检查已置入页面的稿件是否已经符合准确、鲜明、生动的要求。

在整个修改文稿的过程中，需要对原稿和修改后的样稿进行反复阅读，通过反复阅读来发现问题。阅读一般可采用两种不同的方式。

（1）略读。着重注意内容，对细节不去推敲。如用词不当、错别字、漏字、标点符号的错用等暂时不去推敲。

（2）点读。逐字逐句阅读，不放过任何细节。

阅读时应该根据不同的需要灵活地采用这两种阅读方式，把它们好好地结合起来。

二、修改文字稿件的工作方式

在编辑工作实践中，承担稿件修改工作内容的不仅是编辑，有时还要作者参与。所以修改文字稿件的工作方式一般有以下三种。

（一）作者自行修改

对于一些时间性不那么强，又需要作大量修改的稿件，可以采用编辑提出修改意见，作者参考意见后自行修改的办法。需要注意的是，编辑提出的修改意见越具体越好，此外，意见应该只是一种建议，而不是命令，让作者了解编辑意图又乐意接受修改。

（二）编辑作者合作修改

对于一些修改较多，且牵涉的问题比较复杂的重要稿件，可由编辑人员深入调查，掌握第一手资料，增加对实际的额感受，和作者一起对原稿进行修改。但这种修改方法比较花费时间，一般不大可能采用。

（三）编辑直接修改

那些急用而改动不太大的稿件，则可以采用直接由编辑修改的方法。这种方式比较快捷，能有效地节约时间，符合新媒体传播特征，是用得最多的一种改稿方式。但是采用这种方式，必须注意避免由于改和写的矛盾而带来的毛病，要多读几遍，深刻掌握作者的写作意图。

三、新媒体稿件特点

新媒体稿件主要包括传统媒体稿件的电子版、线下手写稿的电子化和线上即兴创作三类。尽管不能简单地把线上即兴创作称作三类稿件中数量最大的一类，但因它与广大网民关系最为密切，且作为新媒体时代最有特色的一类稿件，而备受关注。它决定并影响了新媒体稿件的性质。

与手写、印刷文稿相比，作为电子稿件存在的网络稿件有自己的特点：稿件以一种原生态的形式出现，篇幅短小，一般不讲究传统写作的形式，有意用生造词，这是由网络稿件作者心态不同于传统写作的心态（表达急切、渴望"瞬间"真实、虚拟世界不负文责）决定的。

四、稿件常见错误类型

（一）事实性差错

文稿中事件涉及的人物、时间、地点有误，或者事件前因后果、人物关系与事实不符，统计数据存在问题等都是文稿的事实性错误。因不少新媒体编辑一般不直接接触文稿的作者，这为事实性错误的校正增大了难度。

（二）政治性、政策性和思想性差错

文稿中或明或暗地表达了各种观点和思想，这些观点和思想中不能有政治性错误。即不能有违背党和国家路线、方针、政策的内容，不能违背国家利益、泄露国家机密。有害国家稳定、民族团结、易引起外交纠纷、危害青少年健康成长及其他民族、宗教、性别偏见等观点、思想和内容都应努力避免。

（三）知识性错误

如诗词引用不准确、历史事件的时间地点人物差错、地点知识紊乱，以及其他学科知识误用等。对于自己不理解、不能判定的问题，编辑要善于翻阅查找资料予以求证，也可利用网络专门的数据库释疑，或请教相关学科专家学者。

（四）辞章性差错

辞章性错误主要是文字表达方面的问题，如错别字、语法错误、标点符号误用、数字使用不规范、行文格式不统一等。这是文稿修改中最常见的错误。

五、修改稿件的方法

（一）校正

校正，即改正稿件中不正确的写法，包括稿件中的事实、思想、知识、语法、修辞、逻辑等各个方面。校正是改稿中运用得最广泛的改稿方法，也是一种最基础的改稿方法。

（二）压缩

压缩，就是通过对稿件的删意、删句和删字，使原稿在内容上更加突出重点，在章节上更加紧凑，在表述上更加简练。

（三）增补

增补，就是补充原稿中需要交代而又遗缺的内容。

（四）改写

改写是对稿件重新写作，是改稿中难度最大、操作最复杂的一种修改方法。

（五）分篇与综合

分篇是将内容比较丰富、篇幅较长的稿件分成若干篇稿件。因新媒体页面受制较

少，此类方法运用也越来越少。

综合就是将若干篇稿件合并、改写成一篇新闻稿。这个方法与分篇正好相反。在新媒体编辑中常常用超链接的方式来实现文章的整合。

第二节 新闻事实的核实与订正

一、新闻稿件报道新闻事实的基本要求

新闻是对客观事实的报道，新闻编辑在改稿时，首先对稿件中有关新闻事实的内容进行分析，看看有无需要核实和订正的地方。新闻稿件报道新闻事实的基本要求是：真实、准确、科学、清楚、统一。

（一）真实

指新闻报道中所涉及的现实方面的各种材料，必须完全符合事实的本来面貌。选稿时，由于稿件数量众多，时间紧迫，编辑无法实现对每一篇稿件的真实性进行调查核实。因此，改稿时，编辑需要将判断新闻内容的真实性当作首要任务。不真实的因素，主要有以下表现形式。

1. 虚构

虚构即所说的事情并无任何事实根据，全是无中生有的。

2. 添加

事实有一定的根据，并非全是虚构，但是其中有某些情节和内容是依据主观想象加上去的。

3. 拼凑

把不同人在不同时间、不同地点所做的事，写成是同一个人，在同一个时间、同一个地点所做的事。

4. 夸张

夸大或缩小事实，把一分说成十分，把偶然说成经常，把个别说成普遍或是相反。

5. 孤证

根据几个孤立的事例得出与全局不符的结论。比如，只有一两个地方出现的情况，却报道说所有的地方都出现。以偏概全。

6. 回避

对一些有关全部的重要情况故意避而不写，只强调某一方面。例如，质量不好不说，只是说产量增加等。

7. 导演

事情虽然确已发生过，但完全是记者为了要写报道导演出来的，与事实的情况不符。比如，报道某中学组织捐款支援灾区，记者没有来拍照；后来为了配合记者报道，该校又举行了一次活动，但这次的"捐款"并不是真正捐到灾区的。

需要注意的是，完全虚构的不真实事实不太多，大部分的不真实，表现为真真假假，或是形真而实假。近几年，因媒体之间的转载导致新闻失实呈现高发态势，新媒体编辑对转发稿件一定要注意核实其真实性。

（二）准确

指构成事实成分的名称、时间、地点、数字、引语等都必须准确无误。编辑在改稿时需要注意新闻内容细小之处表达是否准确，随着时间推移，有些事物的表述发生变化，沿用过去说法将不再合适。所以，编辑平日里要注意事物的最新表述。有些差错往往是和正确混在一起的，因而要对事实逐一检查，注意这些"夹带"现象。比如，"他们先后游览了广东、广西、湖南、四川等省的名胜古迹"，这里显然也有不准确的地方，因为广西和其他几个地方不一样，是自治区，而不是省。

（三）科学

指涉及自然科学、社会科学的新闻事实、文字表述须符合科学。有些自然现象，至今没有被人们所认识，科学界尚在探讨或争论，说法不完全相同。这种情况下，可以采用其中一种比较普遍的说法，也可以把几种说法如实作简要的说明。

（四）清楚

指对于事实的表述要让读者看得明白，不留有疑问。新闻稿件写得不清楚主要表现在以下几个方面。

（1）名称过于简单。比如地名，如果不是受众十分熟悉的，应该用全称，写清楚它所属的省、市、自治区，国际新闻还应该注明国家；如要用简称，需要注意使用规范、合乎约定俗成和人们的习惯。对于人物交代，第一次应写出其真实姓名。

（2）缺少新闻要素。如与新闻事实相关的时间、地点、人物、原因等要素有遗漏。

（3）缺少必要的新闻背景。新闻事实报道缺少必要的背景交代，受众难以理解新闻的价值和意义。

（4）缺少必要的细节交代。新闻事实缺少细节交代，受众对时间发展变化的过程很难把握。

（5）缺少必要的解释。特别是一些专业性较强的新闻，往往涉及一些艰深的专业知识，如果没有通俗化的解释，读者难以看懂。

（五）统一

统一有两层含义，一是指在同一篇或同一组稿件中，关于事实的表述前后要相一致。如在一篇稿件中，译名、计量单位、数字等，写法应该前后一致。如公元纪年如果都采用阿拉伯数字，就不要采用汉字。

二、核实与订正新闻事实的主要方法

修改稿件时，如何发现新闻事实方面的问题并进行改正？主要采用的方法有三种：

（一）分析法

内容分析：即通过分析稿件中所写的事实以及事实与事实之间、事实与判断之间的关系，来发现稿件中的疑点和破绽。主要看有没有前后矛盾、不合情理、文艺色彩浓厚、笼统含混、超越实际采访的可能性。

信源分析：即分析消息来源，判断其权威性、可靠性，从而发现稿件可能存在的问题。

作者分析：即对照作者身份与稿件的内容来进行分析。

时间分析：即对照写作时间和稿件内容来进行分析。

（二）核对法

核对主要是依据权威性资料的对照来发现和纠正稿件事实方面的差错。

（三）调查法

调查就是对稿件中所叙述的事实，通过间接的或直接的、现场的观察和了解来检查它的真实性和准确性

第三节 政治性、政策性和思想性差错订正

杜绝政治性、政策性和思想性差错是为了达到消除差错的目的，同时也能达到端正导向的目的。稿件整体上的政治倾向没有错误，不等于每句话、每个词都没有政治问题。

所谓政治性错误，是指在涉及政治问题时，提法、行文方式及引用的材料有错误，可能对政治稳定、经济发展和社会进步及国际声誉造成损害。

所谓政策，是党和国家为实现一定历史时期的政治路线而制定的行为准则，是政治的具体表现。政策由立法机关审议通过，就上升为法律、法规。办媒体讲政治，不仅要求稿件在政治方向、政治立场上不出问题，还要求在涉及具体的政策、法律、法规时，十分严谨，没有任何偏差。

编辑人员必须全面地了解政策、法律和法规，消灭稿件中的一切与之相悖之处。因为在某些情况下，政策性错误如果严重到一定程度，就成了政治性错误。

对新闻稿件中出现的立场观点方面的问题进行修正，主要应从以下几方面着手。

（1）对新闻稿件中涉及敏感的政治和政策问题的文字表述要特别注意审查，严格把关。

（2）对新闻稿件中的新闻事实与观点的内在逻辑关系进行分析，修正因事实与观点不一致导致的差错。

（3）对新闻稿件的选材和角度进行分析，修正因选材与角度不当导致的新闻立场观点方面的偏差。

（4）对于新闻稿件中涉及案件和法律方面的内容，要特别慎重地把握分寸，注意防止"媒介审判"。

（5）对于新闻稿件中可能造成"泄密"的内容要从严把关：

①信息量过大、报道过细造成泄密；

②报道事件把握不当造成泄密；

③不注意内外有别造成的泄密。

第四节　辞章性差错订正

这类错误主要是文字表达方面的问题，例如，错别字、标点符号误用、语法错误以及数字单位等表达不规范、不准确，引语错误等。

一、错别字

错别字出现在新媒体文稿中的频率是很高的，扫除错别字是修改辞章差错的首要任务。

字的笔画、结构写得不合标准，称为"错字"或"破体字"。常见的有3种类型：增加笔画、减少笔画和字的部首错误。一般来说，错字多见于手写稿，而目前新媒体编辑主要与电子文本或打印稿打交道，接触错字的机会较少。

甲字错写成乙字，称之为"别字"。常见的有5种类型：音同形似；音同形不同；音近形似；音近形不同；形似音不同。别字是网络编辑在进行稿件编辑时经常遇到的，因此编辑需要有较好的文字基础知识，善于识别和改正别字。

不过，不同的输入方式会有不同的出错特点，可有针对性地纠错。

（一）规范汉字

2000年10月31日第九届全国人民代表大会常务委员会第十八次会议通过了《中华人民共和国国家通用语言文字法》[1]，自2001年1月1日起施行。该法规定，国家推广普通话，推行规范汉字。汉语出版物应符合国家通用语言文字的规范和标准。

规范汉字是指经过整理简化并由国家以字表形式正式公布的正体字、简化字和未经整理简化的传承字。

简化字以1986年10月由国务院批准重新发表的《简化字总表》中所收的简化字为准。

正体字以1955年文化部和中国文字改革委员会发布的《第一批异体字整理表》中选用的字为准，不过该表公布后又作了几次调整，一共恢复了28个被淘汰的异体字。

传承字是指历史上流传下来沿用至今，未加整理简化或不需要整理简化的字。

规范汉字的字形以1988年国际语委和新闻出版署联合发布的《现代汉语通用字表》规定的新字形为准。

---

[1] 中华人民共和国国家通用语言文字法–中华人民共和国教育部政府门户网站.http://www.moe.edu.cn/s78/A02/zfs__left/s5911/moe_619/tnull_3131.html.

（二）规范用词

1. 应尽力避免词语误用

这里所讲的"词语误用"与语法错误中所讲的"用词错误"有所区别。词语误用中被误用的词语应该用的词形近音同，如"权利"与"权力"，"启示"与"启事"，"品位"与"品味"，"情节"与"情结"等，用在不同语境表示不同的事物。"公民权利"不能用作"公民权力"，"权力机关"不能用作"权利机关"，"招工启事"不能用作"招工启示"，"战争启示录"不能用作"战争启事录"，"个人品位"不能用作"个人品味"，"品味生活"不能用作"品位生活"，"故事情节"不能用作"故事情结"，"俄狄浦斯情结"不能用作"俄狄浦斯情节"。用词错误更多地指错误地理解词义，导致语句语法结构出现问题。如病句"老教授坚持为学生讲座"中"讲座"是名词，应改为动词"讲课"或"举办讲座"。

2. 不得擅改成语，自创新词

现代广告用语中用词不规范，特别是擅自改变成语，对青少年正确用词起误导作用。如宣传颜料用"好色之涂"，网吧取名"一网情深"，服装店取名"衣衣不舍"，美发店取名"我形我塑"等，不利于现代汉语的用词规范。

3. 应该尽量使用异形词中推荐词形

异形词指普通话书面语中并存并用的音同、义同而书写形式不同的词语，是汉语中常见的复杂现象。《现代汉语词典》中以第一义项为该词首选。2002年3月，中华人民共和国教育部和国家语言文字工作委员会发布了第一批异形词整理表，并规范了推荐词形。这是我国首次制定的现代汉语词汇规范，被定为推荐性试行规范，在运用书面语进行表达时，应该尽量使用推荐词形。

二、常见语法错误

文稿中常见的语法错误主要包括用词错误、搭配不当、成分残缺、句式杂糅、逻辑问题、成分赘余、词语位置不当、指代不明等。

（一）用词错误

因作者对某些词的误解而造成这些词的误用。

（二）搭配不当

句子中的搭配不当包括两种情况：一种是语义搭配不当，一种是词性搭配不当。

（三）成分残缺

成分残缺主要体现在句子缺主语，也有缺宾语的情况。有些句子比较长，尤其是修饰全句的状语部分或句中的定语、宾语部分比较长，顾此失彼。

（四）句式杂糅

同一意思可以选择不同的句式来表达，但每次只能选择一种句式，不能同时使用两种以上句式表达，那样会造成句子结构的混乱。

（五）逻辑问题

逻辑问题是文稿中经常出现的一类问题，往往造成词语或句意前后矛盾。这是由作者不经意间所犯逻辑错误引起的。

（六）成分赘余

在句子结构中，让人感觉某句子成分多余或者用词画蛇添足，妨碍句意表达。修改时删除赘余部分即可。

（七）词语位置不当

词语位置影响句意的表达。

（八）指代不明

因代词指示（人或事物）不明确而造成语意混乱。

三、标点符号

标点符号是标号和点号的合称。

点号主要表示说话时的停顿和语气。有句号、逗号、问号、叹号、顿号、分号、冒号7种。

标号主要标明语句的性质和作用，常见的有引号、括号、省略号、破折号、着重号、连接号、书名号、间隔号和专名号9种。

各种标点符号使用要求请参照国家语言文字工作委员会2011年12月30日发布，2012年6月1日开始实施的《标点符号用法》GB/T15834−2011[1]。

四、名称表达规范

名称表达规范是信息交流活动得以顺利进行的基础。在稿件中，各类名称，如人名、地名、职务名称、企业名称、产品名称、科学概念及各类译名等的表达，须遵循一定的规范，否则，会影响传播的效果。名称表达规范包括名称表达的统一性、准确性与正确性。

当同一名称在一篇稿件中多次出现时，要保证该名词在全文使用中的统一，否则，读者会越读越糊涂。

编辑工作中还应注意外文名称字母的大小写。通常，如果是英文单词，采用首字母大写的做法，如Windows，Dreamweaver，E-mail；如果是几个单词的缩写，应该采用所有字母均大写的做法，如WWW，CEO，IE。

名称表达的准确性指对事物的称谓须符合事物的实际。此外，名称表达的准确性还涉及以下方面：党和国家领导人的人名、职务等一定要准确无误，出现多个领导人时应该注意排名顺序；在稿件中涉及其他人名、职务等名称时，应注意加以核实；不同国家的领导人的称呼方式有所不同，如英国首相、大臣，而美国称总统、部长；在涉及与法律相关的概念时，一定要注意其含义，保证表达的正确性；对一些历史名词，应当注意名称的科学性。除保证名称使用得准确外，还应注意名称使用的正

---

[1] GB/T15834−2011标点符号用法 电子版，http://people.ubuntu.com/ ～ happyaron/l10n/GB(T)15834−2011.html.

确性。

五、单位使用规范

单位使用必须依据国家标准（详见国家技术质量局发布的《GB3100—3120—93量和单位》）。国家法定计量单位是政府以命令的形式明确规定要在全国采用的计量单位制度。我国法定计量单位是以国际单位（SI）为基础，加上我国选定的一些非SI的单位构成的。

单位使用中比较普遍的问题在于，按规定已经停止使用的非法定单位仍在使用；单位名称表述不规范。

六、数字使用规范

阿拉伯数字与汉字数字有各自不同的使用场合。总体原则是：凡是可以使用阿拉伯数字而且又很得体的地方，均应使用阿拉伯数字；遇到特殊情况，可以灵活变通，但力求相对统一；重排古籍，出版文学书刊等，仍依照传统体例。可参照国家技术监督局发布《GB/T15835—95数字用法》。

七、译名使用规范

涉及国外人名、地名时应使用通用译名。如"达·芬奇"不能译成"达文奇"；"新西兰"不能译成"纽西兰"等。如无通用译名，须在该人名、地名于文中首次出现时用括号标注原文。

地名翻译可参照国家质量技术监督局1999年3月4日发布的英语、法语、德语、西班牙语、俄语、阿拉伯语六大语种的《外语地名汉字译写导则》。

外文的书名、报名、杂志名译成中文后要加书名号，如《华盛顿邮报》（*Washington Post*）、《新闻周刊》（*News Weekly*）。

在文章中引用港、澳、台的一些资料时，会出现译法不同的情况，这时，应转成标准译法或大陆通用译法。例如，"沃森氏"应为"屈臣氏"。

公司名一般应当翻译，可采用较为普遍的翻译方法。已经在中国注册了中文商标的公司名称，一定不能译错。

对于专业术语，能翻译的要尽可能翻译，如果国家有相应的标准译法，应采用标准译法。如Internet的标准译法是"互联网"或"因特网"。

第五节 修改稿件的具体方法

新闻编辑对新闻稿件的修改，收到截稿时间的限制，还受新媒体页面设计需要的限制，因此，根据原稿的情况采用恰当的改稿方法是非常重要的。

一、校正

校正的具体操作有三种。

（一）替代

替代就是以正确的内容和叙述替代原稿中不正确的内容和叙述。

（二）删节

删节就是直接删除稿件中有差错的部分。采用删节方式处理稿件，一个很重要的前提条件是，被删除的内容在新闻中不是至关重要的，不会因为这些内容被删而影响到整条新闻的真实性和准确性，也不会影响读者对新闻的理解。删节的处理方法如下。

（1）删除政治上不正确的用语，以及不良政治倾向的语句。

（2）删除一切假话、废话、空话和套话，尽量删除形容词。

（3）删除无法确定真实性的段落和词句。

（4）删除诽谤性的言论。

（5）删除堆砌重复的烦冗内容。

（6）删除超出页面编辑需要的部分。

（7）删除含混不清的提法和外行可能不理解的专业术语。

（8）删除新闻中的议论部分。消息中不应该包括言论和观点，除非报道本身要夹叙夹议。

（9）删除过多的直接引语。只有精彩和有个性的对白，才有资格成为直接引语。

（10）删除宣传味过浓或倾向性过强的话语。

（11）删除血腥或肉麻的表达，以及对暴力、凶杀、强奸等的细节描写。

（12）删除涉及隐私的内容。

（三）加按语

加按语就是对原稿中的错误不直接改动，而以另外加按语的方式指出差错。有时新闻稿件中的差错不是记者或作者采访写作上的原因造成的，而是被报道对象客观上就存在的，如被采访对象提供的材料或者接受采访时的说法有问题有疑点，而且被报道对象客观上就存在的，如被采访对象提供的材料或者接受采访时的说法有问题有疑点，而且这些内容又比较重要，不能用删节的方式删除掉，也不能用替代的方式直接改为正确的表述，这时就可以保留原来的文字，而以加按语的方式指出错误，做法是直接在错误的文字后面加括号和标注，如：按："×××"有误，应为"×××"。

二、压缩

稿件冗长在新媒体新闻初期并没有得到重视，但伴随人们阅读习惯碎片化的需要，新媒体编辑不得不重视稿件长度问题。文字简洁明了一直是新闻报道的语言要求。

压缩新闻稿主要从这几方面入手。

（一）对新闻导语的压缩

导语是新闻稿件的开头部分，是读者首先阅读的内容，其重要性不言而喻。所以，对新闻稿件的压缩，首先要看它的导语是否言之有物，是否简洁明了，如果长而空泛，就必须压缩。

（二）对新闻背景材料的压缩

新闻的背景资料是新闻稿件中必不可少的一个组成部分，它对于读者了解新闻中的事实与观点往往起着很重要的作用。但是背景材料毕竟不是新闻中最重要的东西，它只能处于一种"配角"的地位。因此新闻背景材料要做到用最少的语言，包含最多的信息。或者放在超链接中去详细展开。

（三）对新闻主体的压缩

新闻主体指主要报道新闻事实和观点的部分。压缩新闻主体，较常用的办法是先将新闻的主要事实和主要观点根据其重要性以及新闻主题关系的紧密程度进行"等级"划分：区分出谁是最重要、最应该保留的；谁是次重要、也应该保留的；谁是不太重要、可有可无的；谁是最不重要、可以省略的，等等。然后，只把那些最重要的、最能反映主题的内容保留下来。

压缩还有一种方法是保留原稿内容的基本框架，删除或用超链接展开具体事例或细节。这种方法主要用于综合性新闻稿件的修改。

三、增补

互联网先天的技术优势为增补创造了条件，也使增补成为新媒体新闻编辑的重点。新媒体编辑更注重"加法"，通过添加，可以将一条"单薄"的文本新闻变成"丰腴"的多媒体新闻、融合新闻。

（一）添加的内容与方式

新媒体新闻的增补包括三类内容和两种方式。三类内容指新闻内容、互动内容和广告内容；两种方式指自动添加方式和手动添加方式。

新闻内容的增添包括基本信息的增加、新闻增值阅读的增加和新闻延伸阅读的增加。基本信息的增加有电头、来源、时间、责编等；新闻增值阅读的增加有图片、音视频、提要、摘要、背景资料等；新闻延伸阅读的增加有相关专题、相关新闻、关键词超链接、热词超链接等。

互动内容的增添包括直接互动的增加和间接互动的增加。直接互动有直接表达意见和观点的留言板、评论区等窗口，间接互动有转发、分享、挖掘以及链接到论坛、空间、博客和微博的转接按钮。

广告内容的增添包括24小时新闻排行榜、评论榜等新闻推广，新媒体频道的形象广告，文字或图片或视频的商业广告，电子商务广告以及搜索联盟的广告。

上述三类内容，新闻内容中的基本信息、互动内容和广告内容的增添一般设定为自动增添，即将这些内容写入新媒体新闻发布模板，并放置在固定的位置，轻易不会改变位置或模板中剔除。新闻内容中的增值阅读和延伸阅读属于手动添加，需要编辑根据新闻报道的内容及其价值先进行判断，然后确定增添哪些内容。需要注意的一点是，不是每篇报道都要完整增添增值阅读和延伸阅读的内容，可以根据新闻事实相应配置。

（二）增添的操作技巧

无论国内还是国外的新媒体，在处理单条新闻时都高度重视编辑中的增添，通过增添扩展新闻价值、延伸新闻阅读、加强网民互动，力图做出立体化的新媒体新闻。

在新闻增值内容的增添上，主要有图片、新闻视频、新闻音频、丰富了新闻报道的形式，为网民提供了多样化的浏览选择；延伸阅读增添是针对新闻的深度内容，主要有相关数据图表、相关新闻事件、相关背景资料。

在互动内容的增添上有评论区让网民发表意见，间接互动有分享到QQ空间、微博、微信朋友圈等社交媒体超链接，还有转发到电子邮件的转发按钮，还有为网民提供打印、复印等各种服务的技术性功能。根据有关研究的统计，在一篇新媒体新闻报道里一般会有7～8个间接的互动接触点，这些互动接触点现在已经被一些网站写进新闻模板，成为新媒体新闻发布时的"标配"。

国内的新闻网站一般都将增添的内容置于主体文章之后，网民需要浏览完全部文章或者拖拽网页滚动条才能看到增添的内容或延伸阅读，互动版块更是在页面底部。这样的位置安排给网民的浏览造成了很大的不便，没有耐心的网民几乎不会拖拽到页面底部去浏览增添的内容，增添的意义也就此失去。

国外有些网站，如《纽约时报》网站将新闻的增添内容安排在文章的左右，左边为增值阅读内容，从上至下依次为图表、视频、相关新闻、音频、互动讨论、评论，这样的编排一方面符合网民浏览新闻时对内容需求的次序，另一方面也满足了网民在浏览正文时随时关注相关内容，随时移动鼠标点击进入的要求。同时，提供给网民评论的窗口在正文上下都有设置，这也是考虑到网民浏览新闻时受广告的干扰减少了，有利于网民更专注地阅读新闻。近年，人民网等实力较强的媒体互动设置也越来越科学。

增添是新媒体编辑经常性的工作，每一个编辑不但要时刻有增添的意识，还要懂得如何为一条网络新闻增添何时的各类内容，如何将给讲座增添的内容编排到适当的位置。增添得当，能增加新闻的厚度，提升新闻的品质；反之，则会成为新闻的累赘，变成阅读的负担。

四、改写

（一）改写的对象与方式

在新媒体新闻的编辑中，改写并不是一项经常性的工作。只有在面对特殊的单条新闻、需要重点强调的单条新闻或者需要技术处理的单条新闻时，才会运用改写的编辑手段。

新媒体新闻编辑中的改写主要是运用互联网的技术、网络的表现形式对内容进行的加工、包装和重新组合，对内容本身并不进行很大修改。

新媒体新闻的改写包括三个方面：一是针对新闻模板进行的技术性改写；二是针对冗长文章进行的分篇和分页；三是针对内容进行的整体包装和重组。

新闻模板是网络新闻系统中用于生成静态新闻页的标准化格式，编辑可以通过模板大规模、批量化制作出风格、样式统一的新闻，可以将日常新闻发布、更新、维护工作格式化、标准化，减轻工作量，提高工作效率。但是，模板是一种统一定制的预设模块，适用于一般的、普通的、大众化的新闻，而需要特殊处理的、个性化的新闻，模板系统就不能满足要求了。因此，编辑要学会一些网络语言，通过手工写入网页源代码对新闻进行技术性改写，部分改变新闻的呈现模样，比如模板设计的图片位置一般是居于新闻标题之下和正文之上，但如果图片与正文里的内容有密切的联系就需要改变图片的位置，将图片插入与其直接有关的正文上下文之间，这时就需要在新闻模板里加入相关页面代码，手动改变图片的位置。

针对内容的改写主要是用网页语言、网络的表现手段等对内容进行加工、包装和重新组合。这些语言和手段包括字体、字号、颜色、行间距、底纹、线条、特殊符号、装饰图、超链接、网页结构、网页样式等。网民浏览网页是一种从上而下的、有顺序的、拖拽式的浏览，有时需要不断拖拽滚动条来照顾上下文的阅读、浏览，如果能采取一定的编辑手段和编辑技巧改写文章，就能让网民在滚动中抓住文章的重点，理解文章主题思想。比如对需要重点强调的段落用特殊颜色突显出来，对正文中的小标题进行加粗、加黑处理，都能便于网民的阅读，提高网民的用户体验度。

（二）改写的操作技巧

当前，新媒体阅读时一种扫描式阅读，也是一种浅阅读。网民能否将一条新闻从头至尾完整浏览，一方面取决于新闻内容的价值和可读性，另一方面取决于新闻的呈现形式给网民留下的直观印象。特别是对一条冗长的新闻，形式的包装在很大程度上影响并决定着阅读的效果。

新媒体新闻编辑中的改写对编辑有很高的要求。一是要熟练掌握各种计算机和互联网的技术手段，学会将这些技术手段与内容结合，用恰当的形式来包装相应的内容；二是要对改写的新闻慎重选择，不是所有的新闻都能拿来改写的，也不是所有的新闻都需要进行整体改写的，改写的目的是通过形式的包装来提升内容，而不是改变内容去迁就形式；三是要认真阅读原文，理解文章的核心和亮点，只有这样才能做到合理分拆文章结构，提炼摘选文章精华，确立改写后的页面框架，从而达到改写的目的。

五、分篇与综合

冗长的文章可以进行分篇、分页，将一篇报道从结构上拆分成几篇文章，每一篇文章只报道一个事件或诉求一个主题，在保持页面统一、美观的基础上最终形成层次分明、脉络清晰、有内在逻辑性的网络式的新闻。

综合的方法常用两种：

（1）同一主题、同一事物、同一问题进行全面的概括。

（2）在一段时间内把同一主题的连续报道综合成一篇，作一次类似总结的综述，有述评色彩。

六、修改稿件的底线——改后不出新差错

（1）对于通讯社播发的重要政治性稿件，对于上级审定的稿件，内容上一般不允许改动。这类稿件有的可以删节，但也要特别留心。如要修改，原则是只改错，不改好。

（2）对本媒体资深记者的稿件，对在某个领域有特别专长的记者的稿件，不要无理由地随便大改。

（3）在有可能导致记者对编辑形成过强依赖性时，不要轻易改稿。这时，最好打回去让记者自己重写。

（4）尽可能不改变原稿的风格。

（5）没有说得出口的原因，不要轻易改。要做到每动一字皆有因。

（6）不要随便改自己不懂的东西。

（7）不要以点代面。

（8）不要随便改直接引语。

（9）不要随意拔高。

（10）不要在压缩和删节时，把生动的细节和有益的铺垫也删去；不要在删掉华丽辞藻的同时，还把新闻中一切描绘、背景、逸事、幽默统统删掉；更不要把核心的新闻事实删去。

案例讨论

从2002年开始《新闻记者》杂志评选年度十大假新闻，迄今已18年。近年来，虽名称改为《年度虚假新闻研究报告》，但揭露虚假新闻危害，提高新闻专业水准的初衷不改。我们从2018年专业媒体涉及的若干虚假新闻案例中，选取比较具有典型性的2条，加以梳理和分析。

一、保研大学生破解彩票漏洞获刑

【刊播时间】2018年5月18日

【"新闻"】5月18日，《重庆青年报》官方头条号报道《大学生破解彩票漏洞获利380万被取消保研名额并获刑》称：近日，就读于某知名大学的张某，因涉嫌利用专业知识破解彩票漏洞非法获利380万元，涉及金额特别巨大，相关执法机关正式向法院提出起诉，而一旦罪名成立，除没收380万元赃款之外，张某还将面临3年以下有期徒刑。文章后半部分，详细介绍了张某如何计算出博彩网站的漏洞，并晒出了张某与昵称为"注册网址"的博彩网站管理员的聊天页面。这篇"新闻"发布后，在各类内容平台上热传。

【真相】《北京青年报》记者发现这篇报道没有事发的具体时间、地点、人名以及单位名称，疑点重重。而且文中3张配图都是其他新闻事件的照片。更为蹊跷的是，在

图4-1　假新闻举例一

这条新闻的配图中，留下了"暗号"，指向一家名为"爱购彩"的博彩网站。

【点评】从表面来看，这只是一则普通的社会新闻，但实际上，从新闻人物、图片到整个事件，均为虚构，而通过报道中"不经意"流露出的博彩网站网址，有业内人士指出，这是博彩网站的钓鱼新套路，不明真相的读者有可能因此陷入博彩网站的陷阱。《重庆青年报》等传统媒体的官方账号为它打上了"新闻"的幌子，新媒体的转载则加快了它的传播。据不完全统计，网易新闻客户端、百度百家号、腾讯天天快报、今日头条等平台上都刊发过类似新闻。作为具有专业资格（即依法取得互联网新闻信息服务资质）的网络媒体，不论是一类资质（拥有采编发布权）还是二类资质（只拥有转载权），对内容进行专业性审核是题中应有之义。主管部门早就发布规定，新闻媒体不得未经审核就发布、转载网上信息，为什么还会有媒体置若罔闻呢？

二、快递小哥因快递被偷雨中痛哭20分钟

【刊播时间】2018年11月18日

【"新闻"】据《北京青年报》报道，一段快递小哥雨中痛哭的视频近日引发了不少关注。据网友爆料，上海一快递员冒雨送快递，一车快递被偷得没剩几件了，在雨中痛哭20多分钟。目击者小晴（化名）对北青报记者称，视频拍摄于11月15日下午，地点在上海华东师大三村，当时她听到有人在楼下大喊所以打开了窗帘看到了事发经过。小晴称，她看到快递员哭得很厉害，一直喊"这叫我怎么办，怎么办"。期间还有一位大爷前去安慰。11月18日下午，北青报记者从事发地附近的上海公安局普陀分局长风新村派出所了解到，15日下午确实接到一位快递员报警称其派送的快递丢失，快递员报警时说公司可能将损失算在他身上，截至目前快递仍未找回。

【真相】11月18日晚间，视频拍摄者在微博上澄清，称她只看到快递员雨中哭泣，所谓快递被盗是其个人推断。11月19日，多家上海本地媒体发布了进一步的调查情况。上海普陀区公安分局称他们并未接到类似警情，消息不实。11月15日至今，视频拍摄地所属的长风新村派出所未接到过快递小哥报案称快递被盗的警情。快递小哥系韵达快

图4-2　假新闻举例二

递公司的快递员，当日其在华师大三村送快递时因与女友吵架后站在雨中哭泣，并没有发生快递被偷的情况。11月19日上午12时，普陀公安局官方微博发布了通告。警方提醒，在网络中发帖时不要主观臆断，在不明事件具体情况下编造不实信息，网络空间不是"法外之地"，一旦造成严重后果需要承担相应的法律责任。

【点评】从东方网对这条假新闻的出炉过程进行的追溯来看，这是一条非常典型的未经核实的用户生产内容经由媒体报道落地成为假新闻的案例。最初的线索来自网友在新浪微博上传的视频和文字，上传者在不知快递员因何哭泣的情况下发布了自己的推测。此后，视频网站、微信账号的转载加速了这则内容的发酵，逐渐将原因归结为"快递被偷"。11月18日16时许，《北京青年报》跟进此事，并在相关报道中增加了一句"当地派出所接到过快递丢失的报警"。即便的确有派出所接到过快递丢失的报警，但是所谓的报警与哭泣的快递员之间也不能建立因果关系。综观2018年，《北京青年报》在新闻打假方面做了很多努力，但在此事件中却暴露了核实责任和核实能力方面的缺陷。

（资料来源：《新闻记者》微信公众号2019年1月2日，《2018年十大假新闻》https://mp.weixin.qq.com/s/JSP8Q6k1TASokdcBnZPVow）

假新闻有哪些特点？如何防范假新闻？

课程实训

思考

1. 编辑修改稿件一般要经过哪几个步骤？

2. 新闻报道对新闻事实有哪些要求？

3. 改写新闻稿件主要有哪几种方法？

4.新媒体文字稿件如何进行互动设置?

实践

1.收集10例左右新媒体报道错误案例，分析其错误类型与原因。

2.针对最近校园发生的新闻事件写一篇新闻稿，相互修改。

第五章　新媒体新闻标题制作

基础理论

在《新闻传播百科全书》中，新闻标题的定义是："用以揭示、评价、概括、表现新闻内容的一段最简短的文字。"新闻标题可引导读者阅读新闻，也可表达编辑的思想倾向，表现编排意图。标题制作的好坏直接决定新闻的传播力，在新闻编辑工作中的地位举足轻重。题好一半功，这是新闻界的共识。如果标题制作把握不准，沦为"标题党"，新闻的导向作用将会受到严重损害。

对于"速读"的新媒体新闻而言，标题是引起读者关注的窗口，是激发读者阅读兴趣的魔石。新媒体新闻标题通常与正文不在同一页面的特性，决定了新媒体标题编辑比传统媒体标题编辑显得更加重要。受众只有点击自己感兴趣的内容标题，才能继续深入阅读。新媒体才能够实现传播信息的目的。

第一节　新媒体新闻标题制作特点

新媒体"读题时代"，标题已经成为受众识别新闻内容，判断新闻价值的第一信号，成为读者决定是否获取深层信息的第一选择关口。新媒体传播具有多媒体化、超链接、信息海量、交互性、及时性等特点，那么新媒体标题在传播功能、表现形式、语言特色及制作技巧上与传统媒体新闻标题都有不一样的地方，呈现出新媒体独特的个性特征。如何制作符合"速读"时代读者需求的标题，需要对新媒体报道的标题制作特点进行探究。只有熟悉新媒体报道的标题制作特点，才能掌握新媒体新闻标题制作技巧。

一、结构单一性

按照结构来分，新闻标题可以分为单一型和复合型两种情况。在以往的新闻报道中，为提升信息表达的精准性和有效性，很多记者编辑喜欢运用复合式的题目，然而在新媒体时代，新闻标题极易受到页面空间的限制，这就导致新媒体时代的新闻标题往往单行题较多。为了能够在页面主页容纳很多新闻标题，以便传递更多的信息，新媒体时代的新闻标题往往需要简明扼要，在主页面上用单一式标题并以列表形式排列，新媒体新闻如果出现两行或三行标题，势必会影响页面的美观，造成视觉上的混乱。另外，复合标题在制作和排版时要更花时间，也影响新媒体发布新闻的时效性。

二、实题性

标题的实题性是指新闻标题直接陈述事实。新媒体标题大多单行，所以需要选择最重要、最具体的事实和观点入题。当然，事实和观点入题可有所保留。如果该新闻最重要的事实与观点都在标题中展现，网友完全有可能不浏览正文。所以，新媒体新闻编辑在标题制作的过程中可以有所保留，适度增加一点悬念。如《新疆晨报》官方微信在2018年3月29日发布的一则天气新闻标题《气温猛降15℃！新疆大风、雨夹雪、暴雪、沙尘一起来，没骗你！》，提炼事实，直接明了。从这个角度说，新媒体新闻标题制作中，需要重视标题实题性特点，更符合新媒体传播的"速读"需求。

三、字符限制性

中国互联网络信息中心2019年2月发布的第43次《中国互联网络发展状况统计报告》显示：截至2018年12月，我国网民规模达8.29亿，其中手机网民达8.17亿。

可见2018年中国移动互联网活跃设备主要是手机。由于新媒体新闻阅读量主要来源于手机用户，那么新闻标题当然受到手机屏幕尺寸的限制，比传统媒体标题字符数少。

传统媒体可以用引题或副题来补充新闻主标题，但手机端的新媒体标题，若字符数过长，将被屏幕换行，标题过度占用屏幕，容易造成读者视力疲劳，也降低了单页面信息量，使新媒体新闻传播效果大打折扣。所以，新媒体标题越简明扼要，越有利于新闻传播，字符限制性特点鲜明，要求标题必须在20字之内，同时根据页面严格控制字数。

四、语言活泼性

与传统媒体相比，新媒体新闻标题制作较少受限于严格的语法、字词规范，创新体现在对网络语言、口语化的大量运用。

如《新疆晨报》官方微博2017年5月18日发布的美食新闻《椒麻鸡换了新搭档，米粉、黄面欢乐颂，皮牙子已哭晕》，《乌鲁木齐晚报》官方微信2018年1月2日发布的天气新闻《太冷冷冷冷了！乌鲁木齐明天太冷，懒得取标题，你自己看！》，体现出新媒体新闻标题制作灵活生动接地气的特征。另外，因搜索引擎主页的新闻排名中主要是通过筛选标题中的关键词，那么，新媒体的新闻标题关键词越多、越具体就越容易被用户搜索阅读，也需要创新性地考虑标题制作的词汇使用。可以说，如果在新媒体的新闻标题制作中，不重视标题的创新性特点，就很难显出新媒体高效、与用户互动的优势，也很难吸引用户，特别是广泛使用移动互联网终端设备的年轻用户。

五、时效性

新媒体时代，新闻具有较强的实时性，只要有互联网，在全球范围内的任何时间、任意角落都会产生新闻报道。时效性是指新闻的时间差与新闻所引起的社会效应的综合评价指标量。新闻价值取决于新闻新鲜度，只有在新闻事实发生后，以最短时间刊发新闻，才能取得最大社会效应、凸显新闻价值。新闻是"易碎品"，在新媒体时代，新闻时效性与新闻标题息息相关，如在新媒体主页面集中大量的标题，若不能迅速吸引读者关注，则新闻正文无人浏览，那么发布再快的新闻都丧失了时效性，对发布方和读者毫无价值；当下，很多新媒体新闻标题中频繁使用"刚刚""快看""定了"等字眼，就显示出这一特征。随着数字技术及互联网的迅猛发展，新闻也打破了以往"TNT"模式，即今天的新闻今天报道，而逐步转向"NNN"模式，即当前的新闻现在就报道，从而进入了实时报道的时代。

新媒体新闻要通过搜索引擎传播，搜索引擎是根据标题关键词和其热度来决定新闻在搜索结果中的排名位置，排名越靠前越容易吸引阅读，彰显新闻价值。因此在进行新媒体的新闻标题制作时，需要认真考虑标题的时效性特点，让标题符合搜索引擎的规律，以最快的速度引起受众的第一时间关注。

六、多媒体性

随着经济及科技的不断发展，多媒体技术得以在各个领域广泛应用，在丰富了新闻报道表达方式的同时，也对新闻标题产生了一定影响。比如，在微博、微信公众号，新闻标题上充分运用多媒体技术，增设一定的"视频集"和"现场图"等，使得文字信息能够与声音及视频信息一同发布，这也是传统媒体新闻标题不具备的优势。

新媒体新闻报道不是刊发一则新闻稿件那么简单，而是要在新媒体环境下迅速制作出符合新闻价值和读者需求的新闻标题，使新闻能快速及时地吸引受众阅读，发挥新闻应有的价值，这就要求新媒体编辑要把握好上述新媒体标题特征。

第二节　新媒体新闻标题编辑基本原则

一、准确真实，题文一致

新闻标题要准确地概括新闻的核心内容、精神和实质，其中包括观点正确、文字精确、"题文一致"，这是制作标题的最基本要求。在新媒体新闻标题制作时，一定要用事实说话，保证题文相符，才能吸引并长久留住用户。

二、凝练简约，明快上口

能用一个字表达清楚，就不用两个字。新闻标题制作要善于概括，在锤炼字句上下功夫，以最少的字词传达尽可能丰富的信息。因此编辑要有惜墨如金的心理、以一当十的愿望、删繁就简的功夫、标新立异的诉求。另外，标题还应通俗流畅、朗朗上口，艰涩怪异的词汇容易让人产生视觉疲劳。例如，2018年8月25日人民网微信公众号在报道吉林省政协原副主席王尔智涉嫌严重违纪违法，被中央纪委国家监委纪律审查和监察调查新闻时，标题仅有5个字，《又一虎落马！》。此标题非常口语化，看似简单通俗，但却留有悬念，吊足胃口。在中央反腐高压态势下，读者特别想了解谁又违纪违法了，就不禁会去点击该标题阅读。

三、精彩生动，新颖独到

精彩的新闻标题如传神之目，魅力无穷，往往令人拍案叫绝。精彩就需要运用各种表现手法，将真正的新闻点提炼出来，让人过目不忘。标题新鲜生动，要注意选词或采用多种修辞方式，以给新闻标题增辉添色。新颖独到就要尽力避免网站间新闻标题的同质化。例如，2018年8月25日人民网公众号在报道因全球气候变暖北极格陵兰岛北部沿岸的海冰开始融化的新闻时，标题非常生动新颖。《咔嚓！北极"最后一片冰区"也开始融化了，地球的心咯噔一下……》这个标题不落俗套，通过拟声词及拟人手法的运用，让读者对北极海冰融化现场有身临其境之感，同时，将人类对冰川消融的隐忧通过地球的感知传达出来，让人耳目一新。

四、深刻鲜明，一语破的

制作标题要突出最新鲜、最重要、最有特点、最本质的实处，同时要有明确的是非观念和鲜明的爱憎情感。面对纷繁复杂的社会问题，作者和媒体必须明确表达自己的态度和立场，不能吞吞吐吐、闪烁其词、模棱两可。如2018年8月24日人民网微信公众号在报道博士孙某在济南开往北京的高铁上，强行霸占女乘客座位引发社会舆论事件后的处理结果新闻时，新闻标题表达了媒体鲜明的态度，《对高铁"座霸"的处罚来了！你没教养的样子真丑》，该标题前半句点出事实，后半句表达了对"座霸"行为持否定态度。

第三节　新媒体新闻标题编辑步骤

一、阅读稿件

"题生于文"，精心阅读稿件是制作新闻标题的第一步。在熟知稿件内容的基础上，找到最有价值的新闻事实、关键字句和重要的背景材料等，才可能做到题文相符。所谓"题好一半文"，要做出好的新闻标题，首先就是要真实反映稿件中所揭示的事实和思想。所以，在编辑标题时，反复阅读稿件的事件往往比具体制题的事件还要长。阅读稿件，要做到以下几点。

1. 找到新闻事实

新闻标题有一个基本功能，即提示和概括新闻事实。但新媒体和传统纸媒有很大的区别。新媒体新闻标题是独立出现的，正文并没有紧随其后，只有通过标题上的超链接才可以看到新闻稿件的内容。比如，在网站的栏目之下，会同时出现数条标题，网络用户通过标题进行判断，点击自己想要阅读的内容。新媒体新闻标题是导读的关键性手段。作为新闻的"索引"，新闻标题在一定程度上要求具有吸引力，要引人入胜，吸引眼球。但无条件地忠于事实才是制作新闻标题必须遵循的基本原则。新媒体新闻标题要忠于事实，即在概括浓缩新闻事实时，不可虚构事实，事实是"明月光"，标题就不能是"地上霜"。那么，标题概括事实怎样才能客观地反映事实呢？那就是找到稿件内容中最新鲜、最重要、最有特点和最表现本质的事实。

2. 找到体现新闻事实的关键元素

为了使新闻更具吸引力，新媒体新闻标题往往一反传统，用"要素式"标题代替"概貌式"标题——即对多元主题的新闻不求全面概括，而是紧扣一两个最重要、最新或最反常、最有个性的新闻核心要素。标题制作中，关键元素的提取要善于围绕稿件主题捕捉读者最为关注的信息，对内容的概括往往可以从一个细节、一个侧面来入手，比如一个时间点、一个地点、一组颇为关键的数据等。

3. 找到体现新闻价值背景

有些事实之所以具有新闻价值，就在于它具有特殊的背景。新闻背景是指新闻事实发生发展的历史条件和环境条件。历史条件指事实自身的历史状况，环境条件指事实与周围事物的联系。新闻背景对更完整、更全面、更充分地认识新闻事实的本质，突出新闻事实的新闻价值，发挥着不可替代的重要作用。新闻背景选择得恰当，运用得充分，新闻的主题思想就会被挖掘得更深刻，新闻价值就会体现得更充分；反之，新闻事实的新闻价值就难以得到充分的挖掘和表达。

二、构思立意

在阅读稿件、找到新闻事实之后，接下来的问题便是构思立意，即确定你的主题，你要表达的主要内容，你要用什么方式来表达你的意思，采用什么样的结构与什么样的语言。关于构思立意，可以从以下几个角度进行思考：

1. 虚与实

就新闻标题而言，往往有"虚题"与"实题"之分。那些概括事实的发生，以叙述为主表现具体的人物、动作或事件，不加渲染、烘托、评论的标题称之为"实题"。那些发表议论，以说理为主，着重说明某种原则、道理、愿望或对事态发表看法的标题称之为"虚题"。实题和虚题各有其特点。实题的特点为具体、形象、直接、信息明确，但缺乏概括力，较难体现普遍意义的新闻本质。虚题的特点为涵盖面广，易于揭示普遍意义和事物的本质，但同时也因为舍弃了新闻条件，与新闻事实有一定距离，因而具体性较弱。

2. 藏与露

新闻标题所要写的事实是多种多样的，美与丑，善与恶，喜与忧，感叹与气愤，编者对新闻事实也有着自己的态度和看法。这些态度有肯定的，如赞扬、支持、同情，有否定的，如揭露、嘲笑、讽刺，还有既不赞成也不否定的第三种态度。编辑制作标题时可以采用内容的取舍、词义感情色彩的选择、新闻来源的交代背景的衬托、句式结构的不同等多种方式来进行意向的传达，从而引导一种正确的社会舆论，引起受众内心的共鸣，解决读者的困惑心理。

3. 雅与俗

新媒体受众的文化水平千差万别，理解能力参差不齐，为了增加新闻的吸引力和诱惑性，新媒体新闻标题往往具有引人注目、便于记忆、通俗易懂等特点。但新闻标题在强调"娱乐化"与"诱惑性"功能时，不能刻意突出色情、暴力、恐怖、低俗等负面内容。煽情和惹火的标题一定会将受众导向猎艳、猎奇的歧路。成功的新闻标题的拟定，要从受众的接收心理上寻找落点，分寸得当地制作标题，既保证新闻标题的新颖性与吸引力，又不能一味迎合部分网络受众低俗阴暗的阅读情趣。

当然，政治新闻或者面向专业人士的科技、财经证券类新闻，其标题制作可以稍微专业一些，严肃一些，"雅"一些；面向普通大众的社会新闻、娱乐新闻等，其标题制作可以通俗一些，活泼一些，"俗"一些。

三、遣词造句

在阅读稿件，弄清新闻事实，找到切入点之后，就涉及新闻标题的遣词造句，即如何运用词语、语法关系来组织好句子，让标题符合要求。在标题的遣词造句上，有如下几个方面需要考虑：

1. 单一句式的选择

在新媒体新闻中，一般使用的是单一式，较长的"单一式"标题中间会用空格来"换气"。对于新媒体标题而言，因为页面上要集纳很多标题，且要符合新媒体受众的阅读习惯，因此，新媒体新闻标题的制作就要求做到：速度要快、字数要短、提炼要准。这就使得新媒体新闻标题不得不大量使用短语，其主标题一般不宜太长，过长时中间会用空格来换气，换气后的标题在10个字左右。

2. 词序的安排

为了更好地吸引新媒体受众的视线，符合其阅读接受心理，在制作新闻标题的时候，要对词序进行较为合理的安排。新媒体新闻标题一般采用顺叙的写法，即"何人"做"何事"，它的好处是符合人们认识程序和语言习惯，美目清晰，一目了然。但是有时候为了增强新闻标题的吸引力，往往会将网络受众的关注焦点提前，采用倒叙的手法作题。

3. 特殊元素的运用

为了使网络新闻更加新颖、独特，具有诱惑性，较多的网络标题区附近会添加符号词组单字作提示。很多网站会在网络新闻标题区附近标注一些特殊元素，如特定的表意符号、彩色文字或闪烁字母，甚至视频标识或图像，以提高视觉冲击力和新闻的"诱惑性"。如进入一些新闻网站，可以发现在其国际、国内、社会新闻分类栏上会标注一个红色的"新"字，提示阅读者这则新闻是最新发生的。有些网络新闻标题旁边会加上闪烁的英文字母"NEW"或中文字"荐""精""酷""最热""★""！"等来表示这则新闻是刚"出炉"或是值得一读的，希望引起受众的关注。还有一些标题旁边会加上"（图）、组图、博客、音频、视频、掘客、沙龙、社区、数据"等字样作阅读提示。

第四节　新媒体新闻标题制作方法和技巧

一、凝练概括新闻主要事实信息，做成实题且新闻点尽量靠前

制作新媒体新闻性事件标题时，直述其事，把新闻主要内容、主题思想，直截了当地标出来，无需加描绘。这类方法尤其适用于较为严肃的题材，内容特别新鲜的事件。

原　中国第一座深水钻井平台明日于南海开钻

改　南海明日开钻中国第一座深水钻井平台

原　湖南永州一载48学生大巴坠崖　伤亡尚不清楚

改　湖南永州大巴坠崖　48学生生死不明

原　官方否认出台4万亿政策　明确两个不可能

改　中央：4万亿投资不可能　房地产松动不可能

原　兰州出租车停运调查：份子钱越来越高　司机收入太少

改　兰州出租车停运调查：份子钱4 000元　收入不到2 000元[1]

二、善于利用人物、地点、时间等新闻要素的显著性，使标题更有看点

（一）善于利用名人效应

针对普通人对名人的好奇或崇拜心理，新媒体标题在制作时可借助一些知名专家、权威机构、著名企业或品牌的影响力，目的是借势出击，从而增加读者的好感度与信任度。

例　2016年6月26日，李克强总理去天津视察，在胜利路体验店体验国产自行车"飞鸽"。关于这个事件，微博微信客户端的相关报道有：

《李克强体验"飞鸽"：我愿为中国自行车做广告》（2016年6月26日新华视点微博）《一辆自行车卖39 999元，李克强竟然还自愿给它打广告什么情况？》（2016年6月28日人民日报微信，来源每日经济新闻）

---

[1] 例1—例4转引自吴晨光：《超越门户搜狐新媒体操作手册》[M].北京：中国人民大学出版社，2015.

《头条|李克强总理点赞天津发展！亲自试骑飞鸽自行车》（2016年6月27日网易新闻客户端）

可见，微博、微信和客户端在报道时均将总理的名字运用在标题上，不仅是对总理视察行程的一个报道，也给天津国产自行车飞鸽做了很好的宣传，利用其政治身份也可以增添权威性与影响力。名人作为公众人物，自带光环和热搜体质，在拟定新闻标题时将这些元素加入其中会取得更好的传播效果。这样的例子不在少数，如：《"身无分文"逛街是种什么体验？德国Papi将带你"不花钱"在杭州玩一天》（2016年8月25日中国日报微信），《关注|快看，@马克思发微博了！》（2018年5月6日中国青年报微信）等等。

（二）善于利用地理的知名度

原　秦皇岛部队医院发生命案6名护士被砍死

改　北戴河部队医院发生命案6名护士被砍死

分析　秦皇岛知名度不如北戴河，北戴河作为"夏都"，敏感程度更高。

还有同一件事的不同标准。

2018年8月25日，哈尔滨哈尔滨市松北区北龙温泉休闲酒店发生火灾，关于该事件报道参考消息公众号在运用新华社电稿时，在标题中突出了事发地的知名度，效果比新华社微信公众号的报道要更吸引人。太阳岛景区是哈尔滨著名景点，在全国知名度较高。

《哈尔滨一家温泉酒店发生火灾已初步确定18人死亡》（2018年8月25日新华社微信公众号）

《哈尔滨市太阳岛景区一酒店发生火灾致18死19伤》（2018年8月25日参考消息公众号）

（三）善于利用时间的显著性

2019年4月4日，新华网微信公众号在众多报道悼念因扑救四川凉山木里森火灾牺牲的烈士新闻中，标题突出清明节的时间显著性，简洁且突出哀思。

例　《4月4日，痛悼！》（新华网微信客户端）

再来看人民网微信公众号一则比较温馨的新闻报道，浙江嘉兴南湖一名小学生的出生时间是2月29日，12岁女孩4年才过一次生日，小女孩给校长写了一封申请吃蛋糕的信在互联网上传开。这则新闻报道人民网也突出了时间的显著性。

例　《2月29日出生小女孩写信给校长：想吃一次蛋糕！结局很甜……》

三、善用网络语言，让新媒体标题更通俗、更口语化

（一）巧用网络用语，加深新闻标题内涵、趣味、新颖

网络用语作为网络兴起的首要表现，巧妙地运用网络用语，将网络用语与新闻标题相结合，不仅能够极大地提高新闻标题的内涵、趣味性、神秘感等，还能够充分体现出新闻标题的形式美、内容美，最大限度地引起读者的阅读兴趣，提高新闻的阅读量。

因此，只有巧妙地运用网络用语，将网络用语放在适当的位置，才能点亮新闻标题，为新闻增添一丝独特的魅力，从而使网络用语的价值在新闻标题中得到体现，强化传播效果。

例如，新华社2017年2月6日记者吴振东报道的一则新闻，标题："《中国诗词大会》'00后'圈粉无数 今天该如何学习古诗词？"随着《中国诗词大会》的热播，逐渐受到社会广泛关注，多位年轻学生更是实力圈粉，并且在第二季中，来自上海复旦大学附属中学的16岁高一女生武亦姝在节目中战胜北京大学博士生陈更，成为新的擂主。这位把陆游、苏轼、李白封为三大偶像的"00后"，在《中国诗词大会》中的精彩表现赢得大家的赞扬，并且该新闻标题起得非常新颖，巧妙结合"00后""圈粉"这些网络用语，一下子就把读者的注意力给吸引过来了。因此，新闻标题与网络用语的有机结合是将新闻从以往的单一传递方式转变为与时代背景相契合的多元化的新闻输送。就深层次而言，巧妙运用网络用语，选择充满正能量、有代表性、有鼓励性的网络热词，可以在打破新闻标题单一化的同时丰富新闻标题的内涵，实现对新闻标题的再一次升华。

与网络用语相结合是当下新闻标题的主要写作流向，而网络用语产生地也非常多，如网络视频、游戏热词、热门评论等，一不小心的一句话或者一个词都可能成为网络用语。网络用语，建立在原本的文化背景下，有丰富的文化内涵，大多数的网络用语看似表面意思但却能够进行深入的挖掘。在到达一定程度时，网络用语便逐渐成为人们生活中的热词甚至是常用词。在新闻标题中添加这些热词与常用词无疑可以极大地增添新闻标题的趣味性。以最近的热点俄罗斯世界杯来说，当C罗在最后几分钟用香蕉球完成帽子戏法，葡萄牙VS西班牙为3∶3时，就有新闻传递而出《C罗：一个人carry全场》。这则新闻简单阐述了C罗在本场比赛中一个人力挽狂澜，猛然发力，为葡萄牙战平了西班牙。新闻标题中的carry一词是来自游戏《英雄联盟》的网络用语，意思是一个人带动全场，是实力的象征。它在这里与新闻标题相结合，让许多读者一看就能够了解到C罗在当晚肯定是全场最佳。这个词极大地提高了该新闻标题的趣味性，充分满足读者对新闻资讯的快速猎取需求，引起读者对新闻的阅读兴趣，提升阅读量。再提及上一次比赛中，C罗同样是进了决胜球，在《新闻晨报》上刊登了一则C罗进球后与队友们相互拥抱的图片，而这则新闻的标题是"C罗进球，你懂的"，这里运用了网络用语"你懂的"，其内容选择十分考究。一句"你懂的"既有C罗进球的惯性想法，也有对C罗进球后的行为的一种诠释，不仅带有趣味性同时也让新闻标题充满了神秘感，将新闻标题与新闻图片的内容相结合，可以充分体现出该则新闻的内容，同时也能够让新闻标题对比其他相同内容的新闻技高一筹，让新闻标题脱颖而出。因此，巧妙地运用充满正能量的网络热词不仅能够充分地让新闻标题脱颖而出，也能够进一步满足当下读者的众多口味。

为了使新闻标题能够更好地吸引读者的眼球，在引用网络用语的时候，必须使其与新闻内容相匹配。标题来源于新闻，它可以称为新闻的眼睛，简洁适宜的新闻标题要说明一个新闻事实，突出其中最重要的新闻要素，揭示新闻中最新、最为本质的变动意义。为点亮新闻标题，适当地选用网络词汇绽放精彩，一定要紧扣关键性、个性化的新闻要素，选择适当的网络用语，以增添新闻标题的新颖性。

例如，2010年11月10日，人民日报头版头条发表了《江苏给力"文化强省"》，"给力"这个网络用语再高一浪，十分恰当地表现了江苏发展的具体情况，并且利用该热词能使读者对其有一个更深入的了解。

（二）标题制作偏向通俗、口语化

2017年，新华社的一篇"爆文"——《刚刚，沙特王储被废了》几乎人尽皆知，这篇9个字的标题、45字的文章，仅仅10分钟阅读量就突破了10万次，同时在朋友圈掀起了一股"刚刚体"风潮。正如该篇推文编辑关开亮所介绍的："这篇稿件的走红有很多因素，但一开始主要靠的就是这一口语化、'接地气'的标题。我们在拟标题时，不妨把用户当成你的亲朋好友，你突然知道了一件大事，非常想告诉他们，这时，你脱口而出的话往往就是最好的标题。"

原　京沪20省份出台双节高速公路免费细则

改　20多省份高速路双节免费细则：去机场不花钱[1]

新媒体标题趋向口语化，是网络传媒互动特点的体现，同时也便于社交媒体转发与多次传播。2015年7月17日，《新京报》微信公众号有以下几则新闻标题：

弟子被碎尸　"大师"王林涉案被抓！

第一个揭露王林的记者说她也曾被"诅咒"

超过半数的富豪打算移民或已移民，你知道吗？

砸电脑的文联主席，你讲普通话就不会摊上事儿了！

四、活用成语、谚语、俗语、歇后语

例如，《"烂尾楼"墙砖脱落　群众忧"祸从天降"》，祸从天降这个成语运用在标题中，形象地描绘出墙砖脱落可能造成的危害，让这则新闻更有冲击力和警示意义。

例　灰之不去　未来3天京城被霾没

望尘莫及　多数口罩毫不设防

五、善用修辞手法，提升标题的艺术性

标题在文字上除了简洁、通俗外，还应力求生动。文字要优美，修辞要讲究，力求形神兼备，尽可能给人以较多的联想和美的享受。

比如，利用谐音双关。

例　吃葡萄不吐皮　德国4-0完胜葡萄牙

荷兰何拦！惊天逆转5-1血洗西班牙

---

[1] 转引自吴晨光：《超越门户搜狐新媒体操作手册》［M］.北京：中国人民大学出版社，2015.

例　"计划"有变　冬至吃不了饺子（令计划在甲午冬至当天被中纪委调查）

比如，善于引用

例　北京"7.21"：人在"游泳池"车陷"积水潭"（引用地名，并对仗）

例　策划：特别的锦旗给特别的你（引用歌名）

例　蓦然回首"周老虎"曾专程为薄背书（引用诗词，并对仗）

灯火阑珊　周家大宅敲门无人应

例　农夫和蛇　老伯扶起小伙反遭踹（引用典故）

例　乱世佳人　克总检察长：美貌能救国（引用电影）

比如，善用排比

例　热热热　北京局部达42℃以上

火火火　河北包揽高温Top10

烤烤烤　云南2名男子中暑身亡[1]

六、善用符号增强新闻标题的情感色彩

新媒体时代，受众的视觉本能让他们更倾向于包含多种元素的新闻，而符号，也是这多种元素之一。新媒体标题写作中的标点符号与表情符号的功能被放大，新闻标题善用标点符号烘托意境，强化新闻的情感内涵，引发受众的好奇心。

（一）标点符号

两微一端的新闻标题中，感叹号的应用是最为常见的。如2015年9月7日中国女排夺冠，《新京报》纸质版的新闻标题为：《时隔11年女排再夺冠》，在同一天的微信推文中，标题改成：《11年！郎平喊哑了嗓子，终带女排王者归来！》连用两个感叹号，增强了事件的突发性，强化了语气，体现了激动和骄傲之情。

另外，问号也常被用来加强语气和表示疑问的强调。比如：《"员工须货到100岁"：华大基因的核心竞争力是技术还是话术？》（2018年5月29日新京报微博），《中国共产党为何借鉴84年前的探索经验，新组建中央审计委员会？》（2018年5月25日南方都市报微信）等等。

（二）其他符号

如今的新媒体新闻标题中，一些非标点的符号也渐渐加入。

比如《@所有人数十款世界经典老爷车在G20展馆等你！》（2017年4月5日都市报微信），再如《@作家陈岚，你的道歉，没用》（2018年5月28日澎湃新闻微信）。这种符号常见于微博评论区、微信、QQ聊天，其好处是能够精确地把你想要传达的消息传达给特定的人。除了"@"符号，还有"VS"、"～"等符号。如《一场由福原爱小两口引发的大讨论：东北话VS台湾腔谁更能把人带跑？》（2016年10月2日新京报微信），"VS"是英文Versus的简写，一般表示相对立的意思，将其用于新闻标题中也被别有一

---

[1] 转引自吴晨光：《超越门户搜狐新媒体操作手册》[M].北京：中国人民大学出版社，2015.

番风味;《木耳和他一起吃，胜过冬虫夏草！降压降脂护血管！医生都说好～（2017年1月13日楚天都市报微信），这种类似小波浪的符号并无实际意义，常在句末使用，目的是软化语气，如今也经常出现在新闻标题里。

七、鼓励在标题上的各种创新

（一）用文字的排序形象表达

例　霾霾霾北霾霾霾霾霾方霾霾霾

人人人人人人人人人人我人人人人人人人人人

油价又又又又下降

女生再再再再失联（2014年，油价第四次下调，同时第四位女生失联）

（二）组合式标题

例　普京没拦住：乌克兰两州今公投或建新俄罗斯

没拦住普京：总统率队参加索契冰球赛独进6球

例　鹿死谁手：长劲鹿被蒙眼乘车头撞高架桥

虎口夺食：原北京动物园副园长被诉敛财1 400万

例　别人的单位：10辆豪车发员工做年终奖

别人的论文：女博士抄29年前国外专著

八、注意网站、微信、微博、客户端的标题差异

因为传播渠道的不同，在相同的价值观下，移动端和PC端的标题存在不同的处理方式。

（一）长短不同

最直观的感受，移动端受限于屏幕尺寸，在标题字数方面比PC端少。一般情况下，移动端字数为十几字，而PC端则达到二十多字。受此影响，在新闻点选择和标题风格方面，存在较大差别。

（二）呈现方式不一样

PC端网站新闻首页导读标题与正文链接部分标题可不一致，首页导读标题通常比正文部分标题更为简洁。微信公众号标题列表呈现却与正文标题大多一致。

例　人民网首页导读标题为《比5G快10倍　全球首款可见光通信芯片发布》

正文链接部分标题为《比5G快10倍　智博会发布全球首款可见光通信芯片》

（三）标题内容、形式、语言风格有差异

"两微一端"的新闻标题在内容上喜用清单体、善于设置悬念、强化主观情感；在形式上分类意识强；在语言上善用网络词语，多用符号；语言风格也更为活泼，更加口语话。

1. 喜用清单体

习惯了"快餐式阅读"的人们，在浏览新闻时更倾向于量化的新闻信息，因此在

编辑新闻标题时，新媒体编辑们会用数字归纳新闻的内容，让读者一目了然。

数字化。这类新闻标题中"几大""盘点"的关键字居多，且大量运用数字，在体现标题内容精准性的同时也起到了吸引受众眼球的效果。如《11个关于狗狗的电影，11个催泪的瞬间》（2017年3月5日澎湃新闻客户端），将关于狗狗的电影做了一个小结，搜集了11部相关电影的11个令人感动的情节，引起爱狗人士的共鸣，激发他们的阅读兴趣。《大学最悲催的十件事，竟然全中……》（2017年3月18日中国青年报微博）这几则新闻标题的共通点是将信息量化，让人一看即懂，有点给人精神上的轻松感，有的大数字起到让人震惊的作用，十分符合"读题时代"受众的阅读心理。

列表式。清单体标题的内容大多为由上往下的列表式，比如《速查！这7种证件都有"有效期"，逾期不处理后果很严重！》（2018年5月27日工人日报客户端），将身份证、护照、驾驶证等十二个证件一个个列出来，每一个证件都有对应的简要说明和换证要求，整篇文章类似于一个列表清单。还有：《太有用了！20个Word文字处理技巧。学完不求人！转存！》（2018年5月29日央视新闻微博），《适合旅途中听的10首英文歌，旋律和歌词都美极了！》（2018年4月29日中国日报微信）等等。清单体新闻标题的呈现可以减轻受众的心理压力和阅读的负重感。因此，清单体标题是很有必要的，也被各大媒体争相使用。

2. 善于设悬念

近年来两微一端等新媒体上的新闻标题出现了一些频率较高的词汇："竟然、曝光、千万、真相、秘密……"这种利用夸张词汇赚取点击率的招数屡试不爽。如：《明明是"铁饭碗"为何有人愿意端？深山里的公务员生活竟是这样》（2016年12月11日新京报微信），标题的"竟"字一下子吸引了受众的眼球，勾起了受众的阅读欲望，从而促使受众点击阅读以一探真相。还有的标题不带关键字，也能很好地设置悬念：《她52岁了？女子健身4年"逆生长"，已当外婆却似少女》（2018年5月28日扬子晚报微信），养生健康成为当下人们所推崇的一种生活方式，这则标题的内容首先就比较有吸引力，其次，标题中"外婆"和"少女"这两个关键词形成一种反差，更加增添了标题的吸睛度，激发了受众强烈的好奇心。

恰当的悬念能给文章带来高浏览量和点击率，但也存在悬念设置不当的现象。因此，传统媒体也好，新媒体也罢，二者都应该保持理性，做到有序的市场竞争。

3. 强化分类意识

两微一端在划分版块时往往会使用分隔符将新闻加以区分。这方面在微信与新闻客户端中体现较多。比如《人民日报》的微信平台有如下几个版块：

［提醒］、［健康］、［实用］、［荐读］、［夜读］、［关注］，这几类一般为生活类的文章，事关人们的衣食住行。［提醒］多为住行方面，［健康］多为饮食方面，［实用］多为生活小窍门，［荐读］和［夜读］会推荐优秀书单或文章，［关注］则为一些热点话题的报道。如2018年5月29日的新闻标题：《［健康］谁才是真正的水果之王？答案出乎意料》，《［荐读］13个老人一栋别墅"抱团养老"，年轻网友坐不住了》等，用分隔符号

将推文类别进行区分，说明编辑在发送推文时已经有了版块划分意识。澎湃新闻客户端也分为视频、时事、财经、思想、生活、问吧几大板块。其中每个版块分别对应不同的栏目，比如时事版块下面还有"中南海、舆论场、打虎记、人事风向、港台来信、澎湃国际、全景现场"等栏目。网络时代的新闻海量，编辑不得不用分隔符号将它们相互区分。这样每一个版块推出对应的文章，针对性更强，也更符合"大众变小众"的新闻发展趋势。

4.语言更加口语化，表态较多

例 《高铁"座霸"男被处治安罚款200元记入铁路征信体系》（人民网及人民日报客户端）

《对高铁"座霸"的处罚来了！你没教养的样子真丑！》（人民网微信公众号）

《该！高铁"座霸"男被这样处罚了》（人民日报微信公众号）

第五节　新媒体新闻标题编辑失范

新媒体新闻标题编辑失范主要表现在"标题党"和同质化两个方面。最广为诟病的是"标题党"现象，"标题党"现象已引起了国家有关部门的重视，同质化现象则并未引起足够的关注。与"标题党"现象相比，标题同质化现象分布的领域更加广泛，表现又不那么鲜明，因此不易引起警惕，但这两者对新媒体新闻的长远发展都具深层危害，新媒体编辑都必须认识到。

一、新媒体新闻"标题党"表现特点

新媒体难以摆脱商业性这一本质特性的制约，一些运营平台为追求转载量和点击率，不惜打语言战术，不免沦为"标题党"。"标题党"现象成为新媒体新闻标题最广为诟病的现象，也引起了国家有关部门的重视。近几年，在新闻网站、客户端及微博、微信等社交媒体里广泛传播的新媒体"标题党"新闻具有如下特点。

（一）利用公众对社会弱势群体的关注，或以国家、民族荣誉感为噱头刺激读者阅读

此类新媒体新闻通常以妇女、儿童、老人等社会"弱势群体"为对象来吸引公众目光，引诱人们点开链接从而获得点击率和浏览量，然而标题和新闻内容往往并不一致。例如，当今关于"老人摔倒扶不扶"依旧是个被热议的话题，某微信公众号一条标题为《老人摔倒积水坑里无人扶，之后不治身亡》的新闻引来了无数人的围观。乍看到此标题，读者会以为路人冷漠，看到老人跌倒不扶从而致老人死亡，然而点开正文才发现，老人的死亡原因并非标题暗示的由于路人不扶而导致，真相则是有三位路人前去扶老人，而老人很有可能是心脏病复发而引起死亡。此类"标题党"打着为弱势群体"伸张正义"的旗号，激起公众的同情心和保护欲，从而刺激读者阅读。又如一则标题为《惊呆！福建幼儿园发生火灾　孩子直接被从二楼扔下》的微信新闻，实际则是幼

儿园发生火灾，消防人员前来营救，为了救孩子，教师将孩子从二楼扔到了一楼的气垫上，孩子安全得救，幼儿园无一人伤亡。此新闻正是典型地利用公众对弱势群体儿童的关注，将"火灾、被扔"等词与天真烂漫的儿童紧紧联系在一起，刺激读者的进一步阅读。诸如此类的"标题党"扭曲了事实，严重的还会引起群众不满，导致社会不和谐，因此是不可取的。

以国家、民族荣誉感为噱头的"标题党"通常拿中国人在某方面胜过外国人的事来大做文章，既调侃了外国人，又塑造出似乎让国人引以为豪的感觉。例如，某微信公众号上的一则标题为《中国人打美国人了　暴爽　没wifi也要看》的新闻，正文是中美选手参加拳击比赛，中国选手战胜了美国选手。这是一条经过恶俗改造，以国家、民族荣誉感为噱头的新闻标题。另外，在一些微信新闻标题中经常可以看到"警告美帝""美国万万没想到""中国这回牛b了"等语言，貌似爱国，实际上传播的是狭隘的民族主义情感。

（二）黄色暴力词汇以及惊悚低俗图片的大量运用挑动读者遐想

利用色情、暴力性质词语挑动读者遐想的"标题党"新闻在新媒体中最为常见。新媒体编辑常用和"性"搭边的字眼，如露腿、露胸、迷奸、高潮等；还有带有暴力性质的词语，如毒打、枪杀、割喉等。此类色情、暴力的词语会对读者造成一种冲击感，充分调动读者的敏感神经，引发读者的遐想。例如，某微信公众号上，一则新闻标题为《丰满少妇当众喂奶，引起交通堵塞》，首先"少妇"是一个具有性别特征的称谓，然后还当着大众的面喂奶，竟然还引起了交通堵塞！该标题读后一种画面感立马就出来了。读者抱着好奇心去点开新闻链接，然而却是一张母猪在马路上给幼崽喂奶，使一辆汽车无法通行而停在原地的图片。还有一则微信新闻内容是晚餐怎么吃比较健康，却拟标题为《男女晚上的欲望不能太强，看看就明白了》。如此标题，简直不堪入目。

亦有一些新媒体新闻标题利用惊悚低俗图片来吸引读者，如一篇微信新闻标题为《天啊！这个必须曝光＋裸女图片》，原文只是白菜被喷了甲醛事件的调查新闻。该标题使用了十分夸张的两个字"天啊"，加上"这个必须曝光"营造出一种惊悚的氛围，附加一张裸女图片，让读者不禁将裸女和整个事件联系在一起，点开链接发现新闻和裸女毫无关联，只是一则很平常的社会新闻。

此类"标题党"新闻，利用色情词汇和低俗图片引诱读者上钩，然而读者屡屡被骗亦会对此类新闻疲劳麻木，极差的阅读体验必将失去更多读者。

（三）表达故弄玄虚，大量采用感叹号、省略号激起人们的强烈情绪

有些新媒体新闻标题采用悬念式和夸张的修辞手法，大量采用感叹号、省略号激起人们的强烈情绪以刺激读者阅读。很多新媒体新闻标题只出现新闻五要素中的部分，有的甚至只出现其中一个要素，编辑采用省略号、感叹号代替被省略的要素。这种标题往往令读者一头雾水，究竟发生了什么？为了一探究竟，很多读者会继续点开链接进行进一步阅读。

例如，一则微信新闻标题为《丈夫和妻子双双出轨，小三竟然是她……》，实际上

新闻描述的是丈夫和妻子整天忙于玩手机而导致夫妻缺乏沟通的普遍现状，而非丈夫和妻子对婚姻不忠。现实生活中，小三是贬义词，是被人唾弃的。悬疑派"标题党"新闻会激起读者的好奇心，点击阅读后又会感到被欺骗，从而引起各种负面情绪。

微信新闻"标题党"常常使用夸张的表达，"最高级"的运用非常广泛；还有的打着"揭秘"的旗号，故弄玄虚；有的摆出一副知心姐姐的样子，娓娓地告诉你"不看就后悔了"；还有的俨然就是神医，煞有介事地介绍各种健康知识……"震撼""惊呆了""绝密偷拍""国人吓一跳""一篇价值百万的古药方""工程院院士一招防治老年痴呆""和你息息相关"……这些微信新闻"标题党"常用的表达手法，简直达到"语不惊人死不休"的地步。

二、新媒体新闻"标题党"现象产生的原因

（一）新媒体"快阅读"时代过分追求标题吸引力

较之传统媒体新闻，新媒体尤其以手机为载体的新闻，其标题的作用更为重要。新闻标题几乎决定了人们是否点开新闻，如果标题没有吸引力，用户不点击，无论新闻内容多精彩都不会为人所知，这是当前新媒体过分追求标题吸引力的一大原因。

如今，越来越多的人从以智能手机、平板为载体的移动媒体来获取讯息。移动媒体的最大优势在于其移动性和便捷性，人们在地铁、候车厅等地方，在上下班的间隙，只要一有空闲时间，就可以随时随地进行阅读。这种碎片化阅读一方面体现在阅读内容的碎片化，另一方面是阅读时间的碎片化。在快节奏的现代化社会生活中，人们越来越趋向于快餐式阅读：在零散的时间里进行快速浅显的浏览阅读。移动媒体新闻由于载体限制，为了在有限的空间（手机屏幕）显示尽可能多的内容，和电脑端网络新闻一样呈现出题文分离的表现特征，人们第一眼见到的是手机屏幕上的首页标题，通过对标题页上数个标题信息进行甄别，过滤掉不感兴趣的，筛选出自己感兴趣、认为有价值的信息，然后再点击链接进行下一步阅读。

在"快阅读"时代背景下，新媒体对新闻标题吸引力的追求是基于媒体自身发展的需要，新媒体新闻为了吸引更多读者，获取更大的阅读量，就要想方设法让读者看到标题就想点开内容一探究竟。而现在有些新媒体盲目追求读者阅读量甚至罔顾新闻事实，以致造成新媒体新闻"标题党"泛滥的现象。

（二）新媒体为获取关注过分迎合受众低趣味

当前我国新媒体发展迅速，新媒体是靠流量来获取关注度进而带来效益的，如果新媒体新闻不能吸引读者眼球就很难获得较高阅读量和转发量，因此一些新媒体为获取更多受众关注，在新闻选择和标题拟定上舍弃了新闻工作者原本需要坚持的原则，过分去迎合受众的低趣味。

注意力经济时代，吸引眼球才能带来效益。相较于严肃无趣的文字，几乎所有人都喜欢阅读简单有趣幽默诙谐的东西，特别是在零碎的时间段里，人们更愿意阅读简单轻松不需多动脑子的新闻来缓解生活和工作的压力，因此娱乐新闻广受欢迎。毋庸讳言

的是，在庞大的受众群体中，有相当数量读者的阅读品味并不高，偏爱猎奇八卦性信息，对"标题党"新闻情有独钟，这也正是新媒体新闻"标题党"存在的土壤，因此很多新媒体在制作新闻标题时，为了获取眼球经济，过于迎合受众的低趣味。

（三）新媒体新闻从业者知识素养及专业水平不高

随着传媒业向移动网络端等新媒体阵地移动，近年来新闻从业者数量激增，报社、广播电台、杂志社、网站、微信媒体、微博媒体等都需要招收更多人员来从事新闻传播工作，相较电台电视台、报社等传统媒体行业，新媒体新闻从业人员的门槛较低，其专业素养普遍不很高，他们关于媒体传播的知识结构并不是特别扎实全面，其新闻写作与编辑素养与能力亟待提高。新闻行业是一个对个人知识全面性要求较高的行业，想要写好一篇新闻，需要运用到许多领域的知识，例如，经济新闻报道除要求作者具备扎实新闻写作功底外还要掌握相关经济知识。如果传播者对要传播的东西不了解，就不能写出合格的新闻，甚至会出现一些基本知识的错误，从而误导受众。而在当前新媒体时代，新媒体新闻编辑除了要有较高的写作与编辑能力外，还需懂得新媒体传播规律，知晓如何写作新闻才能取得更好的传播效果。

还有一些新媒体新闻从业者虽然拥有知识，但是缺乏新闻价值判断能力。新闻从业者应该有这样的认知：并非点击率越高的新闻越有价值。一条好的新闻，一定是能传递出人们需要的信息且用语恰当合理，语言生动有魅力，而非浅薄的插科打诨宣扬错误的价值观。新闻媒体是社会公器，除了提供信息、提供娱乐外，也应该承载社会责任。而一些新媒体新闻从业人员只在乎新闻关注度而忽视新闻价值和新闻媒体应承载的社会责任，这也是目前新媒体新闻"标题党"现象普遍的一个原因。

三、新媒体新闻"标题党"现象的治理

新媒体新闻"标题党"现象损害用户的阅读体验，长此以往也必将对新媒体自身的发展带来不良影响。目前新媒体新闻"标题党"现象已引起社会各界的关注，2015年10月，我国网信办发文要求严惩"标题党"，新媒体新闻"标题党"现象急需得到有效治理。

（一）从正确新闻志向出发提高新媒体从业者职业道德，不为点击率做"标题党"

新媒体在新闻生产与传播的过程中不应唯利润马首是瞻，应该有正确新闻志向。它要求记者以客观、真实、准确的态度去报道事实，挖掘事实的真相，把事实的原生态展现在读者面前。与传统媒体的新闻从业者不同，很多新媒体从业者并没有经过严格的专业训练，其专业化程度明显不足，不仅采写编排的专业技能有所欠缺，而且也没能很好地遵循新闻从业者的职业道德与规范。因此，新媒体平台应对新闻从业者进行职业道德教育，培育他们正确的工作理念，即在信息传播过程中遵循新闻工作者职业道德准则：为公众利益服务，向公众展示有价值的信息。只有切实提高微信新闻从业者的职业道德，使其自觉自愿不再为追求点击率而制作耸动的标题，才能减少"标题党"现象的出现。

（二）加强培训，提高新媒体新闻编辑标题制作能力和专业素养

新媒体"标题党"的危害对媒体自身和受众都是不言而喻的，应引起新媒体从业者的足够重视。新媒体的新闻把关者主要是编辑，新媒体新闻编辑除了应具备较好的写作功底外，还应具备活跃的互联网思维、良好的互动能力和扎实的图文编辑能力。

新媒体传媒组织应制定出编辑规范，明确既符合新媒体时代传播规律又符合新闻规范的制题原则，对新入职的编辑进行专业培训，提高编辑制作标题的能力。新媒体新闻编辑应时刻警惕"标题党"，在标题制作时严格把关。把关需要从标题的真实性、合理性、生动性等方面进行验证。新媒体新闻标题应当能真实反映新闻事件，不应采用耸动的词汇去吸引眼球，不能罔顾新闻事实，胡编乱造，更不能文题不符。一个好的标题在真实性基础上，还应该用语恰当生动。

采用他律和自律相结合的方法提高新媒体编辑的专业素养亦能改善新媒体"标题党"现象。他律是指除本体外的行为个体或群体对本体的直接约束和控制，他律带有强制性，是外在的。

新媒体传媒组织可定期以笔试形式对新闻从业人员进行业务考核，考核从业者的编排水平和新闻伦理道德等，根据考核结果实行奖罚并提出相关意见。优秀者表扬鼓励，不合格者可进行辞退处理。自律则是新媒体新闻从业者的自我监督，自我提升。新媒体新闻从业者应主动学习新闻专业以外的知识以丰富自己的学识和眼界；应向其他优秀的新闻人学习，提高个人的新闻价值判断能力。只有具备较高专业素养的新媒体编辑才能更好胜任新媒体新闻传播工作。

（三）相关政策法规+技术力量，加强对新媒体"标题党"现象的监管

新媒体新闻"标题党"现象极大地助长了以冲突性、异常性、趣味性以及窥私欲等为代表的人性中的不良倾向，极大损害了新闻客观性以及真实性。

长此以往，不仅会严重损害受众的阅读体验，同时新媒体的公信力和影响力也将不复存在。为了进一步规范新媒体新闻环境，打击新媒体新闻"标题党"现象，国家应当从宏观层面制定相应的政策法规，加大对新媒体环境的监管力度，对一些违背法律规范、挑战伦理底线的"标题党"必须从制度层面进行规训与惩戒。在新媒体中倡导坚持正确的舆论导向，并由国家网信办等信息监管单位在全国范围内实施规范新媒体新闻传播秩序的专项行动，以树立微信传播行业标准。

另外，国家可以委托从事计算机软件设计的部门，针对新闻"标题党"的定义标准，设计出可以识别新媒体"标题党"关键词的软件，并对发布"标题党"新闻的新媒体进行监测追踪，根据严重程度进行处罚，轻则对其进行教育和封站处理，重则进行民事拘留。政策法规和技术力量并举来治理新闻"标题党"，促进新媒体的良性发展。

"标题党"是新闻业的一颗毒瘤，我们应警惕新闻"标题党"给新媒体发展带来的不良影响。新媒体新闻从业者应该走回新闻专业化的轨道，采取相应措施提高整个行业从业者在新媒体传播环境下的专业技术能力和职业道德水平，使新媒体传播平台既能给人们带来舒适的阅读体验，又能承载起媒体的社会责任，使其真正成为一个自由而负责

任的新媒体。

四、新媒体新闻标题同质化表现

新媒体新闻标题同质化的趋向既有显性的表现，也有隐性的表现。显性表现主要体现在标题的表现形式上，包括标题用词的跟风化与标题语式的模式化；隐性表现主要体现为标题功能的狭隘化。

（一）标题用词的跟风化

新媒体具有快速化与碎片化的传播特点，在这样的传播环境中，催生了一批又一批易于传播的流行词。选取某一时间的网络流行词，以"搭乘"流行词的快车传播自己的新闻内容，成为新媒体新闻标题制作的常见方式。比如，"打call"是2017年广为传播的网络流行词，在各大公众号新闻标题制作中被频频使用，这些新闻标题对"打call"这一热词的使用，其目的在于吸引读者注意力，但当"打call"充斥新媒体平台的时候，这样的标题难免"泯然众人矣"。这样跟风蹭"热词"的新闻标题在新媒体平台上已经成为一种广泛存在的现象，诸如"扎心了""戏精""厉害了"等流行词都是一经产生传播效应就引发广泛跟风，这样的标题意在求新，实则失去了创新的个性。

（二）标题语式的模式化

新媒体新闻标题在叙述语式上正逐渐形成一些固定的模式，较常见的模式有悬念式、反转式等。这些模式增添了新闻标题的吸引力，契合了新媒体传播的特点，是新闻标题制作的有益探索。但这些探索一经形成模式，却又令新闻标题呈现出千篇一律的面目。比如悬念式，《国际滑联公布中国选手"犯规依据"，并驳回中国队申诉，理由是……》《离开中国制造，老外根本活不下去，有人不信，结果……》，两个标题都是先陈述新闻背景，然后以省略号的方式隐藏结果，制造悬念，受众早已见怪不怪；比如反转式，《有人辞职5年，却一直在领"空饷"！没想到网友却纷纷点赞……》《没吃几口就走了？是谁家年夜饭这么"浪费"！网友看了却纷纷点赞……》，前者是报道某公司照顾患有尿毒症的员工为其发放基本工资，后者是报道消防队员外出执行任务顾不上吃完年夜饭，两个标题都以陈述"负面新闻"的口吻切入，再以反转的效果引发受众的兴趣，但对比两个标题语式可谓如出一辙，已经流于模式化。通过所举标题可以看出，当新闻标题过度依赖模式化表述时，不仅失去了个性色彩，而且长此以往令受众产生接受疲劳，失去吸引力。

（三）标题功能的狭隘化

传统新闻标题的功能包括了概括事实、评价新闻、引人关注等，标题的功能范畴比较广，因此，标题的形式也因应不同的新闻内容、不同的报道需求而体现出不同的特色。不仅如此，不同的传统媒体之间，因为各自的定位不同、传统不同，新闻标题也形成区别于其他媒体的个性特征。然而，在新媒体环境下，新闻标题的功能却变得狭隘化，新媒体新闻标题所要实现的主要目标就是吸引读者的关注。新媒体新闻报道题目不吸引人，受众就不会点击阅读，新媒体就会失去点击率，而点击率关乎一家新媒体平台的生存发展。相较其他新媒体平台，微信公众号处在竞争更加激烈的传播场域之中，每一位受众的公众号订阅列表，就是各公众号相互竞争的场域，在这里，各公众号的竞争又直接表现为头条标题的竞争，一个吸引读者的头条标题，是召唤读者进入一家公众号的关键，只有令读者点击进入公众号，该公众号的其他新闻才可能被关注并产生新的点击率。正是在这样的环境中，不同新闻之间、不同媒体之间的标题制作几乎都呈现出"语不惊人死不休"的趋同姿态。相比标题用词的跟风化和语式的模式化，功能的狭隘化是标题同质化趋向更加内在的表现，同时也从深层推动了这一趋向的发展。

在一个提倡创新的新媒体环境中，新闻标题出现同质化现象似乎是一个悖论，但却是一个逐渐呈现的事实。这一趋向及其背后的观念如果不能得到认识和调整，将给新媒体新闻发展带来深层伤害。

新闻标题在功能上过度强调吸引受众，呈现狭隘化趋向，其背后动力更多的是为了获取点击率，而并非为了传播新闻内容。因此，新闻标题不再是不同新闻内容之间相互区别的题眼，而是企图借助流行词和流行语式达到吸引读者的目的，新闻标题与新闻内容呈现出的这一剥离倾向，使其同质化趋向愈加显著。

这一现象产生的主要原因在于，新媒体新闻报道出现偏离新闻理念的倾向，"点击率为王"正在侵蚀"内容为王"。只有回归新闻本体，新媒体新闻标题才能克服同质化趋向，真正寻找到既符合新闻价值理念，又符合新媒体传播规律的创新之路。

案例讨论

北京网信办通报多起网络媒体"标题党"违规案例

"断章取义""夸大事实""无中生有""偷换概念"……12月5日，北京市网信办通报了多起网络媒体涉及"标题党"违规行为的案例。很多都是来自网易、搜狐、新浪、凤凰网等受关注度很高的网络媒体，影响恶劣。

案例一：2016年4月28日，网易在转载新华网报道的《多地整治网约车探索"规范路径"》时，将标题改为《官方：网约车属高端服务不应每人打得起》。改后标题与文章原意完全相反，激化社会矛盾，引发舆论一片谩骂和声讨。

案例二：4月21日，网易财经发布自行采编报道《上海冠生园董事长被猴子弄死》，以调侃甚至戏谑的口吻叙述这一悲惨的意外事故，消费了遇难者，同时也误导了受众对事实的认知。

在《网易新闻标题制作规范》中相关条款：网易作为重点商业门户网站，坚决抵制各种形式的"标题党"，要做客观、真实、理性的新闻报道传播者。

案例三：2016年6月2日，搜狐网在转载法制晚报报道《西城区北京第二实验小学白云路分校多名学生同天流鼻血请假》时，将标题改为《北京西城多名小学生同天流鼻血白细胞计数不正常》。原文中未提及白细胞的内容，编辑在推荐文章时擅自添加无中生有内容，引发读者误解的标题内容。

在《搜狐网编审制度》中相关条款：搜狐新闻标题规范部分规定：真实性为必要条件，要准确传播事实。

案例四：2016年7月28日，凤凰科技在转载新华网《我国公布建设网络强国的时间表和路线图》报道时，将标题改为《中国将成为网络强国：2050年世界无敌》，以夸大的方式吸引眼球，无中生有。

在《凤凰新闻客户端内容编辑及审核制度》中相关条款：第二章内容发布标准，第三条新闻标题制作，禁止篡改标题，禁止标题党。原则上不得随意改动原标题，如需修改标题，以原文为主，不歪曲事实，不以偏概全。

案例五：2016年10月14日，新浪、搜狐、凤凰财经及网易新闻在转载澎湃新闻刊发的《全国密集严打楼市违规震惊开发商，住建部：为了逼出楼市泡沫》相关报道时，均对原标题进行了修改，在标题中关联炒作原文中的"中央领导下的批示"，将矛头指向中央领导同志和有关部门，造成不良影响。

新浪财经:《住建部人士：此次楼市调控是中央领导亲自下的批示》

搜狐财经:《住建部人士：此次楼市调控是中央领导亲自下的批示》

网易新闻:《住建部：楼市调控是中央领导亲自批示为逼出泡沫》

凤凰财经:《住建部：此次楼市调控是中央领导亲自批示为逼出泡沫》

案例六：2016年2月21日，新浪新闻转载新京报报道《卫计委解决育龄夫妇想生不敢生的问题》，将标题改为《全国政协副主席：药价虚高到了让人咋舌的地步》。原文内容主要是围绕人口老龄化和二胎政策展开讨论。新浪标题则突出政协对药价的指控，和文章主旨无太大关联，却引起网民对医药体制不满情绪的发泄。此类对时事热点进行"改造"的行为，通过夸大、扭曲、断章取义等处理方式来赚取眼球，易渲染、放大负面情绪。

在《新浪网内容管理制度》中相关条款：第一章内容管理部分第三节标题制作基本规范中规定：对于转载内容，标题要尊重原新闻内容。编辑制作新闻标题，必须尊重原文的含义，准确反映新闻的主要内容。不得歪曲原意、断章取义、以偏概全、无中生有、虚假夸大、偷换概念、低俗血腥。

案例七：2016年7月25日，搜狐焦点在登载《海教园房价飙2W竟难抢低价学区房或将绝迹》报道时，将网站首页推荐位新闻标题改为《津500套房竟引千人暴乱》。文章标题使用"绝迹"，推荐位标题使用"引千人暴乱"等夸大、猎奇性字眼渲染炒作房价。

案例八：2016年4月24日，新浪娱乐自行编发题为《baby胸部丰满金钟国盛赞：中国最好女演员》的报道，故意制造之所以被赞为"中国好演员"是因为"胸部丰满"这样的逻辑，标题用词露骨低俗。

在《新浪网内容管理制度》中相关条款：第一章内容管理部分第三节标题制作基

本规范中规定：2、标题用语措辞要规范，新闻标题要语完整，用语严谨规范，不使用低俗、媚俗、庸俗、血腥、暴力、色情等用词用语。

北京网信办对这些已查实的网络媒体"标题党"违规行为，依据有关规定作出相应处罚。

（资料来源：央视网新闻频道http://news.cctv.com/2016/12/06/ARTIXVF5tbdjp18JyOxw8vto161206.shtml）

"标题党"有哪些特点和危害？

课程实训

思考

1. 新媒体新闻标题有哪些特点？

2. 如何处理好新媒体新闻标题中虚题与实题的关系？

3. 新媒体新闻标题拟制中有哪些实用技巧？

4. 我国新媒体新闻标题中有哪些失范现象？又该如何防治？

实践

下面这则新闻将分别在报纸和新媒体平台上播发，请为各平台拟制一则标题。

扬子晚报讯（记者　于丹丹）据江苏省气象台发布的假期天气预测，预计清明节期间（5—7日）全省大部分地区以晴到多云天气为主，其中6日夜间至7日中东部局部地区有雷阵雨，并可能伴有短时雷电和大风等强对流天气；6—7日风力较大，陆上5～6级阵风7级，沿海海面6～8级；气温回升明显，大部分地区最高气温可达27～28℃。8—9日全省有一次明显降水过程，气温下降，过程降温幅度可达8～10℃，部分地区可达12℃左右。

假日期间大部分地区无降水，空气干燥，且气温明显回升，风力较大，森林火险等级较高，林内可燃物较易燃烧，需严密防范火灾发生！另外，假期结束后需注意防范雷电、大风等强对流天气，关注最新天气预报。

南京地区今天多云有时阴，5日和6日均为晴天，最高气温25～26℃，其中6日风力较大，西南风4—5级阵风6级；7日白天多云，傍晚到夜里转北风，风力都是4—5级阵风6级，当天的最高气温预计达28℃；8日南京多云转阴，最高气温回落到21℃附近。

作为二十四节气之一，今年清明的准确时间为4月5日9时51分。此时节，阳光明媚，惠风和畅。清明节气南京常年平均气温为14.3℃左右，多年的平均降水量为43毫米，但年际差异较大。进入4月，江淮气旋影响频繁，往往会给江苏带来暴雨和大风。

具体预报

4月4日　沿江和苏南地区多云到阴有小雨，其它地区多云。气温：本省东北部地区4～20℃，东南部地区7～16℃，其它地区8～20℃。

4月5日　全省晴到多云。气温：东北部地区9～19℃，苏南地区11～23℃，其它地区10～23℃。

4月6日　东北部地区白天晴到多云，夜里多云，局部有阵雨或雷雨；其它地区晴到多云。全省偏西风5—6级阵风7级。气温：西北部地区13～27℃，东部地区10～25℃，其它地区11～25℃。

4月7日　全省多云，其中中东部地区局部有阵雨或雷雨。全省偏西风转东北风，风力都是5级阵风6—7级。气温：东北部地区11～20℃，淮河以南地区14～28℃，其它地区14～25℃。

4月8—9日　全省有一次明显降水过程，其中沿江和苏南地区雨量可达大雨，局部暴雨，其它地区小到中雨。

近期南京天气：

今天多云有时阴，南部地区有时有小阵雨，10℃到21℃；明天多云到晴，12℃到25℃；后天晴到多云，13℃到26℃。

第六章　新媒体图片编辑

在传播形态、传播渠道、传播技术手段发生变革的今天，以语言文字为主要表达方式的文本信息传播方式正在转向以图片和音视频为呈现方式的多媒体影像信息传播方式。以"易读性"为突出特征的图片图表就成为众多媒体的选择。图片新闻的纪实、直观、形象、瞬时、简约等特点让信息以形象直观、清晰明了的视觉传达方式有效地消除了受众阅读疲劳，并带来了阅读时的愉悦和舒适。图解、信息可视化正成为媒体重要的传播手段。

第一节　图片新闻的特点及种类

一、从"读图时代"到"信息可视化"

"读图时代"这一词纯粹是起源于我国。1998年，广州出版社编辑钟洁玲为了推广《红风车经典漫画丛书》，邀请作家杨小彦、钟健夫作序，三人提出"读图时代"的概念。这一概念开始出现在人们的视野之中，随后，伴随着"老房子""黑镜头"等丛书的热销，"读图时代"演变为流行词，在编辑行业中得到了广泛的推广，其商业价值和广告效应倍增。1982年，美国诞生了一家全国性的报纸《今日美国》。其创办人纽哈斯思索将对该报纸进行突破创新，改变其传统冗长烦琐的篇幅，大胆地转换成彩色照片配合简短的文字，以迎合当时快餐化的时代。正是因为他明确的办报思想，在创刊之初，便首次在版面上大量采用大幅的彩色照片，以一种活泼新颖的视觉性非语言符号在西方报坛上独树一帜，揭开了报纸行业改版的新热潮，从此报业发展进入了一个新的发展时代——读图时代。

网络新闻媒体发展的不断深入，网络编辑人员正逐步将从传统媒体发展起来的用稿观念——从"重文轻图"到"图文并重"发挥到极致。目前国内的各大新闻网站纷纷开设图片频道，就是最好的例证。如人民网、新华网、环球网、新浪、腾讯、网易等知名网站均开设有图片频道。人民网早在1997年进军网络时就开设图片频道，虽然那时图片频道的分量并不太大，图片在网络新闻当中还是小小的不起眼的配角，但是也基本确立了图片以后发展的方向。新浪网在对1998年亚运会专题的报道中，开设了专门的图文报道栏目，2000年新浪网新闻中心的图片专栏中出现了图片新闻，各种新闻时事、体育新闻、娱乐新闻和社会新闻图片类别分明，但这些图片报道大多以文字标题的形式存在，和今天网站图片频道里眼花缭乱、花团锦簇的图片不可比拟。目前，多数商业门户网站和传统媒体网站都纷纷开设图片频道，网络图片频道的发展正渐趋成熟。

图6-1　腾讯网将图片频道排列在第三的重要位置

可视化（Visualized）是将"数据信息和知识转化为一种视觉表达形式，是充分利用人们对可视模式快速识别的自然能力"。到目前为止，可视化发展经历了计算可视化、数据可视化、信息可视化、知识可视化等阶段。而新闻可视化也是在近十几年逐渐兴起的，国内外很多媒体都开始了新闻可视化报道的实践，其中最早的是英国《卫报》，国内也出现了搜狐的"数字之道"、财新的"数字说"、人民网的"图解新闻"等一些新闻可视化栏目。

二、图片新闻的优势和特点

图片新闻是新闻现场的摄影纪实，是视觉新闻的一种。文字信息属于主观地描述对象的符号，而新闻图片却是客观地呈现对象的符号。作为一种简洁而有力的表现手段，它是一种"易读信息"，能起到活跃界面氛围和调节人们情绪的作用。

（一）形象生动，现场感强

图片新闻以图文结合的方式加强感知度和认知度，具有直观而形象的特点。图片弥补了文字的抽象性，使原本枯燥的文字变得活灵活现，这种视觉冲击赋予了新闻鲜活的生命力。受众在阅读图片新闻时，按照通常的阅读顺序，一般会先看照片，紧接着就会看照片的文字说明，然后回到照片上，所以有视觉冲击力的新闻照片能在第一时间抓住受众的眼球。

文字新闻易受编辑记者主观意识的影响，而图片新闻是对发生事件的直观回放。图片是对事件发生时刻的记录，这种事件瞬间定格的效果可以唤起并延续受众对客观事物的某种情感，增强了传播效果。

（二）直观性强，辐射面广

图片新闻能准确而有效地传播新闻信息，促进不同国家、地区、民族间的交流合作。与文字比较，图片新闻突破了教育程度的限制，能够满足不同文化程度受众获取新闻信息的需求。"有图有真相",图片能够提高受众对新闻事件的信任度,使其自觉接受新闻媒介的引导。在互联网传播过程中,利用"图像映像"的方式,将一张新闻图片分解成若干引出新闻报道的链接。

三、媒体上常见图片种类

(一)照片

照片可分为新闻照片与非新闻照片两大类。

新闻照片就是对具有新闻价值的人、物、景的拍摄,重现人、物、景的原貌,再现新闻现场情景的照片。它可以作为独立的新闻报道出现在媒体上,也可以配合文字一同编发。

非新闻照片则不具备新闻照片的新闻性、时效性,如对自然景观的拍摄、为一些明星拍摄的艺术照等,这些照片一般不作为独立的报道体裁编发在媒体上,但可以用作装饰媒体,用作艺术欣赏,或者配合某些文字报道编发。

(二)图示

图示包括统计图表、示意图和新闻地图三类。

统计图表就是将统计数字制成表格图,便于读者集中阅读,一目了然。

示意图不但将统计数字集中绘制成图,而且用形象化的手法表示这些数据所说明的意义,如用曲线图、柱状图表示一段时间中数据的变化走势,使数字的类比或对比更加鲜明生动。特性是以形表实和以形示意。示意图常用来表达政治、经济、军事形势。这类形势图有的单独发表,或与新闻述评和综述配合发表。图表中的数字、事实和地理位置都必须严格真实。

新闻地图则是根据标准地图,将新闻发生地的地理位置绘制成更加简洁明确的地图。特性是以形表实,间有表意的情况。地图的绘制不能随意,必须严格按地图原来的比例来表明地理位置。可配合文字新闻发表,只表明新闻事物的地理因素,或作为独立的新闻地图发表,配以文字说明,着重从地理位置来传播某类新闻信息的全面情况。

图示一般配合文字报道使用,近年相对独立的图表新闻渐多,很多新媒体都专门开辟数据新闻栏目。图解新闻也成为一种受欢迎的新媒体报道形式。

(三)漫画

漫画是美术作品的一种,特点是以高度夸张、风趣幽默的表现手法揭示社会生活中的问题和现象,激发读者的兴趣,引导读者联想和思考。时事漫画或风俗漫画,特性是借形表意。意指作者从众多的社会现象抽象出来的某种意见和倾向,形指各种形象和形式,能够有趣或夸张地把作者的意见和倾向表达出来。又有很强的新闻性,常作表扬、批评、甚至争辩、斗争的手段。

根据新闻事实进行艺术加工的新闻漫画,时效性强,经常放在新闻报道里。

反映社会生活现象的社会性漫画,通常放在漫画专栏里。

图解式漫画,以及连环漫画、幽默画常用来配合文字报道。

（四）速写

以现实的新闻人物和事物为对象的绘画创作。抓住其瞬间动态形象速写成画，以传播新闻信息。特点是绘形，不能将新闻人物和事物完全还原成本来面目，且不能采取绘画的典型创作手法。

（五）图饰

图饰不传播任何新闻要素信息，只是界面的一种装饰。图饰一般是用美术图案点缀和烘托界面，使整个界面设计更加美观生动，恰当地运用图饰还能使界面编排思想得到更加充分的体现。

四、新媒体图片编辑的职能

（一）图片编辑的起源

自从1920年以来，德国《慕尼黑画报》的总编辑、世界摄影史上的奇才罗伦德开创了图片编辑工作的先河。图片编辑是指对图片进行选择、剪裁、配文字说明的过程，也是指一种专门从事这些图片传播活动的工作岗位，以及在这个岗位上工作的人。

（二）新媒体图片编辑工作内容

为了继续探索图片编辑的作用，首届全国新闻图片编辑研讨会于2002年召开，图片编辑职能成为研讨会上探讨的重要议题。有学者认为："图片的职能蕴含两个层面，首先是指对主管编辑图片、组版图片的工作，第二个方面包括对图片的编辑和引导工作、组织策划组稿与组办设计工作。"

从图片的选择到图片的版面布置、图片大小的确定、图片说明的撰写，新媒体图片编辑的基本工作流程和传统媒体的图片编辑是相同的。所有图片编辑的核心目标都是为读者提供优质的视觉信息，帮助读者解读新闻，吸引读者阅读，给读者带来视觉上的愉悦。

新媒体图片编辑的主要工作包括寻找焦点图片、制作图集、为文稿配图、将适合做成新闻稿的图片推荐给文字编辑和美术编辑、图表制作、技术支持合作完成特别专题的制作等等。

在新媒体工作的图片编辑需要一种非线性思维，新媒体的内容生产是随时随地的，在对图片进行集纳、整合和挖掘之时，可以在任何需要的时候与相关的视频、音频、漫画、图表进行链接，要实现这些目标，图片编辑的工作方式需要紧密围绕团队合作展开，要有创造力，敢于打破边界。

互联网是一个无穷的空间，大到似乎扔进多少张图片都不能填补，这使得图片编辑工作的任务重、压力大、节奏快，并且因为一切工作都在流动中，缺乏一种"作品感"。但好处是，在这个无穷的空间里，图片编辑的工作没有版面的限制，"烹饪"的素材也变得丰富，同时有了更多大显身手的可能。图片编辑要适应互联网信息的快速流动，并学会享受这个过程，因为即刻传播影响广泛、反馈直接，这些都能给图片编辑带来成就感。

第二节　新媒体图片来源

　　"内容为王"是媒体行业始终不变的铁律。任何一家媒体若要获得核心竞争力，必须拥有内容资源，内容才是传播基础。然而，随着互联网技术的迅猛发展，汹涌而来的信息有时使人无所适从，从浩如烟海的信息海洋中迅速而准确地获取自己最需要的信息，变得非常困难。"信息爆炸"使得单纯的信息已经不是吸引受众的主要因素，能不能得到具有应用性的有效信息才是受众的首选。

　　作为不少网站的一个固定频道，图片频道的内容选择是其塑造自身个性与品牌的重要因素之一。频道的内容来源、内容设置、叙事方式与话语结构以及新闻价值取向，都是其内容选择的重要组成部分。

一、内容来源

　　纵观各大主流网站的图片频道，图片的内容来源总的来说，可分为两种，即原创和转载。如果细分，不同网站的图片频道的内容来源不尽相同，大致有以下几种。

　　（一）来自传统媒体的图片

　　主要包括传统媒体记者用数码相机或智能手机等电子产品拍摄的现场照片。如果在新闻现场拍摄不到合适的照片，但又需要表现当时的场景，这时美术编辑会手动绘制新闻速写或新闻漫画。这些都可以成为网络媒体图片的来源。

　　（二）来自其他图片网站

　　一般来说，一些专业图片网的图片内容非常丰富，种类繁多，图片编辑可以从中选择所需图片。例如中国新闻图片网、全球素材网。当然，除了这些专业的图片网站之外，一些主流网络媒体的图片频道，也构成了不少网站图片频道的内容来源。如新华网图片频道、人民网图片频道以及环球网图片频道等。这主要体现在"风景图片、美女图片、文化地理、搞笑趣图"等栏目。

　　（三）本媒体记者原创

　　"内容为王、外链为皇"这句话众所周知，外链固然重要，但原创内容也是不可忽视的。原创内容是每一家新闻媒体区别于其他媒体的重要标志，有助于网站形成自己的特色，塑造自己的品牌。

　　尤其是在如今激烈的媒体竞争环境中，一家网站若想取得长足的发展与进步，必须具有一定的品牌意识，长期靠转载其他媒体的内容而存活，这样的网站注定没有生命力，更谈不上发展。不少图片频道也认识到了这一点。

　　（四）特约摄影师的艺术创作

　　进入互联网时代，新闻摄影的竞争也异常激烈。摄影记者不可能都会在第一时间出现在新闻现场，随着数码相机、智能手机的普及，越来越多的人具备了第一时间捕捉影像的条件与能力，公众的摄影作品成为职业摄影师作品的有力补充。

目前，很多新闻机构都在新闻报道中广泛采用业余摄影者拍摄的各种素材。于是，发展特约摄影师或是签约摄影师在当今媒体行业内已普遍流行。

（五）来自网站摄友团

中国新闻摄影学会党组副书记徐祖根说，网络时代的挑战，仅靠专职摄影记者是不够的，而遍布在全国各地的摄影爱好者则可以提供很大的帮助，他们的作品内容往往贴近生活，鲜活多样，有效地丰富了媒体的图片内容。比如新浪爱拍栏目图片主要来自新浪摄友团。新浪图片频道主办的"你好，世界！"全球旅行摄影大赛面向全球华人摄影爱好者，征集旅行途中拍下的难忘记忆与美丽风景，如图6-2所示。

图6-2　"你好，世界！"

（六）来自网络论坛

新媒体最大的特点是即时性与交互性，而网络新闻传播的即时性决定了信息传播的不可控制性，由于对象的虚拟化，网民正从信息的阅读者向制造者转变，网络论坛就是最突出的代表。

论坛是网络媒体与网友互动交流的纽带，也是一家网站最活跃的地带。这里有最广泛的民意基础，可以直接窥见网友的心声，同时可以增进网站的互动性。

二、媒体编辑如何拓宽图片稿源

（一）建立稳定的图片通讯员队伍

社会发展到今天，数码相机与智能手机的普及使得"人人都是摄影师"成了现实。如果媒体能够建立稳定的图片通讯员队伍，编辑的图片稿源就会越来越丰富。例如，《钱江晚报》的"好摄之友"、《都市快报》的"快拍小友"等，这些活跃在民间的摄影师用相机或手机随手记录身边发生的事情，通过网络第一时间传输到编辑手中，为新闻配图提供了极大的选择余地。

当然，摄影作者因专业能力的不同，提供给媒体的图片质量也会参差不齐。因此，编辑需要对摄影师队伍进行区别管理，建立不同等级的数据库。一方面与具有较高新闻素养的优秀摄影作者签约，相同条件下优先采用稿件，并相应提高图片稿酬，但这部分摄影作者人数不宜过多；另一方面鼓励更多的摄影爱好者积极投稿，这部分人提供的图片质量不一定很好，但往往最接近新闻现场或贴近生活，特别是关于火灾、交通事故等突发事件的报道，编辑采用的图片也许就是某个摄影通讯员的手机照片。

媒体在拓展图片稿源时，还要根据媒体的受众群体建立相对应的图片通讯员队伍，这样提供的图片针对性强，采用的概率也高。例如，教育类媒体编辑可在各学校教师中建立图片通讯员队伍，财经类媒体编辑可在具有一定摄影基础的金融从业者中建立图片通讯员队伍。由于党报党刊类媒体主要读者为党政机关干部，如果建立起党政机关图片通讯员队伍，通过分布在各行业部门通讯员定期报送的图片稿件，编辑在编刊过程中会更加游刃有余。

（二）自建摄影平台发现优秀摄影作者

编辑获取图片稿源的途径是摄影作者通过媒体公布的邮箱、云盘等上传摄影作品，这种摄影作者与编辑点对点的单线联络虽然便捷，但编辑的图片稿源始终处于被动状态。由于摄影作者与编辑之间缺乏互动交流的平台，无法调动更多外围摄影师的参与，也较难发现新的优秀摄影师。因此，媒体要尽可能建立自己的摄影平台，或网站（论坛）、微信公众号等。媒体建立起自己的摄影平台后，应定期维护、更新图文内容。一般来说摄影论坛是摄影作者最活跃的地方，他们可以在论坛中自由发布自己的摄影图片，获得不同摄影作者的点评及编辑的关注。媒体编辑一方面通过点赞等方式鼓励作者多上传图片，另一方面能够及时发现高质量的配图用于版面编辑。例如，《浙江日报》创建的图片类网站——视野网，编辑从网站中采用的图片就远远超过报社摄影记者的图片；《杭州》杂志社创建杭州图片网后，经过6年多的运营，注册摄影师已达千余人，摄影作者上传图片达10万余幅，这些图片不但为杂志编刊提供了精美的配图，还为G20杭州峰会指定用书《韵味杭州》、博鳌亚洲论坛杭州城市宣传片提供了丰富的图片素材，发挥了良好的社会效益。

媒体建立起自己的图片平台后，要充分发挥自身线上线下互动功能。媒体编辑可定期推出主题性征稿活动，让摄影师"躺在电脑里睡觉"的图片发挥作用。以杭州图片网为例，其在春节期间推出"温暖回家路"主题图片征稿，西湖读书节期间推出"书香满城"主题图片征稿，获得了大量的符合编辑版面内容的精美图片；在策划报道关于城市变迁的专题版面时，通过网站平台向摄影师征稿，短时间内收到了许多20世纪七八十年代的老照片，编辑版面时通过对老照片与新照片的对比，使读者感受到了直观的视觉对比，同时利用这些摄影作品举办"城市的变迁"主题摄影展，使图片传播的社会效应最大化。

要想帮助资历尚浅的摄影爱好者树立信心，挖掘更多的"草根"摄影师加入投稿队伍，媒体编辑还可推出"我要上封面""我要上头条"等征图活动，定期留出部分重要版面给年轻摄影作者。当一名摄影新人的图片作品刊登于媒体头版或封面时，对其精神鼓励是巨大的，也会激发其更大的创作热情，成为媒体忠实的摄影作者。

（三）参与举办各类活动获得图片稿源

近几年来，新媒体对图片的使用量也在急剧增加。由于新媒体在图片稿酬上较传统媒体有更大的优势，一定程度上分流了传统媒体的优秀摄影作者。要想在媒体竞争激烈的情况下获得优质独家图片稿源，媒体编辑就必须另辟蹊径，多参与策划和主办各类主题活动。承办摄影比赛是获得独家图片稿源的捷径。如今，举办摄影大赛已成为各地区、各单位宣传自身形象的载体，通过举办摄影大赛，不仅能够吸引大量的摄影爱好者的关注，评选出的优秀摄影作品还可用于举办摄影展及媒体宣传。对于媒体编辑来说，每次摄影大赛都是一次储备图片稿源的机会，当然主办方不会无缘无故让你使用获奖作品，这就需要活动前期的介入，如供职媒体作为活动的协办方或支持媒体，在有条件的情况下刊登新闻通稿或征稿启事，以获得主办方图片的使用授权。例如，2016年初新浪浙江推出年度"致匠心"摄影盛典活动，征集的图文内容都是具有"工匠精神"的非遗传承人及传统技艺的坚守者，为了获得这些珍贵的图片稿源，杭州图片网作为协办方积极组织摄影师参与投稿，编辑也参与到活动的组织与评审工作中。摄影盛典结束后，获奖图文作品以"匠心"栏目刊登于《杭州》杂志近一年时间，通过类似活动的合作既丰富了媒体版面的图文内容，又传播和弘扬了社会正能量。

策划组织进行专题拍摄，也是编辑获得图片稿源的方式。媒体编辑组织摄影师进行专题拍摄有两种情况：一种是受某部门或单位委托，支付摄影师劳务费进行专题创作，摄影师将符合主题的摄影作品提供给主办方和媒体使用，不再支付摄影作者稿酬。例如，杭州市河道指挥部为了记录河道整治前后环境面貌的变化，委托《杭州》杂志社组织10位摄影师每季度进行一次河道创作拍摄，一年下来收集了几百幅摄影图片，不但用于《杭州》杂志关于"五水共治"专题的报道，还编辑出版了相关主题的画册。另一种情况是编辑依据报道主题策划拍摄活动以获得图片稿源，如期刊编辑在确定下一期的报道主题时，组织部分优秀摄影师进行专题创作，并主动联系对方提供一定的拍摄便利。为了提高摄影师的创作热情，除给予优秀摄影作品见报见刊的承诺外，还可进行摄影月赛或季赛的评选，以获得摄影作者更多高质量的投稿。

（四）通过图片维权取得摄影作者的信任

长期以来，国内许多领域对图片版权意识不够重视，造成图片侵权行为越来越普遍。特别是步入数码摄影时代，图片的获取变得非常容易，许多摄影爱好者或专业摄影师会将自己的摄影图片上传至互联网上与大家分享，其中某些图片因符合媒体或商家需求，未征得摄影作者同意就直接使用，甚至未付稿酬及署名，造成了对摄影师的侵权行为。图像版权也可以称作图像著作权，是指作者对其创作的图像作品（包括摄影照片、影片等）所享有的专有权利，图像版权归属于图像作品的创作者，这是我国《著作权法》中明文规定的关于图片版权的叙述。笔者认为，媒体编辑作为摄影作者的"娘家人"，不但自己不能发生图片侵权行为，更要维护摄影作者的图片著作权。编辑必须维护摄影作者的图片权益，才会取得摄影作者更多的信任，将自己满意的摄影作品提供给媒体编辑，甚至在编辑的电脑中建立个人图片库，以备编辑版面时随时选用。

有人说，编辑与作者应建立挚友的关系。优秀的编辑善于团结优秀的作者在身边，使之成为良师益友。编辑有时候还得承担摄影师"经纪人"的角色，这是因为媒体刊登某摄影作者的图片时，有可能被相关部门、企业等机构看中，通常情况下需求方会首先联系媒体编辑，咨询图片的使用情况以及作者的联系方式，此时编辑千万不能自作主张，在未征询作者意见的情况下将原图发送给对方，编辑应主动与摄影作者取得联系，告知其图片的需求信息，主动为摄影作者和需求方建立联系通道。只有当媒体编辑时刻站在摄影图片作者的立场上，维护图片作者的权益，才会得到摄影作者的完全信任。媒体在拓展图片稿源的方式上形式各异，但都应建立在自身媒体特点的基础上。当然，除了以上谈到的策略外，还可以通过评选年度优秀图片作者、建立摄影读者俱乐部等拓宽图片稿源。只有通过编辑长期的努力，媒体图片稿源的空间才会越来越大。当前已经进入读图时代，作为媒体编辑来说，需要将图片稿源拓展作为一项长期的工作，只有这样，"图片从哪里来"才不会成为编辑部的一句口头禅。

第三节　图片新闻的选择

文字新闻也好，图片新闻也罢，核心都是新闻。所以，在选择图片新闻时，需要对此新闻卖点、价值、信息增量和价值观进行判断。作为新闻的载体，图片需要有一定的信息含量，如新闻人物面孔、新闻发生的现场，或是与新闻有关的事物等。图片本身要有一定的冲击力，注重特写图片。

一、新媒体图片使用原则

（一）图片要有视觉感染力、冲击力

图片新闻使受众对新闻事件留下较深的印象并且不会产生过多的主观臆想造成新闻失实。新闻图片的感染力越强，其获得广泛传播的可能性也就越大。通常情况下新闻摄影作品需要捕捉到新闻事件中最具代表性的瞬间，给受众以强烈的视觉冲击，并让受众直观辨别出新闻事件的要点所在。不同对象，其典型瞬间表现形式的含义有所不同，或是最有代表性的瞬间；或是最生动的瞬间；或是最富特征的瞬间；或是最能说明问题的瞬间等等。

（二）新闻性高于艺术性

新闻图片首先应该是新闻，新闻性要高于艺术性。如果新闻图片缺乏新闻信息含量，仅剩一个空洞光鲜的外壳，它就失去了存在的价值基础。所以，媒体应该首先考虑的是图片的新闻价值，其次才是进一步考虑其艺术性。

（三）最大化承载信息量

图片是一个瞬间的凝固，无法让受众对新闻事件的完整过程有直观了解，这一特点使其与视频、音频等具有流动性特质的载体相比有局限性，这就要求新闻记者在捕捉影像时需要对事件进行深入的分析，选取受众最想了解的部分进行拍摄。

（四）客观平和，导向积极

能够对人们产生视觉冲击的新闻图片并不一定都是积极向上的，有一大部分突发、灾难性新闻，或者社会公众事件的图片可能会对受众产生不良刺激，甚至会对受众造成负面影响，这就需要新闻从业者在拍摄过程中，通过正面的拍摄手法，例如视角的独特性、表达的创造性等增强作品的感染力。

另外，在新闻摄影作品的创作过程中，新闻工作者还需要用平等平和的心态，冷静客观的态度去描述新闻事件，在图片拍摄过程中要尊重新闻当事人的感受以及受众接受程度，让新闻摄影作品更客观、更积极、更健康。

二、图片选择技巧及注意事项

（一）时效（时机）优先，兼顾品质

以新闻发布的时效性需要为前提，提倡选择质量上乘的图片作为图片报道的素材，但不能因为等到更好的图片而错过报道发布的最佳时机。在特殊时效要求下，可以使用视频截屏得到的图片作为报道素材。同时也要尽量注重图片的品质感，要求图片无颗粒、构图合理、色彩漂亮、富有张力。

（二）在图片报道中，注意图片素材的排序

一般来说，需要结合事实陈述、景别区分、用户接受底线来规划。承载核心、关键信息的图片需要靠前排陈列，比如核心现场、关键瞬间、主要人物等；可能超出读者接受底线又是必要信息的图片后置，并在其出现前留出黑底白字提示页面。如：以下图片可能会引起部分读者不适等编辑提醒话语。

（三）不使用违背新闻事实和不合法的图片

新闻中使用的图片必须保证真实，没有经过虚假处理。所有图片必须经过法律层面的授权许可，以保证版权的合法性。不能直接从包括百度、谷歌等搜索引擎下载图片，更不能使用未经作者授权或采购的其他媒体及图片交易网站的图片。使用来自社交网络的图片，必须确认其真实性和合法的版权。

（四）充分尊重图片版权机构和版权人的署名权

（1）署名统一格式为"机构名称　姓名　摄（摄并文）"，空格相间。合作媒体及自由摄影师图片按约定署名。

（2）稿源采自传统媒体、通讯社和官方网站。来自微博和自媒体发布的新闻，对其真实性必须有足够的证据核实，并经过图片频道负责人批准。

（五）注重图片使用安全

（1）杜绝使用违反政治要求、破坏宗教和谐、刻意强烈刺激读者感官的图片。不选择影响政治安全的旗帜、符号、图形、口号、外文等元素，图片中包含政治人物、国旗、国徽时要注意是否合理合法。如表现"藏独"雪山狮子旗、"东突"旗帜、记录达赖和热比娅的图片严禁发表。

（2）不选择与民族、宗教、习惯风俗严重冲突的图片。

（3）不刻意使用暴力、血腥等强烈刺激感官的图片。如波士顿爆炸案中出现的残肢图片，过于血腥，应尽量避免使用；或在"引起反感处"打马赛克后进行使用。

（4）不使用含有色情信息的图片。[1]

第四节　新媒体图片的编辑制作

一、新闻图片数字化加工的原则

新闻图片只允许对图片的色温、颜色和对比度进行真实方向的调整，适当地裁剪图片以获得更佳构图；不允许为了迎合美感所进行的非真实方向的色温、颜色和对比度的调整；不得对图片拉伸、变形、镜像翻转以适应页面需要；不得改变图片中记录的实体内容和元素；在适当情况下可以因需要将彩色图片调整为黑白图片；严禁任何原因的图片变形处理；谨慎合理地使用图片拼接。

二、加工制作图片的软件

目前，业界常用的图片数字化加工软件主要有以下一些。

（一）Photoshop

Adobe Photoshop，简称"PS"，是由Adobe Systems开发和发行的图像处理软件。Photoshop主要处理以像素所构成的数字图像。使用其众多的编修与绘图工具，可以有效地进行图片编辑工作。PS有很多功能，在图像、图形、文字、视频、出版等各方面都有涉及。

（二）Fireworks

由Macromedia（在2005年被Adobe收购）推出的一款网页作图软件，软件可以加速Web设计与开发，是一款创建与优化Web图像和快速构建网站与Web界面原型的理想工具。Fireworks不仅具备编辑矢量图形与位图图像的灵活性，还提供了一个预先构建资源的公用库，并可与Adobe Photoshop、Adobe Illustrator、Adobe Dreamweaver和Adobe Flash软件省时集成。

---

[1] 吴晨光.超越门户搜狐新媒体操作手册［S］.中国人民大学出版社，2015：116–117.

（三）CorelDraw

CorelDraw Graphics Suite是加拿大Corel公司的平面设计软件；该软件是Corel公司出品的矢量图形制作工具软件，这个图形工具给设计师提供了矢量动画、页面设计、网站制作、位图编辑和网页动画等多种功能。

（四）Illustrator

Adobe illustrator，常被称为"AI"，是一种应用于出版、多媒体和在线图像的工业标准矢量插画的软件。

作为一款非常好的矢量图形处理工具，该软件主要应用于印刷出版、海报书籍排版、专业插画、多媒体图像处理和互联网页面的制作等，也可以为线稿提供较高的精度和控制，适合生产任何小型设计到大型的复杂项目。

对图片做技术处理包括选择格式、裁剪图片、压缩图片、修正图片和拼合图片。

三、图片的常见格式

对图片进行技术加工之前必须先了解图片的格式。

（一）BMP

BMP是最普遍的点阵图格式之一，也是Windows系统下的标准格式，是将Windows下显示的点阵图以无损形式保存的文件，其优点是不会降低图片的质量，但文件规格比较大。

（二）JPG/JPEG

最适合于使用真彩色或平滑过渡式的照片和图片。该格式使用有损压缩来减少图片的容量，因此用户将看到随着文件的减小，图片的质量也降低了，当图片转换成.jpg文件时，图片中的透明区域将转化为纯色。

（三）PNG

（可移植的网络图形格式）适合于任何类型，任何颜色深度的图片。也可以用PNG来保存带调色板的图片。该格式使用无损压缩来减少图片的容量，同时保留图片中的透明区域，所以文件也略大。尽管该格式适用于所有的图片，但有的Weh浏览器并不支持它。

（四）GIF

GIF（图形交换格式）最适合用于线条图（如最多含有256色）的剪贴画以及使用大块纯色的图片。该格式使用无损压缩来减少图片的容量，当用户要保存图片为.GIF时，可以自行决定是否保存透明区域或者转换为纯色。同时，通过多幅图片的转换，GIF格式还可以保存动画文件。但要注意的是，GIF最多只能支持256色。

目前，网页上较普遍使用的图片格式为gif和jpg（jpeg）这两种图片压缩格式，因其在网上的装载速度很快，所有较新的图像软件都支持GIF、JPG格式，因此，要创建一张GIF或JPG图片，只需将图像软件中的图片保存为这两种格式即可。

四、图片的剪裁

剪裁是图片编辑工作中的一个重要环节。在拍摄中，摄影师如果不能获得一个完美的画面，这种缺憾可以通过剪裁来改善。同一张照片经过不同的剪裁，在页面上会出现不同的视觉效果。

不过，图片编辑对照片的剪裁要非常谨慎。尽量不剪裁照片，以防对摄影师工作产生歪曲。好的图片编辑应该提醒摄影师在拍照时就注意用镜头获取最合理的图像，而不是通过剪裁来弥补。如果必须要剪裁图片，以下是剪裁图片的一些准则：

（一）为准确传递信息而剪裁

这是图片编辑决定剪裁的关键步骤，所有的剪裁都应该以信息的传递为本。

（二）为图片的视觉冲击力而剪裁

构图对图片很重要，如通过剪裁可以改变视觉趣味中心的位置，改变水平线的位置，也可以让照片中局部的细节得到突出。

（三）为减少视觉噪声而剪裁

图片编辑要把拍摄目的不明确、画面构图杂乱无章的照片中的累赘部分去掉，找到视觉重点。

（四）为页面设计而剪裁

若一张横画面在页面上不好安排，可以考虑一下是否可以裁成竖片，不过竖片在大多数情况下不宜裁为横片。

另外，图片编辑也可以考虑是否可以将图片裁成异型图片，这些照片将会大大丰富页面的视觉语言。

还有其他一些特殊的剪裁方法，比如把一张不出色的照片剪裁成一张或两张精彩的照片，这称作破格剪裁，可以获得强烈的力度感和趣味性，它通过推翻原来画面构图格局、改换原有主体，甚至采取分割原画面的方法，组织成新的构图格局。

还有就是照片被抠底的情况。由于PS等软件的出现，照片抠底变得越来越容易，抠底照片的运用也越来越频繁。但需要注意的是，抠底是一种比较活泼的表现方式，通常用在体育、休闲娱乐等事件的表现中，重大的新闻、政治事件，一般不会用抠底的表现方法。

在剪裁的过程中，图片编辑要注意不要因为剪裁而改变照片的原意，不能剪裁掉照片的关键内容，另外，照片的剪裁也不宜过狠，应该保留必要的空间，尤其是照片中的留白是为了烘托照片气氛的时候，更不能随便剪裁。[1]

五、图片的压缩

网站现在都力推高清大图，但在有些位置上海需要对图片进行压缩处理，缩减图

---

[1] 任悦，曾璜.图片编辑手册［M］.北京：中国摄影出版社，2015：108-110.

片文件容量以符合网页的要求。一般首页、正文页400×300像素左右的大图片文件大小不超过120 K，首页100×50像素的小图片文件容量不超过40 K，通栏Banner图片不超过150 K，装饰性小图容量不超过5 K。控制图片容量与图片效果会产生一定的冲突，因此可以利用图片软件在压缩过程中选择"生成Web所用格式图片"功能，以保证压缩后的图形不变形、不失真。

六、修正图片

包括为图片添加水印、为图片部分区域加马赛克效果和修正图片中的瑕疵。随着网络著作权、版权意识的增强，越来越多的网站选择对自己的原创图片、独家图片添加带有网站标志的水印。在添加水印时要注意添加位置与照片内容的关系，水印不能遮盖图片的重要内容，一般在右下角、背景透明，不透明度为60%。对于图片中不适宜的内容，还需要添加马赛克或其他技术进行覆盖处理。修正图片中的瑕疵仅限于不影响主题的瑕疵，不得对图片内容进行修改或因为瑕疵修改而影响图片原意。

七、拼合图片

图片的技术处理都是为了新闻报道的需要，有些新闻报道需要将图文融合为图片加统一格式的文字标题，有些需要将多张图片合成为一张图，集中展现主题，有些需要从视频或网页上截图拼合，从不同角度阐释说明。这就需要利用图片工具完成相应的技术处理。在拼合时要考虑图片与文字、图片与无图片之间的相关性、逻辑性，无论是横向拼合还是纵向拼合，都以整体协调、视觉愉悦为原则。

八、图片的文字说明和标题

新闻照片除了要有吸引眼球的画面之外，富有文采的标题和简洁明了的文字说明也很重要，一个贴切又有文采的标题，对揭示新闻主旨和吸引受众注意力的作用是很大的。

给新闻照片拟制一个好标题，写一段清楚简练的文字说明，与拍好一幅新闻照片一样，本都是摄影记者必须要精通的基本功。但现实中，某些摄影记者不太擅长写文字说明，对拟制生动的图片标题可能难以胜任。所以，图片编辑就必须担负起给新闻照片梳理出一段简洁而又生动的文字说明和富有文采的标题，这样才能有效地提升新闻照片的传播效果。

标题对新闻照片的传播作用比之文字新闻来说，更为重要和关键。因为照片画面对内容表达的指向往往不太明确，大家对同一画面会有不同的理解。这时，一个指向明确而又富有文采的标题，不仅可以极大引起受众对照片的浏览兴趣，还可以提示受众对照片所蕴含的丰富的形象语言去作准确的解读。所以，对一个合格的图片编辑来说，会做标题、做好标题是一项必备的基本能力。

给照片起标题遵循准确、简洁、生动三个原则。[1]

所谓准确，就是标题要准确地概括照片的内容和主题；所谓简洁，就是要用简练的语言去表述新闻内容，不能太冗长、太啰唆；所谓生动，就是尽可能运用恰当的修辞手法将标题拟制得有文采，引人入胜。

准确是基础，简洁为阶梯，生动为目标。在追求生动时，必须以准确为前提，标题概括不准确，那么一切就失去意义。这三个原则做起来并不容易，具体编辑时还需要注意很多细节。

（1）尽量点明主题涵盖的主要内容。

（2）不仅要"实"，还要找出"关键"。

（3）叙述描述不能太啰唆。

（4）用词要规范，措辞要严谨。

（5）注意用词含蓄，留有悬念。

（6）要轻松诙谐，让人有联想。

（7）要注意适当渲染。

（8）要恰当运用修辞。

第五节　新媒体图片新闻的展现方式

新媒体中图片的应用形式多样呈现，主要包括：

一、简单图文组合

多数情况下，新闻照片在新媒体中的使用是采用简单图文组合的方式，这又包括两种情况：一是以新闻照片配合文字新闻；二是以文字说明配合新闻照片

二、焦点新闻照片

焦点新闻照片是我国新闻网站或新闻频道首页普遍采用的一种图片表现方式。一般出现在页面的左上角，形成视觉中心，吸引读者注意力。

三、新闻图片专题

新闻图片专题就是报道摄影是围绕一个主题，用一幅以上的照片去构成故事，以便更深刻、更充分、更完美、更强烈地表达这个主题。新闻图片专题开始于19世纪中后期。目前，新媒体尤其很多门户网站都设立了自己的品牌图片栏目，如新浪图片频道的《看见》栏目发展得一直很好。如图6-3所示。

---

[1] 张蔚飞.新闻照片标题档一位图片编辑的编稿手记［M］.中西书局出版社，2016，5（1）：238.

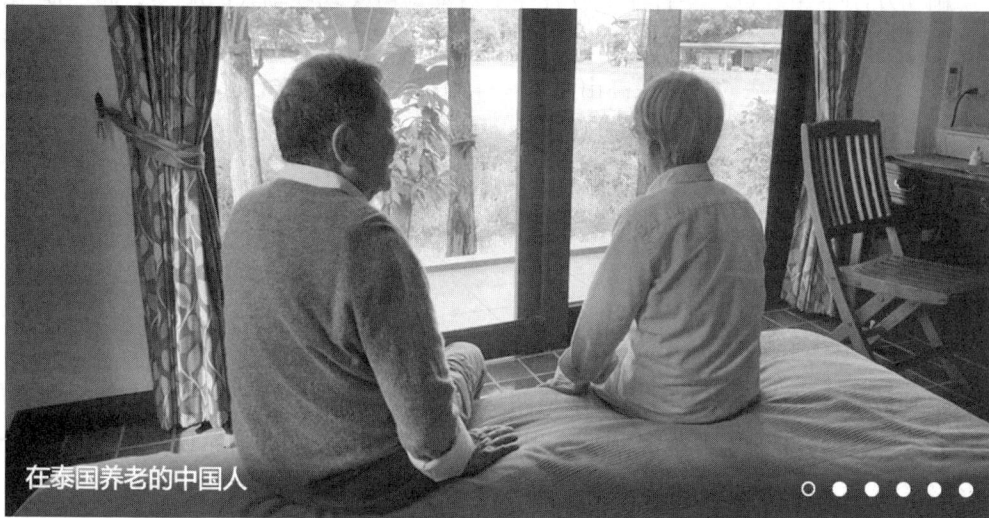

图6-3 看见图片专题

资料来源：http://photo.sina.com.cn/wit/(2019-04-09)

四、图片幻灯

在新媒体中，图片幻灯是一种常用的形式。它是运用动画技术将图片组成一个连续播放的单元。这种形式常常被用于集纳同主题或非同主题的新闻照片。如图6-4所示。

五、与其他手段整合为多媒体报道

（一）360度全景图片

比如，"人民网360度全景看天下"是人民网摄影记者精选2年内拍摄的各类重大新闻事件和城市地标，通过360度全景呈现，让您身临其境，以一种多视角、立体化的视觉效果，感受来自不同场景下多姿多彩的风景线。[1]

（二）三维立体图

三维立体图，就是利用人们两眼视觉差别和光

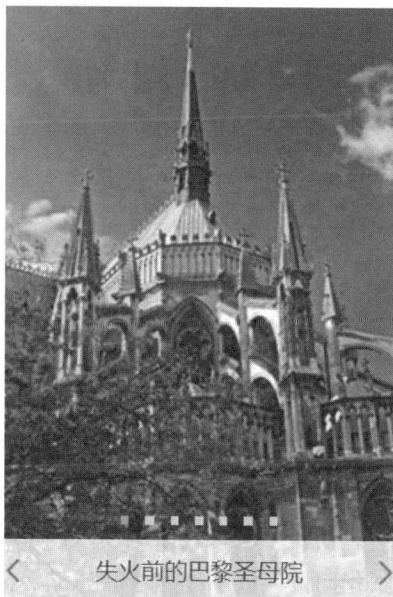

图6-4 为新浪网首页图片幻灯集纳

资料来源：新浪首页 https://www.sina.com.cn/2019-04-09

---

[1] 人民网360度全景图片［OL］，http://pic.people.com.cn/GB/347049/.

学折射原理在一个平面内使人们可直接看到一幅三维立体画，画中事物既可以凸出于画面之外，也可以深藏其中，给人们以很强的视觉冲击力。

（三）瀑布流式图片

刷朋友圈不用翻页，一直往下或者往上滑动即可实现卷轴式的阅读；同样地在使用图片分享服务或者分享社交服务时，也没有上一页、下一页的概念，用户上下滑动即可无尽无休地阅读下去。这种像高山流水一样瀑布式的阅读方式随着移动互联网的普及逐渐流行开来，成为用户体验的新风尚。

第六节 数据图片

一、数据图片概述

说到数据图片，首先要引进数据新闻这一概念。数据新闻，就是记者在大数据的基础上进行数据分析，来展示某一社会现象或进行新闻报道。它常常以某种生动、直观的形象出现，丰富的配色和形象的图表将数据的枯燥本质装饰起来，反倒突出了数据的深度和分析性，更易吸引读者，更清晰地展示新闻内容或社会现象。数据图片便是数据新闻中最形象、最直观的表现。数据图片体现了数据新闻的分析过程，它以外部可靠数据为基础，图片制作者采用更加形象、美观又生动的形式将其展示出来，达到数据直观化的效果，使得数据和图表不再枯燥。

二、数据图片运用特点

（一）直观性与分析性相结合

数据图片的特点便是将大数据和图形相结合，那么，它便具有了数据和图形各自的优点——分析性强、直观易懂。这两项优势的强强联合，使得数据和图形优势互补。数据的抽象被图形的生动、直观性所弥补，图形的浅显、片面性被数据的深度和分析性所强化。新华网的数据新闻栏目便是数据和图形相结合的代表。

比如，2018年11月20日开始，新华网数据新闻栏目推出40年·大国名片系列报道，将改革开放四十年来我国的变革用数据图解的方式形象直观地展现出来。无论是惊艳世界的"经济奇迹"，还是享誉全球的"中国制造""中国建造"；无论是神舟系列飞船彰显的大国风范，还是孔子学院架设的文化交流之桥；无论是改变社会的"互联网+"，还是年轻人推崇的新"四大发明"……这些带着改革开放印记的"大国名片"正一张张向世界展示着这个智慧的、活力的、立体的中国。整个系列报道由世界工厂、孔子学院、国产大飞机、中国高铁、中国建筑、载人飞船、中国港口、中国桥梁、共享经济等九个主题组成，每个主题都用图、数据、文字形象展示，让人一目了然，效果甚好。如图6-5所示。

以上案例虽不足以囊括新华网所有的数据新闻，但足以显示新华网在数据新闻的探索上取得了一定的报道效果，是众多原创内容中极具特色的一环，也是新华网发展数据与图片相融合的新型新闻报道形式的缩影。

（二）探索数据图片的交互功能

什么是"交互"？从字面上理解就是"交流互动"。交互有人与人之间的，主要通过手势、文字或语言，此处要探讨的交互是人机交互。数据新闻并不限于静态的数据图片，还探索了交互性动态信息图，如数据地图、时间线、数据视频等。

如澎湃的"美数课"栏目在2016年7月至2017年3月这9个月内发布了4个交互式的数据图表，按时间的顺利依次是《带你刷遍百年奥运：人类变快、变高、变强了多少？》《那些中国奥运冠军的后奥运时代》《北京治安地图》《终章还是中场？万科董事会在即，是时候回顾宝万之争了》。第一篇数据图——《带你刷遍百年奥运：人类变快、变高、变强了多少？》，用时间线和每一项目历届奥运冠军的速度折线的形式，向大家展示了从1896年第一届奥运会到2012年伦敦奥运会人类不断突破自我的进程。这条新闻共有9个页面，需要读者手动翻页。

在最后一个页面，读者可以通过选择特定运动类型，查询到每一条折线所代表的项目和历届奥运冠军。《那些中国奥运冠军的后奥运时代》则是澎湃转载自镝次元数据传媒实验室的交互式信息图，主要采用数据地图的形式展示了奥运冠军退役后的职业选择。《北京治安地图》则是澎湃与

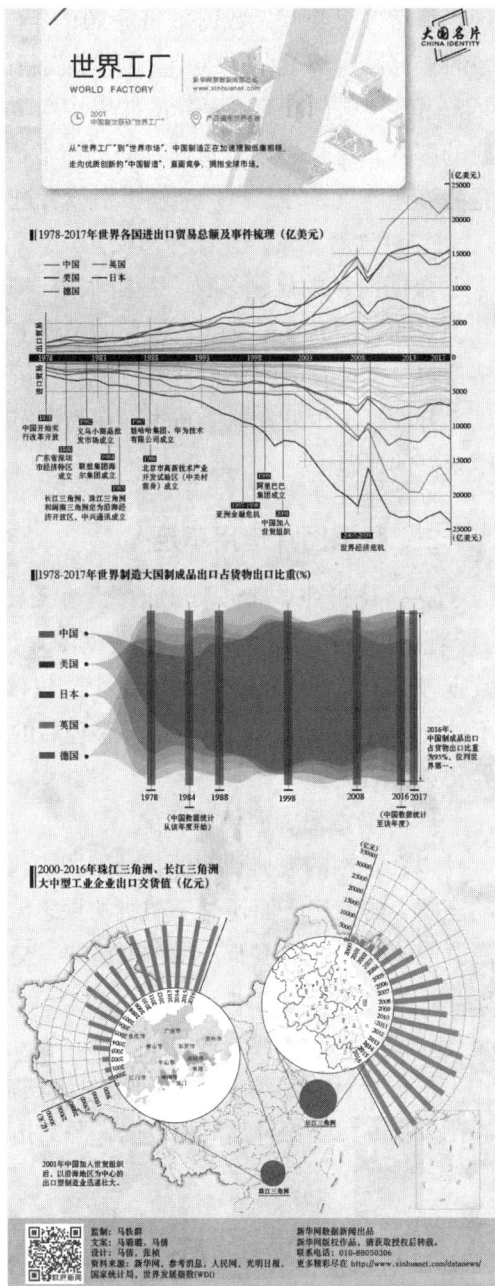

图6-5 40年·大国名片系列（一）：世界工厂
资料来源：http://www.xinhuanet.com/video/sjxw/2018-11/20/c_129998305.htm

镝次元数据传媒实验室合作的作品，与上一篇类似，是将数据和地图结合，展示2014至2015年间北京市各区县发生入室抢劫、撬砸汽车、扒窃、抢劫等治安案件的被点名地点及案件数。同样人性化的设计是：读者可以通过多项选择获取特定案件类型、特定案发时间（具体到月）和特定案发区域这些多项组合的治安案件的被点名地点及案件

数。最后一个交互式数据图表是2017年3月24日的《终章还是中场？万科董事会在即，是时候回顾宝万之争了》。它采用了创新的形式——剧本，来向读者展示宝万之争。从第一幕宝能敲门到第八幕新的征程，均包括事件发生的日期、当事人以及对证券术语必要的解释。这样一来，晦涩难懂的行业股权之争，在剧本这一新型叙事形式的改造下，竟能够充满故事性，自然能够吸引读者进行阅读。

（三）议题范围广，视野比较宽

数据图片的议题多样，视野很广，上至国际政要、国家之间的大数据，下至国内社会议题，如共享单车。在议题的类型上，既包括财政状况、消费行为、影视文化、经济形势、人口预测、又包括财经证券分析、自然生物等等，极大地拓展了数据新闻的广度，开发了不少处女地。新华网在尚没有形成自发专业规范的我国数据新闻领域，树立了很好的典范。

三、数据图片运用不足

（一）使用外部数据来源较多，自主数据较少

目前来看，大多新媒体的数据图片都是在二次数据的基础上整理而成，有自己的数据较少，有自己数据库的就更少。仅仅利用二手数据，容易欠缺对原始数据的分析，不能充分挖掘数据。使用外部的整理后的数据，还容易造成数据新闻的同质化，没有差异化竞争的优势。

（二）动态图表的使用较少

以新华网的数据新闻中，动态图表仅有4个，比例太小，使用率太低，可见澎湃在动态图表的使用方面还处于初级的探索阶段，使用率很低。但是从这4个动态图表看出澎湃的使用水平并不低，制作很精细，交互设计很巧妙和人性化，如若能提高使用率就更好了。

（三）数据来源单一

根据统计，澎湃的大数据来源比较官方，大多来自专业的数据发布机构，数据来源比较官方，缺少对其他的数据来源的拓展。

第七节 全景图片

一、全景图片概述

"360°全景"是将事物的多张各个角度图片相互衔接，进行技术组合，从而达到360度全景的效果。早在20世纪初，全景摄影便被引进中国。在设备和技术不断发展和更新之后，全景摄影有了全新的模样，运用模式和展示效果有了根本性的变化。移动设备的普及，使得全景摄影更加简单方便，为人们带来全方位的视觉体验和视觉盛宴。

例如，"人民网360°全景看天下"栏目是人民网摄影记者精选2年内拍摄的各类重

大新闻事件和城市地标，通过360度全景呈现，让您身临其境，以一种多视角、立体化的视觉效果，感受来自不同场景下多姿多彩的风景线。如图6-6所示。

图6-6　人民网360°报道截图
资料来源：http://pic.people.com.cn/GB/347049/

二、全景图片运用特点

（一）画面精细，细节设计人性化

全景图片在3D模式的基础上，运用图片剪接技术，展示给读者或静态或动态的新闻图景，再利用环境立体声，提高体验效果。受众可以全方位地体验拍摄者要展示的环境，达到体验效果。

例如澎湃全景图片在制作上很精细，不仅加以指示性文字和局部细节图，还在画面中设置了航拍模拟体验模式，点击后可呈现飞行拍摄时的景观。这些细节上的设计符合受众的体验心理，十分人性化。此外，澎湃的全景图片在制作时一般选择一种以上的视角，分别展现近景、远景或航拍场景或不同位置的不同情境。观众可以通过点击箭头进行视角的切换，便于了解场景全貌，形成更加深刻的体验感受。

以2016年12月13日的报道《360度全景｜线下零售角逐"双十二"，超市油盐酱醋被抢空》为例，记者通过全景图片的方式展示了"双十二"当天市民前往超市将油盐酱醋一抢而空的情景，配以文字说明："2016年12月12日，浙江杭州物美九堡店，大量市民涌入超市抢购物品。当日超市进行会员购物满100减免50元封顶的半价活动，市民购买较多的仍是油盐酱醋等生活必需物品。双12被认为是线下商场的营销节日，众多商场都在这天进行打折，希望能够把市民的目光从网络上吸引到实体店"。澎湃记者分别选择了粮油区、调味品区1和调味品2这三个位置展现当天超市被一抢而空的场景，其至连超市的内房顶都看得十分真切，读者通过点击细节图片（见图6-7）和阅读文字可以更深入地了解该新闻事件发生的缘由，比单幅图片更有代入感。

图6-7　澎湃全景报道——双十二期间超市被一抢而空

（二）选景注重重要性、可观赏性和稀缺性

全景图片的选景并非易事，不是所有的新闻事件都值得被制作成全景图片。与新闻的选择类似，记者在选景时首先需要考虑事件的重要性，在此基础上再考虑事件的可观赏性和稀缺性。例如澎湃新闻在2017年2月23日的推送图片《360° 全景|只有40光年！看这颗"近"在眼前的类地行星》中，由于类地行星的稀缺性和三维动画的可观赏性，选景具有很多看点，人人定想一探究竟。再如2017年1月16日的推送图片《360° 全景|上海豫园灯会昨起亮灯，提前感受春节年味》，向观众们展示了当日上海豫园的元宵灯会。记者首先选择元宵节灯会，对于中国民众来说很有重要性，同时靓丽的灯会十分具有观赏性，容易引起读者的兴趣。

（三）与VR技术相衔接，综合体验与把关功能

全景图片可以选择VR模式，与VR设备相连，用户可以体验实地观看的效果。

VR新闻将新闻报道的主导权还给观众，新闻媒体仅充当提供全景场景的转播器，不再是新闻报道的把关人。如澎湃通过在全景报道中添加文字说明和细节图片实现对事件的把关，巧妙地将把关权掌握在手中，同时不妨碍用户的体验感。

三、全景图片运用不足

（一）缺乏互动性和个性化定制

全景图片目前仅为单向传播，没有互动的设置。观众只能通过导航观看全景图片，

通过文字说明了解事件背景，却不能对全景图片进行反馈。此外，全景图片缺少个性化定制，不能针对每一个用户的需求和特点进行信息服务。

（二）栏目更新速度较慢

例如澎湃的"全景现场"栏目在2016年12月1日至2017年3月1日这三个月内更新了14篇全景图片，平均6天半发布一篇，更新速度较慢。在信息需求爆炸和新媒体竞争激烈的情况下，全景图片的更新速度是一项劣势，容易丧失忠实受众。

四、对图片运用的建议

（一）尝试设立一级图片栏目

将成本更低、更加精致、使用更灵活的图片设立成一级栏目，不失为一次有益的探索。当然在这种探索背后需要强大的人力物力支持，新媒体可以循序渐进，有计划地进行。

（二）从内外部完善图片生产平台

媒体的竞争，首先是人才的竞争。所以，努力扩大新闻摄影师的队伍、提高新闻摄影师的水准对新媒体来说是一件十分紧迫的事情。从原创率可以看出，新媒体新闻图片的原创水平有待提高。可以通过加强培训、提高和完善招聘机制来强化新闻摄影师的队伍。除了强化内部队伍，还应加强与外部图片资源的联系，如建立图片互动平台，与微博、微信网友或市民保持良好互动关系，通过有一定摄影水平的民众来获取更多独家图片，同时提高网民或市民供图的利用率，形成良好的使用链条，构建完善的图片生产平台。

（三）原创新闻图片全部加水印，提高辨识度

新闻图片除了原创数据图片和部分图片新闻，其他图片本身没有水印等标识，仅在图片下方用文字注明拍摄人。新媒体可以借鉴新华社等传统媒体的图片水印，在所有自采图片上加上水印，提高辨识度，树立起品牌意识。水印不仅仅是标注，还可以提升媒体的品牌形象。此外，在图片上制作水印，还可以防止图片被人随意转载，可以起到保护知识产权的作用。

第八节　图解新闻

在阐述图解新闻之前，首先要厘清"图解"的概念。"图解"原本是当代建筑学话语体系中的专业名词，是建筑界前沿话题之一。在建筑学中，"图解"被认为是提供给建筑师用来理解和处理草图、工程图以及分析图等相关建筑图的方式。在对传统的西方建筑的理解中，"图解"仅作为对"建筑实物的真实图形再现"而存在，但在新技术条件下，当代建筑理论认为"图解"不仅仅是再现图形，而是被赋予更多的现实设计意义。从某个角度来说，或许可以将"图解"看作一种象形文字式样的表达方式——既能

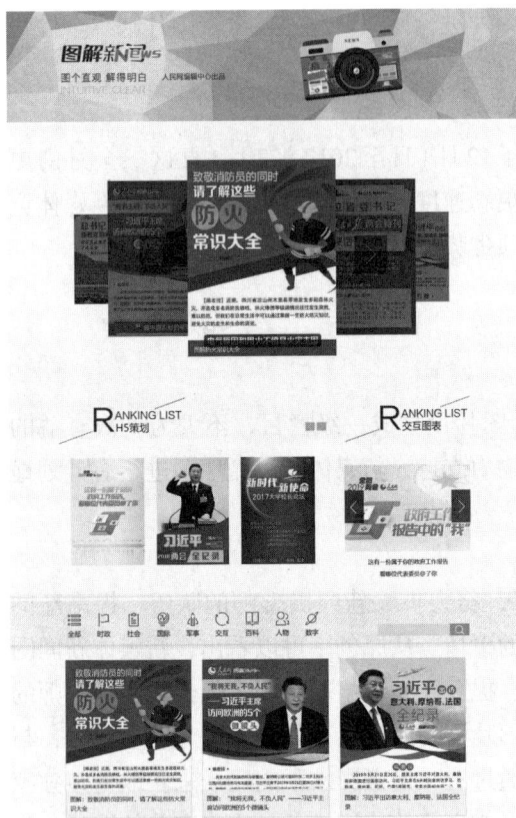

图6-8　人民网图解新闻栏目

表形，又能达意。如图6-8所示。

在新闻传播领域中，新闻工作者可以看作是整个"新闻大厦"的"建筑师""图解"是其用于信息浓缩和进行新闻视觉化建构的重要工具。"图解"被引入和运用在新闻系统，是作为促进信息增值、生产和达成新闻视觉设计的工具和技术而存在，通常被用来表达新闻系统是如何运作的。"图解"在很多层面跟新闻信息捆绑在一起，用多元的方式概括多样化的新闻内容，是具体内容情境、传播策略和功能化的集合，从而形成一种新型的视觉化新闻报道形式——图解新闻。学者陈功、周鹏认为，"图解新闻是读图时代与大数据语境下应运而生的一种全新的新闻文体和报道样式，将新闻事件的主要内容及与其密切相关的事件以一定逻辑关系整合并运用示意性图画构建出来的一种视觉性新闻；是运用多种媒体表现新闻主题的类多媒体新闻；也是一种类深度报道的综合性新闻。"学界其他学者也尝试对图解新闻进行界定，学者王培志将图解新闻界定为"一种用图的表现方法为某些新闻主题所作的说明，"图"指的是运用事件、数据、图文搭配、色彩、形状的一种"流图"（见图6-10）。学者江珊认为图解新闻是一种基于新闻事实的、通过非文字型信息载体，将传统新闻报道中的枯燥的文字信息转换成形象生动的图形信息的独立报道形式。

在研读和总结前人经验的基础上，作者认为，图解新闻是新闻视觉化的一种表现形式，是新的科技推动下产生的契合现代受众新闻阅读心理和阅读习惯的一种新型的新闻报道体裁。它以"图像"为核心表达媒介，借助文字、图片、图表、动画、大数据、新闻地图等一切可以运用的视觉元素来呈现新闻，进行全方位、多媒体的新闻组合传播，将传递的信息浓缩在整张图像中。需要指出的是，这里所说的"图像"包括"图""像"两层含义，"图"代表平面视觉图像的文化内涵，"像"表征动态视觉图像的文化意义。图像是诉诸视觉的静态和动态的结合体，且不能用仅代表动态图像的"视像"来取代"图像"。图解新闻强调新闻事实表达的逻辑性与审美性，帮助受众在快速了解新闻信息的同时并为其提供情感的满足和审美的享受，具有视觉直观性，逻辑图像化和表达审美性等特点。

第九节　新媒体图片编辑的失范与规范

一、网络新闻图片造假的种类

网络新闻图片造假是指新闻工作者没有如实的描述事件本身，报道的图片内容没有真实反映客观事实，或者反映得不一致，存在误差甚至扭曲。对新闻图片造假的归类分析，可以总结为几种情况。

（一）新闻事实造假

事实造假即新闻图片传递的新闻内容与新闻客观事实本身不相符，不论是图片与客观事实不符还是文字说明与客观事实不符都构成事实造假。新闻图片必须要准确地反映出新闻现场，但是现实中的新闻图片造假现象总是不断出现，这其中文字造假是较多的。新闻的本质就是"就事论事"，将真实的现场展示给受众，新闻中的要素、情景、人物都必须是真实的，真实性是新闻的生命，而新闻摄影必须要遵守真实性这一基本原则，没有到新闻现场是无法获得具有新闻价值的现场信息的，更不可能获得真实的新闻形象。

（二）新闻形象造假

新闻形象造假指新闻形象的获得不是自然发生的，而是人为安排的，摄影者以"导演"的身份通过对要素加以安排而获得新闻形象。"新闻摄影记者在拍摄的过程中要在不干涉对象的基础上抓取最能反映事物特征和本质的瞬间"，这是新闻的基本立场，一旦摄影者在拍摄过程中有所作为，那么就构成了新闻图片造假，新闻形象造假中比较常见的就是"摆拍"，即"导演式"的拍摄。新闻图片的传播要求其中的每一个要素每一个事实都必须是真实的，且必须与新闻事实完全一致，在互联网环境下，新媒体新闻图片在互联网中可能会被无限传播，影响极广极大，如果新闻图片造假，对社会的影响将会是十分恶劣的，所以必须要杜绝造假，这也是新媒体良性发展的需要。

（三）新闻本质造假

新闻报道需要能够客观反映事实，但是现实中很多新闻本身就是扑朔迷离的，新闻摄影者必须要拨开表象看到本质。而新闻本质真实就要求新闻摄影者能够较好地分辨出表象事物中的本质是什么，这在现实拍摄中是比较困难的，需要新闻拍摄者有求真的精神，而且具有良好的洞察力才能获得本质性的拍摄。

2012年的"黑熊活体取胆汁"事件在网络上曝光以后，引起人们关注。福建归真堂是一家药品企业，连续两年要上市的消息传出后，就立即受到动物保护组织、知名人士及社会公众强烈的舆论阻击，这是国内规模最大的熊胆产品生产企业的现实境遇。即便归真堂向记者"演示"熊被取胆的过程是"无痛苦"的，但是众网友仍认为黑熊长年被取胆汁不会真的无痛苦。摄影记者要想获得更多现实真相还需要有锐利的眼睛去发现，否则很可能给受众提供的只是"假象"，令受众蒙骗，也使网络媒体公信力下降。（见图6-9）

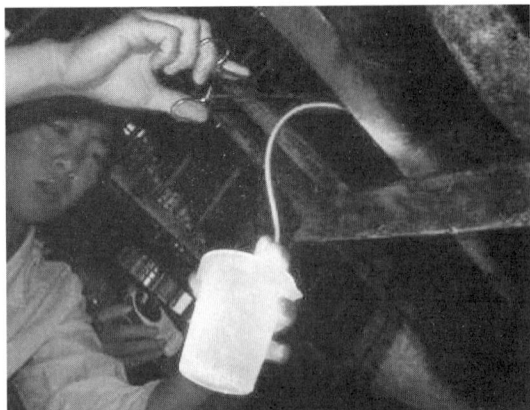

图6-9　黑熊活体抽胆汁

图中可以看出，工作人员先是给黑熊肚子消毒，然后通过引流管就可以将胆汁取出，过程中黑熊并没有做出什么反常的反应，在笼子里一动不动地被取胆汁，从图片中看不出黑熊是痛苦的。但是我们可以想象，长年被取胆汁，而且一直有一个管子插在身上，黑熊能不痛苦么？

二、新媒体新闻图片造假现象的主要方式

数码技术的实现是催生新闻图片造假的一个重要技术因素，而新媒体传播的开放性使人们对新媒体新闻图片的真实性加以怀疑，加上被证实的很多图片造假问题的困扰，人们对新媒体新闻图片的造假方式有了一定的研究，细数起来大约有三大类：导演式造假、图片文字与新闻不相符造假、技术手段造假。

（一）"导演式"造假

"导演式"图片造假即常说的摆拍，是新闻摄影记者为了获取自己主观的形象记录而通过设计人为地安排场景，对图片中的要素进行安排，从而获得想要的形象效果，此时的摄影者就像是导演进行电视、电影的拍摄。这是新闻图片造假的最原始方法，这种摆拍的图片不尊重客观事实，是被禁止的，但是导演式图片造假却开始蔓延。

2006年8月30日，在送水下乡活动中，奉节县县长刘渝平担水入农户。这张照片被刊登在重庆市水利局官网上，但是后来网友称：一位为群众挑水的"好干部"，为什么扁担不弯？

旁边大妈眼神已告诉了你，原来桶里根本无水！如此摆拍，又不会为宣传加分，反而更让媒体与官员失去信任（见图6-10）。

图6-10　"好干部"

可以说导演式造假的目的有很多，有的是为了拍出更有特点的照片，有的是为了显示某种目的，有的是出于政治目的。左图中的这种摆拍就是为了显示自己是一个"好干部"，但是这种摆拍的照片让人眼就能看出其中的问题。网络新闻图片也必须要尊重事实本身，要展示新闻现场的实际情况，这种摆拍的新闻图片完全不能显示出其价值。我们可以看出图片中的这位领导担着水的样子跟没有担水一样，这种造假损害了网

络新闻的公信力，也损害了干部的形象。

（二）图片文字与新闻不相符

在信息社会新闻由图片和文字两部分组成，图片可以展示新闻发生的瞬间，但文字也是很多时候图片无法代替的，所以文字和图片是新闻的两大主要截图，共同对新闻现场加以展示，图片或文字出现造假，就会使新闻失真，图片文字与新闻不相符主要有以下三种情况：

1. 真新闻事实假新闻图片

真事实假图片是指新闻事件报道的内容本身是存在的，确有其事，但是却附上非真实的图片，存在图片造假现象。

2011年6月23日，北京突然雷电交加暴雨如注，不少地方瞬间变成一片汪洋。很多热心网友纷纷通过微博发布了各处积水的照片，有网友将这些积水照片汇集在一起，诙谐地称为"陶然碧波""安华逐浪""白石水帘""莲花洞庭""二环看海""大望垂钓""机场观澜""新燕京七景"。但是，其中三张"海景图"事后却遭到网友质疑，被指"移花接木"。这些照片因为赋予了诙谐的名字，这种幽默的方式引起人们对这些照片的关注，这些照片在微博上呈几何式传播，被转发达数十万次，可是没过多久，照片中有几张的真实性却受到人们的质疑。

网友"点子正"表示下雨当天他也在北京，感觉下雨量根本没有照片上显示的那么大，而且也感觉有的照片看着比较熟悉，感觉像是见过的。随后"点子正"进行图片收集，最终确认有三幅照片是"移花接木"而来。大望路汽车被淹的图片是用了某年某月某日新华社记者拍摄的莲花桥被淹场景（见图6-11）；水淹地下通道的照片也是在若干年前便已出现（见图6-12）；另外一张首都机场飞机跑道被淹的照片，经过调查，是挪用了海南某机场被淹的照片（见图6-13）。事后有记者专门对照片的原出处进行了查找，在"点子正"提供的线索下，记者证实，这三张照片确实是被媒体使用过的，或是早已出现

图6-11　大望路汽车被淹

图6-12　水淹地下通道

图6-13　海南某机场被淹的照片

在网络上，并非当日雨景。

央视新闻频道也对此事进行了关注。中国新闻摄影学会副主席于文国表示，尽管暴雨使得北京的一些基础建设出现问题，但是与微博上照片所形容的不一样，有些照片很显然是以前见过的，这种用真实新闻却配非真实图片的做法是新闻摄影传播领域严令禁止的。尽管后来新浪网证实这三张照片是非真实照片后，删除了这三张照片，但是还是造成了不良后果。这些新闻图片报道严重失实，欺骗了受众，给受众造成一定程度的错觉，使人们无法掌握真实的新闻，这是对新闻的极不尊重。对于灾难性事件夸张报道会给受众造成一定程度的恐慌，也不利于社会和谐。因此在报道过程中要实事求是，客观公正。这一事件也成为真新闻事实假新闻图片的典型案例。

2. 真新闻图片假新闻事实

真新闻图片假新闻事实是指新闻图片本身是真实的，但是却配以非真实的新闻说明，甚至文字说明是歪曲的。2004年观众喜爱的宋祖英遭遇了最大的一次假新闻事件，她在参加了主题为纪念"万源保卫战"周年的演出活动后，2004年9月1日，《中青在线》刊登了该报记者杨得志撰写的《亿元财政赤字上的豪华演出》和《记者手记：万源滋味》，称万源市耗资万元举办了"万源保卫战"胜利周年纪念活动主题文艺晚会等等，引起了各级地方党政部门和社会各界受众的强烈反响。报道将矛头直接指向宋祖英："她到万源贫困县演出，唱4首歌获酬42万元"。可是仅过了三天，《中青在线》就对该事件进行了公开致歉，承认其失实，《中青在线》还向宋祖英致歉。

案例讨论

1. 图解：从中国新闻奖、长江韬奋奖看人民日报70年〔EB/OL〕（2018-06-14）人民网　http://politics.people.com.cn/n1/2018/0614/c1001-30057335.html

图解新闻有何特点？
优势在哪？

2. 数据新闻〔EB/OL〕新华网http://www.xinhuanet.com/datanews/index.htm

图解新闻有何特点？
优势在哪？

课程实训

思考

1. 新闻图片选择有哪些标准?

2. 图片剪裁有哪些准则?

3. 全景图片运用特点有哪些?

4. 媒体编辑如何拓宽图片稿源?

实践

1. 目前,常用的图片编辑加工软件有哪些?请挑选三个进行比较,各有什么优势?

2. 目前,常用的数据分析软件及图表制作软件有哪些?请分别挑选两个进行比较,各有什么优势?

3. 请收集三则新闻图片失实案例,分析导致图片失实的原因并给出防范措施。

第七章 新媒体音视频编辑

基础理论

当下，纵观我国新媒体，直播、音频、短视频和融媒产品成为创新重点。传统媒体顺应新时代用户使用习惯和场景变化，突破传统的文字形式，提供导向正确和具有公信力的直播、音频和短视频产品，赋予内容产品时代新定义，成为当下传统媒体和新媒体融合的主要方式。譬如，新华社不断完善基于互联网的新型供稿库产品功能，打造"卫星供稿线路+全媒体供稿库"新模式，升级面向新媒体用户的多媒体发稿线路，推出面向视频机构用户的短视频供稿专线，持续改进产品结构，提升服务体验；坚持内容创新，以时政类微视频为支点，把主旋律与微传播相结合，推出一批浏览量过亿的融媒体产品。安徽少年博览杂志社将"看"与"听"结合，打造"小耳朵听吧"语音广播故事平台，并在微信公众号先后推出一系列语音节目。

第一节 声音与新闻报道

相比于传统"看"新闻，越来越多的人开始"听"新闻。音频新闻是一种听觉传播，伴随音频技术与移动互联网的发展，音频使用范围不断扩大，使得人们对音频新闻的需求也随之增加。利用音频制作新闻报道也越来越普遍，各种音频电台也随之出现，越来越多优秀音频电台和节目收到受众喜爱。

音频新闻是利用声音符号对新近或正在发生的事实进行的传播，它可以是一般的口播新闻，也可以是包含了各种音响的音响报道。音频新闻过去依赖于广播这一媒介。广播的媒介特性使音频新闻产生了一些不可避免的弱势，例如，转瞬即逝，不可保存，只能线性收听。但是，伴随数字技术与互联网的发展，新媒体却在很大程度上克服了声音传播的这些缺点，并且给音频新闻与其他形式新闻的结合带来了各种可能性。这不仅有利于音频新闻的发展与创新，也为融合新闻的发展开辟了更广的空间。

一、声音在新媒体新闻传播中的作用及特点

（一）声音在新媒体新闻传播中的作用

在新闻传播中，声音的运用有两层含义，一是运用声音符号传播新闻信息，二是在新闻报道中运用各种新闻音响。

在新闻传播中，声音有着自己独特的作用。运用声音，可以使新闻传播具有人际传播的某些特性，在一定程度上可以提高传播的效果。声音对于文字信息，是一个有力的补充。一方面，它可以帮助人们感受现场气氛，体会情绪。另一方面，它也可以起到"证实"的作用，由事件当事人或旁观者说话，比作者自己说话更具有说服力。

声音对于视频，也是一种重要的辅助手段，很多时候，两者是不可分的。例如，在电视新闻报道中，声音对于视频的补充作用主要体现为以下几个方面。

（1）简洁地提供新闻信息。利用语言的概括性，可以简洁而清楚地传达新闻信息。

（2）对影像信息进行补充。在电视新闻中，某些内容无法找到相应的影像素材，这就必须依靠声音。

（3）传达影像无法表现的主观信息。一些人物的内心活动、思想观点，都需要通过声音来传达。

（4）引导受众正确理解影像信息的含义。为了去除影像的多义性，语言的辅助是十分重要的。

（二）声音在新媒体新闻传播中的特点

在新媒体新闻传播环境中，声音传播具有以下特点：

（1）可驻留性。新闻网站提供的音频新闻，常常是非实时传播，它们长期存在，用户可以根据需要随时收听，而且大多数情况下，可将新闻下载到本地电子接收终端反复收听。这就形成一种驻留性，这一特点有利于提高音频新闻的传播效果。

（2）播放过程的可控性。在新媒体传播中，运用播放器后，可以利用相应的方式来控制新闻的播放，既可回放，有可快进。受众对于音频新闻的接收过程可以个性化。

（3）可整合性。音频信息可以通过超链接等手段，与其他内容联系起来。恰当运用这一特性，可以将声音与其他形式的信息有机地结合，更好地发挥声音信息的作用。

（4）伴随性。声音传播独有的特征就在于它是唯一的非视觉媒体，在当今"乱花渐欲迷人眼"的多媒体时代，唯有广播担负起了解放人们双眼的重任。"伴随性"包含两层含义：一是指人们在收听音频新闻时可以边听边做其他事情，这时的音频新闻是作为"背景媒介"出现的；二是指音频新闻可以私人化地贴身收听，可以想听就听，这时又具有了"贴身媒介"的功能。

伴随性可以细分为二类：一是在运动状态下的接收，如乘汽车、坐火车、外出散步等，这就是俗称的音频的移动收听，我们把这一类称为"移动性伴随"；二是指音频是一种"私人化"的充满情感张力的贴身媒介，可以用耳机隐蔽接收，既不干扰别人，又在一定程度上维护了收听者的隐私，姑且把第二类称为"情感性伴随"。

伴随性可以使音频得到移动收听、贴身收听，也可以充分拓宽受众想象力的空间，同时伴随性可以强化声音传播的亲密感、归属感。但单一的重复信息或长时间收听也会给受众带来听觉疲劳，而且受众听音频新闻时具有不专注性的特点，大都是处于半注意收听的状态，多数人是一心两用，是边收听广播边做其他事情。那么，听众半注意的收听状态极容易错过一些有用或重要的信息。

（5）强制性。声音对于接收的人来说，有一种强制性。视觉信息可能被人的眼睛忽略，但是声音一旦存在，就无法拒绝，除非关闭声音播放功能。这种强制性，对于提高传播效果，也具有一定的意义。

（6）环境依赖性。尽管声音在新媒体中传播具有一定的优势，但是，它的传输与播放，在很大程度上依赖于新媒体传播环境。声音文件一般容量较大，所以传输起来比文字信息要费时。如果网络传输条件不理想，就会影响到信息的接收。音频新闻的播放，还需要有一定的专门设备与专门软件。因此，音频新闻的传播效果取决于新媒体传播各个环节的环境，它很难做到总是达到预期效果。

以上这些特点给音频新闻的发展带来了新的可能性，也使音频新闻成为新媒体报道中不可或缺的一部分。

二、音频新闻音响的种类

在新闻报道中出现的声音统称为新闻音响，主要包括以下几类。

（一）新闻事件的实况音响

也就是在新闻发生过程中出现的各种音响，例如，人的交谈、人物活动发出的声音等。这些音响与报道主题直接相关，合理地运用它们，可以给人强烈的真实感与现场感。通常这种音响也称为主体音响或典型音响。

（二）新闻事件中的人物访谈

即记者在新闻现场对于当事人或相关人的采访。这类音响素材的采集，可以在记者的有意控制下进行，因此，可以有效地实现记者的传播意图。从采集角度来看，声音的质量也比较容易得到保障。

（三）新闻现场的环境音响

在新闻发生的现场中出现的环境性声音。例如，当采访在运动场进行时，运动场的欢呼声就是一种环境音响。当采访在风大的山上进行时，呼啸的风声也是一种环境音响。环境音响有时对主体声音的质量产生一种影响，对记者的录音能力也是一种考验。但是，如果运用得当，也可以很好地营造现场气氛，让听众身临其境。

（四）音响资料

音响资料指的是在以前采集的与本新闻报道相关的声音素材。它往往用于提供新闻的背景材料，丰富报道内容。这与文字新闻稿中背景资料的作用是类似的。

（五）音乐

在某些报道中，可以适当地利用音乐，以渲染气氛，或者在报道中形成间歇、缓冲与过渡。

但是，音乐并不是音响报道中的主角，作为配角，在使用时应注意量与度，以免喧宾夺主，也要避免与其他音响相混淆。

三、音频新闻的种类

新媒体音频新闻是对传统的广播新闻的继承与发扬。很多新媒体的音频新闻直接来源于传统媒体，因此，在体裁分类上，一般还可沿用传统广播新闻的分类，包括以下三个方面。

（一）音频消息

这是音频新闻中最普遍的、最主要的一种形式。它是由播音员口播的消息稿件。

（二）音频通信

音频通信是与报刊通讯类似的一种体裁，也是口播的通讯。可融叙述、描写、抒情、议论于一体。它的容量较大，不仅可以记事，还可以写人。它的形式灵活、手法多样，富于情节性。

但是，在新媒体新闻传播中，运用声音形式制作的通信较少。

（三）音响报道

音响报道带有新闻音响的报道的统称。包括录音新闻、现场报道、录音专访、录音通讯、录音特写、录音评论、录音剪辑等。

如果从新闻中是否运用了新闻音响来区分的话，可将音频新闻分为两大类，不运用新闻音响的口播新闻与运用新闻音响的音响报道。

第二节 音频新闻的采制与编辑

要在日常报道中或多媒体报道中充分运用音频新闻，首先要保证音频新闻的质量。无论是本网站进行音频新闻的采制，还是对来源于其他媒体的音频新闻进行筛选、编辑，都需要从新闻性和技术性两个角度进行考虑。

一、音频新闻的新闻质量控制

（一）音频新闻的新闻价值判断

就像其他形式的新闻一样，音频新闻必须具备一定的新闻价值，才具有在网络中传播的意义。

音频新闻的新闻价值同样主要体现为时新性、重要性、显著性、接近性、趣味性等几个方面。

除了这些基本的价值判断以外，评价一条音频新闻的价值还应该判断它是否充分发挥了声音的特长。在网络环境中，使用声音，绘制增加网络传输的负担，因此，一般网站会限制音频信息的数量，这时就应该尽量选择那些需要或者适合用声音表现的新闻题材。

（二）音频新闻的新闻形式与手段运用

针对不同的报道对象，可以采用不同类型的音频新闻，运用不同的新闻形式与手段。合理、有效地运用相应形式与手段，是制作出合格的音频新闻的基本要求。同样，对音频新闻进行编辑时，也需要对形式与手段运用的正确性、合理性做出判断，对于具有一定新闻价值但不符合音频新闻传播要求的新闻，需要做出一定的修改。

1. 音频消息

音频消息的制作分为稿件写作与播音两个部分。在音频消息的写作中需要注意以下几个方面。

1）遣词造句的口语化

（1）采用谈话式的风格，多用通俗的词语，不要使用难于理解的书面词语。

（2）使用短句，以求明白易懂。

（3）尽量不使用不易理解的比喻。

（4）多用双音词，少用单音词。例如，不用"可"而用"可以"，不用"应"而用"应该"。

（5）避免使用易被误解的同音字、词，例如：致癌——治癌、切忌——切记、报酬——报仇等。

（6）多用语气词，少用"虽然""但是""因为""所以"等关联词。

（7）限制使用数词，如果出现了过于复杂的数字，应该尽量采用概数的方式来简化。

2）消息结构的合理安排

（1）短小精悍。

（2）按照人们视听习惯安排内容。例如，必须先指出人物，再引用他说的话，而不要先出现引语。人物身份等信息通常应该出现在姓名之前。

（3）叙述上，应该保持叙述的顺序性和连续性，避免时间上或空间上的过度跳跃。

在写好音频消息稿后，还需由播音员朗读才能完成消息的全部制作，这时需要达到的要求包括：声音洪亮、吐字清晰；讲求节奏，断句合理；读音准确。

2. 录音新闻

在录音新闻中，音响要尽早出现，这样能很快地向听众传达出现场感，通常在信息的导语前或者导语中就应该使用声音素材。

在选择音响素材时要紧扣主题，并有助于阐明报道的主题。在主体部分，应该采用典型音响。音响素材应该与文字稿紧密配合，内容组织的逻辑性要强。

3. 现场报道

现场报道是记者在新闻现场边采访、边解说、边录音制作的一种新闻形式。适合于那些备受关注、场面集中、具备典型音响的新闻事件的报道。在网络新闻传播中，与现场报道对应的是音频直播。

在现场报道时，解说是一条串联素材的红线，作用非常突出。在进行解说时，记者应该做到表达条理清楚、描述准确、情绪恰当，同时，头脑要灵活，能够随时对现场的状况做出相应的反应。另外，在解说时，应尽量采用口语。

4.录音专访

录音专访是记者对某个人物、事件或问题进行专题访问的一种音响报道形式。

（1）首先选准采访对象。

（2）做好充足准备，设计好提问的提纲，注意提问的方式。

（3）善于把握采访的进程，帮助采访对象突出谈话重点，以便获得预期的声音素材。[1]

二、网络音频新闻的技术质量判断

无论是在何种类型的节目中使用声音，都需要使声音的采集与制作达到一定的质量水准，音频新闻也不例外。具体来看，应达到以下基本要求。

1.达到一定的响度要求

即声音的响度合适，有适当的力度感，有适当的动态范围，能听清音乐的低潮和高潮。

2.有效控制噪声

具体体现为，没有明显的声源以外的持续性噪声，如磁带噪声、交流噪声及与内容无关的环境及背景干扰声等。

3.声音保真度高

各种声源的声音能正常还原，无频率失真和音色变化，无明显的持续的过荷失真和饱和失真现象。

4.具有真实感

声音的制作应能反映声源的真实特点，音质变化自然流畅、恰到好处，节目的受众透过声音能感到与人物的感情交流。

5.恰当进行混合处理

在进行多重声源的混合处理后，声音应交织、融合在一起，有整体感，层次分明，主次清楚。

6.声画对位、衔接自然

视频节目中的声音，还应符合节目的整体构思和整体处理要求，声画同步，内容相符。节目前后场景转换时，声音的过渡和转接处理使受众感到自然。

---

[1] 彭兰.网络新闻编辑教程［M］.武汉大学出版社，2007，184—189.

三、常见的数字音频格式

（一）WAV 波形音频格式

WAV 是微软和 IBM 共同开发的 PC 标准声音格式，文件后缀名 .wav，是一种通用的音频数据文件。通常使用 WAV 格式用来保存一些没有压缩的音频，也就是经过 PCM 编码后的音频，因此也称为波形文件，依照声音的波形进行存储，因此要占用较大的存储空间。另外注意，WAV 文件也可以存放压缩音频，但其本身的文件结构使之更加适合于存放原始音频数据并用作进一步的处理。其优点是易于生成和编辑；但缺点也很明显，在保证一定音质的前提下压缩比不够，不适合在网络上播放。

（二）MP3/MP3Pro 格式

MP3 是一种音频压缩技术，其全称是动态影像专家压缩标准音频层面 3（Moving Picture Experts Group Audio Layer III），简称为 MP3。它被设计用来大幅度地降低音频数据量。利用 MPEG Audio Layer3 的技术，将声音以 1：10 甚至 1：12 的压缩率，压缩成容量较小的文件，而对于大多数用户来说重放的音质与最初的不压缩音频相比没有明显的下降。用 MP3 形式存储的音乐就叫作 MP3 音乐，能播放 MP3 音乐的机器就叫作 MP3 播放器。最高参数的 MP3（320Kbps）的音质较之 CD 的，FLAC 和 APE 无损压缩格式的差别不多，其优点是压缩后占用空间小，适用于移动设备的存储和使用。

为了使 MP3 能在未来仍然保持生命力，MP3Pro 格式诞生了。这种格式与之前的 MP3 相比最大的特点是能在低达 64 kbps 的比特率下仍然能提供近似 CD 的音质（MP3 是 128 K）。该技术称为 SBR(Spectral Band Replication)，它在原来 MP3 技术的基础上专门针对原来 MP3 技术中损失了的音频细节进行独立编码处理并捆绑在原来的 MP3 数据上，在播放的时候通过再合成而达到良好的音质效果。MP3Pro 格式与 MP3 是兼容的，所以它的文件类型也是 MP3。

（三）RA 文件

RA 采用的是有损压缩技术，由于它的压缩比相当高，因此音质相对较差，但是文件也是最小的，因此在高压缩比条件下表现好，但若在中、低压缩比条件下时，表现却反而不及其他同类型档案格式了。此外 RA 可以随网络带宽的不同而改变声音质量，以使用户在得到流畅声音的前提下，尽可能高地提高声音质量。由于 RA 格式的这些特点，因此特别适合在网络传输速度较低的互联网上使用，互联网上许多的网络电台、音乐网站的歌曲试听都在使用这种音频格式。

（四）WMA 格式

WMA(Windows Media Audio)，它是微软公司推出的与 MP3 格式齐名的一种新的音频格式。由于 WMA 在压缩比和音质方面都超过了 MP3，更是远胜于 RA(Real Audio)，即使在较低的采样频率下也能产生较好的音质。一般使用 Windows Media Audio 编码格式的文件以 WMA 作为扩展名，一些使用 Windows Media Audio 编码格式编码其所有内容的纯音频 ASF 文件也使用 WMA 作为扩展名。WMA7 之后的 WMA 支持证书加密，未经许可（即未获得许可证书），即使是非法拷贝到本地，也是无法收听的。同时，微软公司开始时宣称的：同文件比MP3体积小一倍而音质不变，也得到了兑现。事实上，这个说法，仅仅适用于低比特率的情况，另外，微软公司在WMA9大幅改进了其引擎，实际上几乎可以在同文件同音质下比MP3体积少1/3左右，因此非常适合用于网络串流媒体及行动装置。

（五）FLAC格式

FLAC与MP3相仿，都是音频压缩编码，但FLAC是无损压缩，也就是说音频以FLAC编码压缩后不会丢失任何信息，将FLAC文件还原为WAV文件后，与压缩前的WAV文件内容相同。这种压缩与ZIP的方式类似，但FLAC的压缩比率大于ZIP和RAR，因为FLAC是专门针对PCM音频的特点设计的压缩方式。而且可以使用播放器直接播放FLAC压缩的文件，就像通常播放你的MP3文件一样。FLAC文件的体积同样约等于普通音频CD的一半，并且可以自由地互相转换，所以它也是音乐光盘存储在电脑上的最好选择之一，它会完整保留音频的原始资料，用户可以随时将其转回光盘，音乐质量不会有任何改变，而在播放当中，FLAC文件的每个数据帧都包含了解码所需的全部信息，中间的错误不会影响其他帧的正常播放，这保证了它的实用有效和最小的网络时间延迟。目前在国内市场上，FLAC已经是和APE齐名的两大最常用无损音频格式之一，并且它的编码技术原理使得它在未来有超过APE的巨大的发展空间。

（六）AAC格式

AAC实际上是高级音频编码的缩写，苹果iPad、诺基亚手机也支持AAC格式的音频文件。AAC是由Fraunhofer IIS-A、杜比和AT&T共同开发的一种音频格式，它是MPEG-2规范的一部分。AAC所采用的运算法则与MP3的运算法则有所不同，AAC通过结合其他的功能来提高编码效率。AAC的音频算法在压缩能力上远远超过了以前的一些压缩算法（比如MP3等）。它还同时支持多达48个音轨、15个低频音轨、更多种采样率和比特率、多种语言的兼容能力、更高的解码效率。总之，AAC可以在比MP3文件缩小30%的前提下提供更好的音质。

四、常用的音频编辑软件

随着科技水平的不断发展，计算机技术也得到了长足的进步，通过利用计算机的数字处理技术，能够有效地改善音频材料的音量、速度以及连贯性方面不易更改的缺陷的同时，对于解决噪声处理、制作特效音效、回声效果处理、改变节拍和音高、提取伴奏或者人声、声音反相检测以及扩展音轨等方面也有着显著的效果。当前，能够对音频进行编辑的软件非常多。这里只介绍常用的几款软件。

（一）Audition

Audition软件的前身是Cool Edit Pro，它是一款基于Windows系统的音频处理软件，后来被Adobe公司收购，并更名为Adobe Audition，之后推出了一系列的版本，Adobe Audition软件对音频混合、编辑以及效果处理有着强大的功能，是一款专业级的音频处理软件。

（二）Gold Wave

Gold Wave是一个集音频剪辑软件，音频转换器，处理制作工具，编辑，播放，录制，和转换的音频工具，体积小巧，功能却不弱。Gold Wave下载安装后可打开的音频文件相当多，包括WAV, OGG, VOC, IFF, AIF, AFC, AU, SND, MP3,MAT, DWD, SMP, VOX, SDS, AVI, MOV等音频文件格式，你也可以从CD或VCD或DVD或其它视频文件中提取声音。内含丰富的音频处理特效，从一般特效如多普勒、回声、混响、降噪到高级的公式计算（利用公式在理论上可以产生任何你想要的声音），效果很多。

以Gold Wave为例，对于采访音频的后期处理，主要分为两方面，一方面是编辑，如同采访的文字稿件一样，采访音频在播出前也需要一系列的整理过程，Gold Wave支持多于多声道的分离、插入、裁剪、删除等操作，可以将音频文件进行预期的修剪与排序处理。

另一方面就是对采访音频的去噪与润音，即利用Gold Wave的滤波功能对杂波进行降扰处理，对于不够清晰和饱满的声音，也可以进行音效处理，使之润色。

五、音频新闻在网络中的应用

（一）单媒体应用与多媒体应用

单媒体应用，指的是音频新闻是独立的，没有与其他形式新闻配合使用。新媒体音频频道的新闻报道大多会选择此种形式，通常以音频消息为主。

多媒体应用，是指音频新闻与其他媒体形式的新闻内容融合在一起，形成相互配合的关系。常见的多媒体应用方式有以下几个方面。

1. 音频新闻配合文字新闻

在文字新闻中插入音频新闻，以便增强新闻报道的现场感、生动性和证实性等特点，提高新闻报道的说服力。

2. 文字稿件配合音频新闻

传统广播媒体发展建设的新媒体在音频新闻的原创方面有自己的优势，但新媒体具有多媒体特性，所以新媒体的音频新闻稿件不应该是广播新闻的简单翻版。为了满足受众对音频新闻的理解，可以与文字稿件进行融合报道。

3. 图片幻灯整合音频新闻

在图片新闻中融入音频报道，可以让受众有全方位的直观感受。比如当图片中出现人物，可以加入有关人物的音响素材。

4. 多媒体专题运用音频新闻

在融合新闻中，加入音频可以丰富受众的听觉体验，加深受众对新闻事件或表达主题的认识。当文字、图片、音频、视频等媒介元素融合在一起时，可以做增强新闻报道的表现力与感染力。

（二）非实时应用与实时应用

非实时应用是目前音频广播的主要形式，它也可称为点播。它使用灵活，方便保存。实时应用是音频信息的发布与接收同步进行，一些时效性很强的新闻，通过实时方式发布，可以更好地吸引受众的注意力，也可以提高信息受众接收信息的时效性。

第三节　视频新闻概述

作为不同于传统的文字新闻、甚至不同于传统的声画新闻的一种新的新闻报道形式，视频新闻正在成为新闻传播的新宠，构建起了新闻传播的新景观，各路媒体纷纷试水。视频新闻声画结合，一帧胜千言，信息量大，传播力强，具有较强的互动性和嵌入性，采制、发布、接收便利，在电脑和移动终端普及的今天受到受众的欢迎，前景广阔。当然，作为一种新事物，视频新闻也面临着"成长的烦恼"，比如信息传播的碎片化可能消解新闻的专业性和深度，视频造假可能导致"高级"假新闻的出现等，这些问题有待解决。

一、视频新闻概念

视频新闻是运用现代电子技术手段、以活动影像、声音等为传播符号，对新近或正在发生的事实进行的形象化的报道。

对视频新闻这个概念，很多业内人士是有质疑的，这种质疑主要有关新闻资质，作为视频新闻的主力军，大部分的网站并没有获得名正言顺的采访权，没有采访，谈何新闻。从媒介形态的角度看，视频新闻已经有别于传统的电视新闻。有一段时间，很多电视人把视频看成电视的转换形式，从固定的电视机到移动的网络终端，电视似乎并不会消亡，它只是换了一种新的形式继续存在。

二、视频新闻与电视新闻的区别

视频新闻和电视新闻的差异至少有以下三点。

（一）电视新闻有更多的权威性，而视频新闻则有更多的亲和力

这很容易让人想到吸引力和影响力的关系，传统的看法往往是，你吸引的常常是你可以影响的。但是，今天的情况发生了微妙的变化，你在吸引对方时可能就已经放弃了影响，或者说你吸引的并非你想要影响的。

传统的电视新闻之所以保持着很强的权威性，在相当程度上是因为传统媒体的机构性，换言之，传统媒体一般来说都有一个强大的传播机构，这一点无形中提高了传播者的传播地位。而视频新闻则有浓厚的自媒体色彩。这里，我们还可以把视频新闻划分为两部分，一部分是由传统媒体制作的，这是传统媒体向新媒体转型的尝试，这部分视频新闻仍然保留着某种程度的传统媒体风格，并且它获得了更多的政策支持；另一部分则是由商业网站和自媒体提供的。

（二）短视频激活了视频新闻

虽然电视新闻也有短消息，但在碎片化传播的时代，短小精悍似乎不是电视新闻

的长处，反而视频新闻在这个领域如鱼得水。从书到刊物，再到报纸，经过广播和电视，最后来到了网络时代，我们看到的是人类阅读单位的不断缩小。阅读速度加快的一个明显标志是阅读单位的减小，甚至于在网络中，我们可以看到视觉阅读单位也在变小，比如短视频。我们的阅读单位往往会影响我们的阅读能力，包括我们的理解能力。

短视频能够异军突起的一个重要原因就是播出平台的改善，如今我们几乎可以在所有的媒介平台看到短视频，特别是在社交媒介上短视频更加活跃。典型的像新浪微博，短视频已经成为它不可或缺的组成部分。

（三）视频新闻的话语结构不同于电视新闻

具体来说，就是视频新闻常常是五音不全，也就是新闻要素不齐全。我们看传统的电视新闻时，一般都会觉得新闻讲述得很清楚，时间和地点以及人物等新闻要素一应俱全。而看视频新闻的时候，则会有不同的感觉，比如说，那个女患者谴责号贩子的短视频，听不到播音员介绍新闻背景，只看到一个中年妇女大骂那些号贩子。这算是标准的新闻报道吗？当然不是。因为新闻应该有五个 W 和一个 H，而这些视频新闻基本上只有一条线，没有记者和编辑，只有目击者和拍摄者。但是，谁又能够说它不是新闻呢？因为它揭露了一些大医院挂号大厅里的那些号贩子的行为，并且产生了很大的社会影响。[1]

三、我国视频新闻发展现状

过去五年内，中国在线视频市场规模年均增长超过50%，有关机构预测，未来五年在线视频量将增长14倍，70%的手机流量将消耗在视频上。第43次《中国互联网络发展状况统计报告》显示，截至2018年12月，网络视频用户规模达6.12亿，较2017年底增加3 309万，占网民整体的73.9%；手机网络视频用户规模达5.90亿，较2017年底增加4 101万，占手机网民的72.2%。短视频用户规模达6.48亿，网民使用比例为78.2%。很多媒体集中力量发展视频业务，把视频置于重要战略地位，提高全媒体可视化产品生产能力。新华社在2017年全国两会报道中进行了40场高清直播、时长近3 000分钟，场均点击量达到数百万次。"十九大"开幕当天，重点视听节目网站转播"十九大"开幕实况的节目总播放量达2.18亿次，总访问人数1.25亿。2017年中央电视台全年通过"央视新闻"新媒体共发起移动视频直播2 717场，累计用户收看次数超出27.98亿次。通过央视网PC端和移动端，中央电视台丰富视频资源全年用户收看次数达38.84亿次。可以说，目前新媒体正向可视传播发展。

广播电视新媒体报道实现全面融媒体传播，涌现出一批"现象级"原创融媒体产品。中央电视台实施新媒体"首页首屏首条"工程，打造一批"V观"系列微视频。全网推送的原创时政微视频《初心》，总阅读量达12.36亿，创下时政微视频传播新纪录，被称为时政报道的"走心精品"。在全国"两会"、五一劳动节、香港回归20周年、建

---

[1] 栾轶玫，刘宏.视频新闻：新闻报道的语法革命［J］.青年记者，2018（4上）：12-13.

军90周年阅兵等重大宣传报道中，各级广播电视机构主动探索多屏互动直播、融媒体传播新方式，实现大小屏融合互动报道常态化。十九大期间，中央电视台融合传播观众触达人次达248亿，其中电视端185亿次、新媒体端62亿次，新媒体端发起移动直播133场。中央人民广播电台构建起"原声+新媒体"的时政新闻产品矩阵。中国国际广播电台充分利用"China"系列多媒体平台，打造中外文融合联动报道工作机制。截至2017年12月底，中华（China）系列移动客户端产品下载量已超过500万，国际在线和中华网61个文种网站日均浏览量1 322万，形成全台共享、多点发布"新媒体+"报道新格局。

从中央媒体到省市县媒体，移动直播成为新常态。"央视新闻移动网"上线不到一年，发起直播4 000余场，传播品质不断提升。大型纪录片《还看今朝》播出期间，"央视新闻"新媒体发起系列移动直播十多场，总观看人数近2 000万，主持的微博话题阅读量超过2亿。广东广播电视台"触电新闻"、江苏广播电视台"荔直播"等移动新闻平台聚焦春运、全国两会等推出多场直播。此外，遇到突发新闻事件，广播电视的移动直播在"准""新""微""快"上下功夫，手机屏先期发声，电视屏深度跟进，打造与主流媒体品格和气质一致的移动新闻精品。在基层广电，移动直播已经让很多市县台重归本地主流媒体的地位，成为当地党委政府推动工作的重要平台和抓手。

第四节　视频新闻的摄制与编辑

一、网络视频新闻的摄制

网络视频新闻的摄制与传统电视新闻比较相似。

（一）运动摄像

运动摄像，就是利用摄像机在推、拉、摇、移、跟、甩等形式的运动中进行拍摄的方式，这是突破话框边缘的局限、扩展画面视野的一种方法。

运动摄像符合人们观察事物的习惯，在表现固定景物较多的内容时运用运动镜头，可以变固定景物为活动画面，增强画面的活力。

（二）镜头的组接

在拍摄时，往往是要对一个对象拍摄多组镜头。但这些镜头只是一些原始的素材，最终完成的片子，需要将原始素材进行有机的整合。整合的一个基本工作，就是根据编辑者的意图，将镜头组接起来。

影像镜头组接时的依据主要体现在以下几个方面：

（1）人们的认知习惯与接受逻辑。

（2）镜头的长短。不同景别的镜头长短应当有所不同，对固定镜头而言，一般来说：全景：6秒以上；中景：3秒以上；近景：1秒以上；特写：1～2秒。对于移动镜头，时间长短应以交代清楚所要表达的内容、动作内容完整、节奏协调为取舍标准。

（3）事物的运动状态。

（4）镜头运动。这是以镜头的运动为依据进行画面编辑，常识以动接动、静接静、动接静、静接动为基础，其中以动接动、静接静两种方法更常用。在组接时，要防止镜头运动之间、运动镜头与固定镜头之间的编辑点产生视觉跳动。

（5）景别。镜头在组接时，景别跳跃不能太大，否则就会让观众感到太突然、不知所云。

（6）人物的心理活动与情绪。可以选择人物情绪的高潮处，如喜、怒、哀、乐等，作为图像编辑点。利用情绪的贯穿性来切换镜头，可获得紧凑而不露痕迹、一气呵成的结果。

（7）声音。即通过声音之间的关系或声音与画面见的关系来组接镜头。

（三）镜头的转场

转场也是一种镜头的组接，但它指的是不同空间不同场景的两个镜头之间的衔接。

（1）利用空镜头。

（2）利用特技。

（四）镜头组接与蒙太奇

在视频新闻中，可以在必要的情况下使用蒙太奇，但是不能滥用。主持人应该根据视频的时间长短和节奏快慢，调整自己的语言内容和叙述方式。

二、视频新闻的数字加工

（一）视频新闻编辑原则

视频编辑主要遵循合理剪辑、声画同步、处理规范三个原则。也就是注意画面内部形象组合的逻辑性及时空变化的合理性给观众带来的冲击力，在遵循最基本的"动接动""静接静"蒙太奇手法的基础上，选择适当的形象素材，并以一定的角度、景别将它们组合起来，既要考虑到画面的完整性和声画对位，又不要盲目地进行"图文解字"。

（二）常见的视频格式

（1）AVI，音频视频交错（audio video interleaved）的英文缩写。AVI这个由微软公司发表的视频格式，在视频领域可以说是最悠久的格式之一。AVI格式调用方便、图像质量好，压缩标准可任意选择，是应用最广泛的格式。

（2）MOV使用过Mac机的朋友应该多少接触过QuickTime。QuickTime原本是Apple公司用于Mac计算机上的一种图像视频处理软件。Quick-Time提供了两种标准图像和数字视频格式，即可以支持静态的 *.PIC 和 *.JPG 图像格式，动态的基于 Indeo 压缩法的 *.MOV 和基于 MPEG 压缩法的 *.MPG 视频格式。

（3）ASF(advanced streaming format 高级流格式)。ASF是 MICROSOFT 为了和现在的 Real player 竞争而发展出来的一种可以直接在网上观看视频节目的文件压缩格式。ASF 使用了 MPEG4 的压缩算法，压缩率和图像的质量都很不错。因为 ASF 是以一个可以在网上即时观赏的视频"流"格式存在的，所以它的图像质量比 VCD 差一点点并不出奇，但比同是视频"流"格式的RAM格式要好。

（4）WMV　WMV一种独立于编码方式的在Internet上实时传播多媒体的技术标准，Microsoft公司希望用其取代QuickTime之类的技术标准以及WAV、AVI之类的文件扩展名。WMV的主要优点在于：可扩充的媒体类型、本地或网络回放、可伸缩的媒体类型、流的优先级化、多语言支持、扩展性等。

（5）NAVI　如果发现原来的播放软件突然打不开此类格式的AVI文件，那你就要考虑是不是碰到了n AVI。n AVI是 New AVI的缩写，是一个名为Shadow Realm的地下组织发展起来的一种新视频格式。它是由Microsoft ASF压缩算法的修改而来的（并不是想象中的AVI），视频格式追求的无非是压缩率和图像质量，所以NAVI为了追求这个目标，改善了原始的ASF格式的一些不足，让NAVI可以拥有更高的帧率。可以这样说，NAVI是一种去掉视频流特性的改良型ASF格式。

（6）3GP　3GP是一种3G流媒体的视频编码格式，主要是为了配合3G网络的高传输速度而开发的，也是目前手机中最为常见的一种视频格式。

简单地说，该格式是"第三代合作伙伴项目"（3GPP）制定的一种多媒体标准，使用户能使用手机享受高质量的视频、音频等多媒体内容。其核心由包括高级音频编码（AAC）、自适应多速率（AMR）和MPEG-4和H.263视频编码解码器等组成，目前大部分支持视频拍摄的手机都支持3GPP格式的视频播放。

（7）REAL VIDEO　REAL VIDEO（RA、RAM）格式由一开始就是定位就是在视频流应用方面的，也可以说是视频流技术的始创者。它可以在用56 K MODEM拨号上网的条件实现不间断的视频播放，当然，其图像质量和MPEG2、DIVX等比是不敢恭维的啦。毕竟要实现在网上传输不间断的视频是需要很大的频宽的，这方面是ASF的有力竞争者。

（8）MKV　MKV是一种后缀为MKV的视频文件频频出现在网络上，它可在一个文件中集成多条不同类型的音轨和字幕轨，而且其视频编码的自由度也非常大，可以是常见的DivX、XviD、3IVX，甚至可以是RealVideo、QuickTime、WMV这类流式视频。实际上，它是一种全称为Matroska的新型多媒体封装格式，这种先进的、开放的封装格式已经给我们展示出非常好的应用前景。

（9）FLV　FLV是FLASH VIDEO的简称，FLV流媒体格式是一种新的视频格式。由于它形成的文件极小、加载速度极快，使得网络观看视频文件成为可能，它的出现有效地解决了视频文件导入Flash后，使导出的SWF文件体积庞大，不能在网络上很好地使用等缺点。

（三）常用视频编辑软件

1. Adobe Premiere

一款常用的视频编辑软件，由Adobe公司推出。现在最新版本为Adobe Premiere Pro CC2018。是一款编辑画面质量比较好的软件，有较好的兼容性，且可以与Adobe公司推出的其他软件相互协作。是视频编辑爱好者和专业人士准备的必不可少的编辑工具，是易学、高效、精确的视频剪辑软件。Premiere提供了采集、剪辑、调色、美化音频、字幕添加、输出、DVD刻录的一整套流程。

2. EDIUS

EDIUS是专为广播电视后期制作环境而设计的一款非线性编辑软件，拥有完善的工作流程，为音视频制作提供了实时、多轨道、多格式混编模式，具有合成、色键、字幕和时间线等输出功能。EDIUS.6让用户可以使用任何视频格式，甚至能达到1 080P 50/60或4K数字电影分辨率，同时EDIUS.6支持所有业界使用的主流编解码器的源码编辑，当不同编码格式在时间线上混编时，无须转码。用户无须渲染就可以实时预览各种特效，EDIUS.6非线性编辑软件是混合格式编辑的最佳选择。

3. U lead Media Studio Pro

Media Studio Pro是由著名的U lead公司（友立资讯）出品的一款Video视频制作软件。是一套专为所有追求最新、最强、最高质量数字影片技术的玩家及专业人员所设计的超强软件，包括影片捕捉、剪辑、绘图、动画及音频编辑五大模块的强大功能，更支持最新DV与IEEE1 394应用及MPEG-2影片格式，可以制作出具有专业水准的影片、录影带、光盘、网络影片。

4. Video Studio

俗称会声会影，最新版本为Video studio 2018。是一套有趣又灵活的视频编辑工具，可使用视频模板，在片刻之间完成影片，并且拖放特效以获得你期望的外观。可以直接在预览窗口中快速地编辑并剪裁、重设大小以及设定媒体位置。运用改善的控件在影片中平移镜头或特写图片画面。可在时间轴上结合相片、视频和音频。Video studio 2018提供1 500多种特效，新增独一无二的标题、渐变效果、特效和图形，轻而易举地调整各个视频轨及图层的透明度。

5. 爱剪辑

爱剪辑，一款用于安卓手机的视频编辑应用，操作简单，可以轻松剪辑制作视频，支持海量影像效果的自由搭配，丰富的文字编辑方式，更有图片美化功能，让你随时随地制作视频，快速上传到视频网站并同时分享到各大社交网站，制作视频就是这么简单、快乐、随意。

主要特点有以下几种。

（1）多种屏幕比例选择。

（2）原创背景音乐。

（3）实时拍照、摄像、录音。

（4）多种炫酷转场效果。

（5）自带时尚MV滤镜效果、FX、动画效果等，各种效果可重叠使用。

（6）可下载导入官网*提供的2 000+效果。

（7）5种文字编辑模式，多种文字进出场效果可选。

（8）添加个性化的片头片尾。

（9）图片美化功能，调整图片的饱和度、色彩以及添加马赛克等效果。

（10）视频编辑过程中，随时进行预览播放及调整效果。

（11）视频及音乐随意剪切。

（12）随意添加个性的logo。

第五节　短视频

一、短视频概念

短视频即短片视频，是一种互联网内容传播方式，一般是在互联网新媒体上传播的时长在5分钟以内的视频传播内容；随着移动终端普及和网络的提速，短平快的大流量传播内容逐渐获得各大平台、粉丝和资本的青睐。

二、短视频发展概述

2018年3月2日，两会前，人民日报的人民视频客户端一上线，便投入两会报道的媒体方阵中。其短视频栏目《两会夜归人》，将镜头对准参与两会报道的媒体人，近距离感受媒体人的所见、所闻、所思，在秒拍总播放量近500万次。

实际上，国外新闻报道很早之前就出现过短视频元素。早在2012年，《赫芬顿邮报》联合创始人、前主席及该报前首席执行官创办了Now is the News。而Now is the News就是最早开创短视频新闻的公司。随后，前AOL新闻频道总监吉姆·斯潘塞创立了Newsy；BBC全新打造的Instafax的短视频新闻服务等，由此可见，国外的短视频新闻市场早已形成，并且经过不断的发展，市场竞争也愈发的激烈，众多传媒大亨也纷纷开始投资，进驻短视频新闻行业[1]。

国内短视频虽然发展相对较晚，但发展速度强劲。根据《2017年短视频行业研究报告》的显示，2017中国短视频移动客户端在线用户达到了5亿多人，播放量以平均每月10%的速度爆炸式增长。并且，在引领时代的年轻人当中所覆盖的范围越来越广，凸显的作用也越来越强，国内短视频呈现出高速发展的态势。[2]

作为众多短视频中的一个分支，国内新闻短视频在2016年也出现了快速增长。这一年10月，腾讯视频联合新京报推出了一款新型新闻视频栏目，叫"我们视频"。该栏目在上线不到7天的时间内，就翻新了界面，打造了一支视频纪录片品牌；10月末，南方日报又开始进军视频制作领域，旗下"南瓜视业"即是为做纪录片等视频节目而生；11月，"梨视频"幕后团队开始换水上线；一个月后，"辣焦视频"微信公众号登上浙江日报……而这之中"梨视频"的正统媒体基因最多，包含了众多原"澎湃"人，他们

---

[1] 邵鲁文.短视频新闻或许是传统媒体的下一个出路［EB/OL］.［2014-08-08］.https://www.huxiu.com/article/39619.

[2] 娄心钰.资讯类短视频在社交媒体下的样态［J］.传播力研究，2018.2（1）：27-28，35.

凭借着丰富的经验以及独到的眼光,保障了新闻的质量以及平台的水准。这也使得"梨视频"上线后,就在新闻短视频市场占据了一席之地,并在较短的时间内迅速产生了影响力。

三、短视频实践经验

(一)高度适配移动端,迎合碎片化体验

国内外媒体在短视频领域的实践,具有3种共性:

第一,角度独特。即打破传统新闻报道的"大而全",选择一个独特的视角切入,并进行深度挖掘。

第二,开门见山。放弃渲染气氛的空镜头,直奔主题。

第三,短小精悍。以"梨视频"为例,视频多在1～2分钟之间,极大地满足了用户碎片化时间的观看需求,并且随着用户内容获取的移动化趋势,也更适合用户任意内容接收场景。

(二)"PGC+UGC"内容生产,引进媒体合作伙伴

当下,资讯类短视频的生产模式共有两大类,即PGC与UGC,前者又叫作专业生产内容模式,而后者又叫作用户生产内容模式。而就资讯类短视频的发展趋势来看,未来这两种模式界限将会越来越模糊,甚至合二为一。

"梨视频"目前采用的就是PGC与UGC相结合的PUGC模式,追求短时间、专业性和高效率。为此,"梨视频"在上线之前就做足了准备,专门聘请了3 000多名拍客,目的就是使平台内的新闻信息能够更加准确及时。而当"梨视频"上线以后,先前做的准备渐渐开始发挥效用,"常熟童工"等新闻都与拍客的贡献息息相关。这种专业幕后团队结合非专业拍客团队的模式,不仅有利于丰富信息来源,更增强了新闻报道的互动。

(三)挖掘内容深度

现阶段新闻短视频仅仅是一种信息传播的渠道,用户前期在传播渠道影响仅仅是兴趣使然。随着新闻短视频内容质量重要性的不断凸显,用户将更加关注高质量的新闻内容,关注符合时代发展的传播手段。届时,无论该新闻信息是视频、图像还是其他形式,都不再是用户首要关注的问题。因此,新闻短视频不但需要加快内容的更新与迭代,还需要追求内容的深度与广度。

(四)推动模式创新

"梨视频"选用了成本较高的PUGC模式进入市场,定位在优质视频方面。但在实际运营过程中,其内容优势并未体现出来。可见,对于新闻短视频来说,能否取胜的关键不仅在于高质量的内容,还需探索更加新颖有效的传播模式。特别是在"内容为王"与"体验经济"的时代下,新闻短视频要想取胜,就必须要加强与用户之间的互动效果,不断创新视频生产模式与传播方式,不断向用户提供更好的观看体验,满足不同类型、不同喜好与不同性格的用户对于新闻短视频的需求。

（五）加强内部优化

新闻短视频是迎合受众高效碎片化阅读习惯的产物，在整体服务中应更注重用户感受。一方面，要在功能上体现社交属性，让更多的用户参与进来，如转发分享、社区生态圈打造等。或者，通过人工智能技术和算法开发出更加智能、"傻瓜"式的一键剪辑技术，让更多毫无新闻素养的大众用户也能够做出专业水准的新闻短视频；另一方面，新闻短视频在平台打造过程中要明确自己的功能和定位，体现协调和统一，让用户有更好的观感和体验。在这方面，目前我国不少短视频还需要深耕。无论是界面的设计、视频的深度，还是标题的制作，有时不乏夹带哗众取宠、博人眼球元素。

第六节　VR技术在视频新闻制作中的运用

近年来每逢重要会议如全国两会、党代会的召开，除了传统的录音笔、摄像机等设备，在场的记者还使用了全景相机、自拍杆智能手机、头戴式便携摄像机等，这表示以移动化、智能化为特征的移动互联网、大数据与云计算等新技术力量，已经渗透到视频新闻制作的核心环节，视频新闻制作面临着重新定义的可能，包括虚拟现实技术（VR）带来的新闻体验的再定义。VR技术的应用拓展了视频新闻制作的形式，也让受众在接收信息的同时，增强了参与感和认同感。

一、VR技术出现于视频新闻制作中的基础条件

（一）VR技术在新闻制作中的应用

新闻媒介的变革方向在于新的传播技术。VR的出现，让传统的视频新闻制作有了新的制作工具和传播手段。

《纽约时报》作为新闻行业试水VR的先驱，2015年发布了VR新闻客户端"NYT VR"，在得到受众热烈的反响后，2016年11月又推出了每日更新的VR视频新闻项目"每日360"。2016年全国两会上，《人民日报》、新浪新闻、网易新闻等利用VR技术，推出VR全景式特别报道。2016年的两会视频新闻通过VR技术360度还原新闻现场，满足了受众对于两会现场的好奇感，从而达到一定的传播效果。2016年的里约奥运会开幕式上，澎湃新闻推出360度全景新闻《带你换一个不同的角度看里约奥运会开幕式》，受众通过点击鼠标上下左右的移动屏幕，可以顺畅地捕捉到奥运场馆的整体信息。场馆内部观众席人山人海的视角瞬间逼近，受众仿佛身处里约奥运会的场馆内，坐在观众席上将奥运会场馆一览无余。

（二）受众对新闻的参与感需求

在新媒体语境下，受众更加强调参与感与自主性，不再是之前被动接受媒体提供信息的主体。因此，视频新闻制作的质量需进一步提高，不仅是选取有价值的新

新媒体编辑

闻内容，在传播的方式上也要有表现力。VR视频新闻最大的特征在于其"沉浸性"，这种传播方式，将新闻内容的可视性大大提高，内容的趣味性也吸引更多的受众来体验虚拟系统的视频新闻，受众除了产生逼真的感觉，还可以审视这个环境中的各种对象。著名的VR视频新闻《流离失所》，通过VR技术向受众讲述了三个儿童因为叙利亚战争而四处流浪的新闻事件。在传统的视频新闻制作中，一般受众对于这则新闻不会有深刻的感受。但有了VR技术的支持，受众可以从全景视频里，看到当时因为叙利亚战争导致的房屋塌陷等现场，从而感同身受。受众通过VR进入到自己从未去过的地方，了解到更为丰富的新闻内容。受众需求推动了VR在视频新闻制作中的应用。

二、VR技术给视频新闻制作带来的影响

（一）丰富了视频新闻制作的形式

2016年1月，路透研究与牛津大学发布了一项研究报告，指出媒体将注意力集中于三种视频新闻制作形式：360度全景视频、直播视频以及"在场式"。

在这三种VR视频新闻制作中，成本最低的是360度全景视频。360度全景摄像机是全景视频的核心。通过360度全景摄像机与其他摄像机拍摄新闻事件的现场，经过后期的编辑处理发布到网络上，这便是360度全景视频的制作流程。这一流程相较其他两个更为简单，而且这种视频制作形式的受众基数广。受众通过VR设备，可以观看新闻现场全景，得到比较真实全面的体验，遇到想要细看的位置，点击屏幕便可放大，细节之处一清二楚。《人民日报》制作的"9·3"大阅兵视频新闻就是360度全景视频的典型案例。

直播视频的时效性较强，一般大型的新闻事件或者活动使用该形式，可以迅速吸引受众的关注，发挥议题设置效应。直播视频是基于360度全景视频制作而成的。

"在场式"新闻制作也是如此，但不同的是，"在场式"视频新闻制作中加入了体感和追踪设备，让受众可以得到更多的运动自由和交互自由的体验。目前的"在场式"视频新闻，趣味性大大加强，让越来越多的受众爱上VR新闻。"在场式"视频新闻带来的冲击力和震撼性更强，降低了信息对受众的干扰度和受众的防备心理。"在场式"新闻让受众感受新闻事件时，想法和活动都是由大脑支配、自由判断，所以认同感和接受度比传统新闻要好很多。美国《得梅因纪事报》的VR新闻《收获的变化》，融入了多种元素，比如交互功能的地图、信息数据表等等，为了让受众不遗失重要信息，还设置了游戏任务，让受众在游戏中接收信息。

（二）以内容为王，与用户深度互动

尽管视频新闻制作的方式和理念因为传播技术的发展而改变，但是内容才是新闻的核心。通过VR设备，受众仿佛亲临现场，目击新闻事件发生的始末。在参与过程中，没有外界干扰，受众可以获得专属的自我认知，理解新闻事实。传统新闻提供的新闻事实有时片面，受众对新闻有一定的防备心理。VR新闻通过场景的重现、实时直播

等，将新闻的客观性、真实性、时效性一一呈现。

VR技术还能提升新闻制作的广度和深度，媒体通过追踪社会热点，利用VR技术重造虚拟场景，加强受众的认知深度和交互能力。

三、VR技术应用于视频新闻制作中的特点

沉浸式与构想性是VR技术应用于视频新闻制作的基本特征。VR技术通过高度还原新闻现场，带领受众体验新闻现场，增强了受众参与感与认同感。VR技术还可以根据新闻的要求、受众的需求，不断改变场景，一定程度上降低了新闻制作的难度。

（一）VR视频新闻制作的优点

1.场景重现，"还原"新闻现场

VR技术使得视频新闻制作的维度发生了变化，从二维转换为三维。受众通过VR，获得亲身体验新闻现场的角度。2016年12月，澎湃新闻发布了一则全景新闻《战后的叙利亚阿勒颇：曾经的文化遗产宛如鬼城》，利用VR技术全景式讲述了阿勒颇因叙利亚战争变成废墟，满目疮痍的新闻现场得以重现，受众通过VR"进入"阿勒颇，感受着战争带来的灾难。VR给受众带来视觉冲击力与震撼感的同时，也让受众体会到阿勒颇民众内心的伤痛，帮助受众更好地理解新闻的意义。

2.第一人称视角，受众如临其境

南加州大学安纳伯格传播学院的诺妮在2010年提出，VR新闻是一种以第一人称体验的视频新闻制作形式，它让受众获得了新闻事件中描述的情形。VR新闻让受众不仅仅是新闻事件的"观望者"，也是新闻现场的"目击者"和"参与者"。在传统的新闻报道中，受众通过自己的理解想象一个模糊的整体，现在通过VR，受众可以"进入"到新闻现场，全方位地体验新闻事件发生发展的过程，弥补了传统新闻现场感不足的缺陷。

新浪新闻的全国两会VR新闻《人民大会堂全景巡游》，受众通过鼠标可以选择不同的观看身份，如总理、部长、代表委员等，这样的技术支持，让受众的体验感大大增强，不再局限于某个角度，也让两会的视频新闻制作充满了趣味性。

3.全景扫描，弥补叙事缺漏

在传统的视频新闻制作的过程中，记者和编辑是主观地选择新闻内容。重大灾难性事件发生时，记者很难第一时间到达新闻现场，新闻素材难免疏漏，新闻细节难免欠缺，较难把握新闻的全局。

2016年7月，安徽、北京、湖北等全国26省（区、市）受到了特大暴雨的侵袭。在这次灾难报道中，VR技术得到了广泛的应用。恶劣的现场环境给新闻制作带来很大的影响，借助VR技术还原新闻现场，可将真实全面的灾难现场反映给受众，让灾难更加全面、立体地呈现出来，让受众体验灾难强大的破坏力。

（二）VR视频新闻制作的缺点

1.适合的新闻题材有限

由于目前的VR技术尚未完全成熟，所以并不是所有的新闻题材都适合用VR技术来制作。通常一些重要的代表性事件或者灾难性事件的报道，适合用VR技术来呈现，而一些统计类新闻，如经济新闻、数据新闻，VR技术并不能很好地诠释新闻内容。

2. VR技术的局限

VR视频新闻制作优点突出，但它的使用费用十分高昂，例如大型解释性VR新闻《丰收的变化》，拍摄周期长达3个多月，制作费用高达5万美元；BBC的大型恐龙教学片拍摄时长达4万个小时；财新网的VR纪录片《山村幼儿园》费用高达上百万元。因为高昂的生产成本，一些媒体望而却步。

对目前的VR技术来说，用户体验感官不适是一个致命问题。现在的VR设备，相较于手机等轻便的便携式设备，稍显笨重。《中国VR用户行为调查》显示，22.9%的用户在使用VR设备的过程中会产生眩晕等不适感，影响使用体验；大约33%的用户觉得VR设备太重而影响体验；剩余的用户则是在玩游戏的时候使用VR设备，眩晕的感觉会比其他活动更加明显。用户在观看VR全景视频时，需要在某些特定的时候跟随画面摇晃身体，不适感更加强烈。

3. VR新闻营造的拟态环境与新闻的真实性有所背离

在VR新闻制作中，记者和编辑整理和筛选碎片化的信息，在重新拼凑整合的时候包含自己的合理润色，这样的VR新闻营造的是拟态环境，而非真实环境。

在VR新闻中，受众体验新闻事件是从第一人称角度出发的，沉浸在VR新闻所营造的拟态环境中，当他们习惯了拟态环境之后，会对此产生刻板印象，在之后的新闻接受的过程中，会不假思索地全盘接受。在视频新闻制作中，VR技术若使用不当，可能会加剧社会和人的异化。

四、对VR新闻的思考

（一）以增强受众体验为核心

在VR视频新闻制作的过程中，应以受众体验为核心，增强受众对新闻事件的主观能动性和参与感。例如在网易VR新闻《核辐射的回声》中，通过VR技术，受众可以与游戏中的角色AI以你问我答的方式展开新闻事件，从而获得不同的新闻制作的角度以及事件的结局，一定程度上改变了单向传播的新闻理念。

（二）从非交互性变为交互性

VR在视频新闻制作中主要是用于360度全景图片或者视频，应突破这种简单的非交互性体验。VR技术虽然扩展了空间的维度，但受众仍然是被动地接收信息，虽然内容丰富了，但是受众只是得到体验，没有相互交流。全景式的新鲜视角给观众带来的新鲜感和趣味性会逐渐消失，用户更看重的是交互性体验，可以在虚拟的环境里进行实时交互，既能主动接收信息，也能得到最佳的仿真体验，这将是VR视频新闻制作中的一个突破点。

（三）内容依然为王

VR技术用于视频新闻制作是顺应了技术的发展，也为新媒体时代的传播开辟了一条创新之路。

但是不能因为有了技术的支持便对新闻质量有所松懈，更应注重内容质量以及价值导向。在视频新闻制作中，既要看到新的技术在新闻制作上的优点，更要坚持新闻真实的原则。[1]

案例讨论

案例1　在融合发展中探索地方党报新闻客户端的"音频+"表达

一、"音频+"表达，拓展多渠道传播体系

区别于传统的广播业态，基于移动互联技术的播客数量在全球增长迅猛。有数据表明，2006～2017年意识到播客这种媒体方式存在的人群从22%增加到60%，而听过播客音频节目的人群从11%增加到40%。在用户时间碎片化越来越严重的今天，文字和视频虽然信息量大，但阅读场景都离不开眼睛，用户在走路、开车、做家务时没办法看资讯，而音频是移动互联网中唯一具有伴随属性的媒介形式。音频产品的独特传播方式，使得媒体不得不重视拓展音频传播的作用。

传统党报媒体的优质内容生产能力强，如使新闻客户端的使用触达用户更多的生活场景，获得更大的传播效果？"音频+"新闻的方式有针对性地予以了回答。多元化、立体化的呈现是地方新闻客户端一直在探索的传播策略，浙江报业集团下属"浙江新闻"客户端也试水音频新闻产品，探索传播效率的转变和提升。

2017年4月，"浙江新闻"客户端制作推出《封面女郎》栏目，让受众"用耳朵"听浙江政经新闻。

这档每周固定播出的音频系列节目通过微博、微信进行转发，迅速扩大了"浙江新闻"客户端的品牌影响力。音频节目的形式，非常符合现在中青年群体的使用习惯，可以在上下班路上、睡觉之前等碎片化时间选择自己喜爱的节目进行收听，免去了阅读带来的不便，增加了用户接收信息的主动性和乐趣。由于节目的连续性，用户可以在多种阅读场景下持续不断地接收"浙江新闻"客户端提供的有效信息。

在内容选择上，《封面女郎》侧重大环境中的小人物故事和用户关注的热点新闻。编辑们放眼全国，链接浙江，坚持每日实时监测，选取当天最热点的政经新闻，深度精编整合后用最新鲜的新闻内容、最独特的视角、最有态度的"浙江好声音"制作成音频节目。

---

[1] 王志群.VR技术在视频新闻制作中的应用分析［J］.视听界，2018（5）：79–82.

一般来说，政经新闻比较枯燥，容易使用户产生距离感。为此，《封面女郎》栏目非常注重从"高大上"的政经新闻中抓重点，回应社会关切。每期音频新闻都以融媒体编辑思路为牵引，精选报道主题，寻找浙江好故事，在当地政府工作着力点与百姓关注点上下功夫，做到新闻产品入耳入心，深浅结合，话题性强，迅速拉近与用户的距离。

报纸侧重深度解读，客户端侧重即时呈现，网站侧重新闻+服务整合，《封面女郎》栏目编辑做"音频+"新闻产品就是基于这些优势的"跨界"，并不是简单的复制，而是通过内容、形式的突破，博采众长，是一种新尝试，也是一种贴近用户需求的新途径。

为了拓宽传播渠道，"浙江新闻"客户端同步在网络电台"喜马拉雅FM"开设《封面女郎》专栏，上线以来，共发稿90期，点击量约400万人次。

二、跻身风口，"音频+"表达传播正能量

移动互联网接入流量自2014年以来连续三年翻番增长，音频传播跻身新媒体的热点玩法之列，但是，地方新闻客户端跻身音频表达风口，绝不是简单地将报纸内容复制粘贴到移动端就可以了，这既需要强化对新闻价值的准确判断，也需要强化文字与音频表达的充分结合，在媒体融合发展探索与实践中，这是一个整体，不可分割。

自2017年6月19日起，浙江《共产党员》杂志在"浙江新闻"客户端上推出全新音频产品《我在之江读"新语"》。这个栏目的内容由"音频+图文"构成，用户可以收听《之江新语》等体现习近平新时代中国特色社会主义思想的篇目，也可以阅读原文，让读者随时随地感受来自习近平新时代中国特色社会主义思想的力量。报道邀请了各行各业的优秀人物以及浙江省各县（市、区）委书记等朗读《之江新语》中与其职业经历有高度相关性的篇章，以带动更多的读者读原著、学原文、悟原理。

截至2017年12月18日，《我在之江读"新语"》栏目共邀请到朗读者127位，包括党的十九大代表、浙江省各级领导干部、先进工商业代表等各种有影响力人物，推送渠道覆盖了"浙江新闻"客户端、浙江在线新闻网站、微信、微博等全媒体平台。到2018年2月底，该栏目网络总点击量超千万人次，是传统媒体与新媒体融合传播、联袂奉献的佳作。

如果说《我在之江读"新语"》的策划展示了党媒气质，"浙江新闻"客户端推出的《看看浙江的"最多跑一次"》则巧妙利用了"嘻哈"的文艺形式，在当下多元化的网络语境下，对党和政府工作进行民生视角的解读。虽然是唱响主旋律、弘扬正能量的主题类宣传，但作品将省委改革工作与民生结合起来，是新闻报道"三贴近"最好的业务实践。

政府的政策性文件内容如何策划出新意？"浙江新闻"客户端把系列政策改编成RAP（说唱）+动画，让用户打开手机听"神曲"。《看看浙江的"最多跑一次"》将大主题从小角度入手，把拗口的文件转化为朗朗上口的歌词，消解了报道内容本身的文件腔和"说教"味。产品制作由编辑、设计、技术开发团队协助完成，编辑们在歌词采写

方面下足功夫，专业说唱团队为作品配唱。"神曲"将说唱音乐融入主题宣传语境，活泼的产品风格、严肃的内容讲述、鲜明的时代气息融合，展示了开放创新的态度，因而拥有更大的推广空间。产品推出第一天，仅在"浙江新闻"客户端阅读量就过了30万人次，点赞过万，刷爆了朋友圈。

2018年全国两会是全面贯彻党的十九大精神开局之年的历史性盛会。浙江作为改革开放的先行地，把浙江经验推向全国是地方媒体的责任。"浙江新闻"客户端在两会报道中守正不忘出新，用多样的传播手段挖掘浙江元素。

在两会预热报道中，"浙江新闻"客户端特别策划推出成就报告类产品《123秒读懂五年芳华　浙江向全国人民报告》，产品以音频结合视频的方式，使用了浙江省委书记和省长的原声音频素材，配合相关数据的动图可视化，展现浙江五年来的成绩单，聚焦改革、经济、民生等领域的发展，令人耳目一新。

三、内容为王，交互贴近助攻音频传播力

无论新闻传播渠道怎样变化，用户永远会被有价值、有深度、有情怀、有思想的内容所吸引。推进媒体融合向纵深发展中，跟上技术发展潮流，通过内容吸引用户，通过技术加强互动，提高用户黏性，是媒体人必须面对的时代命题。

互联网时代"人人都是麦克风"。2017年，"浙江新闻"客户端发动参与式报道，以"我最喜爱的习总书记的一句话"为主题，组织浙江省干部群众开展网络音频征文、主题演讲比赛，各界群众纷纷发来微音频、微视频。"我最喜爱的习总书记的一句话"网上微音频传播、朗读汇活动，从7月26日至9月14日在浙报集团各新媒体平台共计发布内容37期，全网阅读量达2 360万人次，可以说是很好地利用了"音频+"传播手段进行阅读的社交化、互动化活动。

利用平台创新，做精主题报道，既要助推中心工作，也需要注重本地化和贴近性。比如"浙江新闻"客户端制作推出的《是不是你的家乡？戳进来，听浙里各地河流的声音》音频+游戏H5产品，通过孩童稚嫩的乡音，来赞美家乡的河流，通过猜城市的方式，来了解浙江城市"五水共治"工作的进展，增强了产品的互动性、参与性、趣味性，让读者对成就性报道有了沉浸式的体验。将省党代会严肃的政经新闻用游戏形式传播，新颖有趣，宛如一股清流。

"音频+"产品除了"硬菜"，也需要"时蔬小炒"。客户端编辑抓住浙江方言正逐渐消失的"痛点"，推出融图解、音频+、互动答题为一体的H5产品《浙江方言88种你能听懂几种》。方言承载着乡愁，对"濒危方言"、方言保护手段等进行可视化呈现，最后的"测一测"环节互动性强，兼顾了可读性和趣味性。同时通过技术手段，充分创新技术兼容性，在浙江在线新闻网站电脑端和"浙江新闻"客户端上都完美适配，扩大了音频产品的传播效果。

（案例来源：陈雪晔.在融合发展中探索地方党报新闻客户端的"音频+"表达[J].中国广播，2018（5）：68-70.有节选）

在融合新闻中，音频新闻有哪些特点？

案例2　剪辑影视作品发到短视频平台，小心侵权！

2018年9月21日 09：40：22　来源：中国新闻出版广电报

在短视频平台上，常常能看到大量直接剪辑或者经过编辑加工的影视作品片段、集锦，而这些短视频常常是没有经过权利人许可就被上传到平台上的。那么，这些短视频是否涉嫌侵权呢？从最近的法院判例中可以得到启示。

近日，江苏省苏州市中级人民法院就搜狐视频（以下简称原告）诉北京字节跳动科技有限公司（以下简称被告）侵害著作权一案做出一审判决，判决认定原告胜诉，被告构成帮助侵权，应承担相应的法律责任。

一审法院认为，原告享有《屌丝男士》第一季至第四季网剧作品的著作权。被告在其经营的网站"今日头条"及移动客户端中，向公众提供《屌丝男士》短视频的在线点播服务。被告明知或应知网络服务对象利用其平台传播侵权短视频，却怠于采取必要措施、放任侵权行为发生，存在主观过错，侵害了原告所享有的信息网络传播权。

法院认为，被告的侵权行为具体表现为以下几点：首先，原告针对被告网站平台存在侵权视频的情况，曾先后多次发函通知下线，相关通知定位清晰，但是侵权视频密集，且在被告每次删除后，侵权视频仍反复出现、屡删不绝。其次，被告所主张的"结合算法、个性推荐"的做法也可证明其对涉案视频已进行了一定程度的审查，应知晓用户上传涉案视频存在侵权行为。再次，从技术能力角度而言，被告已开发版权保护平台，可识别相应视频与版权库"原片"是否高度相似，即被告有能力预防侵权，但其并未采取排查、删除侵权视频的合理措施。最后，被告作为专业、大型的短视频运营网站，在影视作品权利人一次次发送侵权链接通知后依然无法真正消除侵权视频反复出现的问题，在侵权情形如此明显的情况下，应负有较高程度的注意义务。因此，法院判定被告实施了帮助侵权行为，侵害了原告所享有的信息网络传播权。

短视频因具有时长短、制作周期短、传播速度快的特点，更能适应当今互联网时代碎片化表达与碎片时间观看的需求，从而赢得了市场的广泛青睐。短视频因此也被赋予了全新的生命，往往能为短视频运营网站平台带来较大的经济收益。然而，对于影视作品权利人来说，短视频平台上未经许可而大量存在的、反复出现的直接切割的影视作品片段或者经二次加工的片段与集锦，则成为影视剧作品权利人的维权难点及困境，也极大损害了影视作品权利人的合法权益。

长久以来，短视频平台一直以其作为提供信息存储空间的网络服务提供者不承担事先审查义务为由而享受"避风港"原则的保护。然而，上述案件一审判决的做出，则对短视频平台敲响了警钟，明确表明其在某些情况下应承担与其获益相当的注意义务。这对于进一步规范短视频平台的管理、运营，以及加强对影视作品权利人合法权益的保护都将具有积极的促进意义。

（案例来源：http://www.xinhuanet.com//zgjx/2018-09/21/c_137483555.htm）

请问如何看待视频版权的重要性，如何保护视频版权？

案例3　792.7万+浏览量，广西新闻网打造"短视频矩阵"有绝招！

编者按

八一建军节到来之际，广西新闻网广西网视、豆视频策划推出"八一"建军节系列短视频。拍摄小组深入广西武警南宁支队、驻桂某陆军部队、武警柳州支队等一线部队，拍摄部队官兵的日常生活和训练执勤画面。利用快节奏剪辑、细节特写、跟随采访等方式，全方位创新展示了广西一线部队官兵的精神风貌，让网友看到了不一样的当代军人气质。截至8月2日早9点，作品浏览量达792.7W+。广西新闻网是如何打造"爆款"短视频矩阵的？传播君为你揭秘（表7-1）。

表7-1　传播数据

视 频 名 称	浏览量	点赞量	评论量
武警柳州支队（队形）	25.9W	3 656	68
武警柳州支队（400米障碍）	522.6W	23.3W	1 809
武警南宁支队（打靶）	81.1W	4.2W	741
边防部队（巡逻）	2.2W	3 319	52
武警南宁支队（打靶）	68.7W	1.4W	316
武警柳州支队（八一心愿）	17.7W	1.7W	399
边防部队（中国军犬）	74.5W	2.3W	282
总计	792.7W	12.66W	3 667

累计浏览量达792.7W+。

累计点赞量达12.66W+。

（截至8月2日早9点）

1　深入部队拍摄　与军人亲密接触

创作团队深入到广西南宁、柳州、百色等市的部队，拍摄部队官兵在烈日下艰苦训练的场面，让广大网友亲密接触军人的常态，写下"我与军人的不解之缘"，引发军人们当兵的自豪感。建军节前夕，全国各地都有推出军人系列内容，但很少有关于广西的。广西新闻网拍摄的这一系列抖音视频，能让广西人看到在广西的军人如何生活，如何训练，如何挥洒汗水，如何贡献青春，拉近了军民距离，提升了军人在网友心中的形象。

2 拍摄官兵常态训练 贴近生活引发共鸣

在"八一"系列短视频中，军人们的训练项目会让接受过训练的或者曾经服过兵役的广大网友们产生共鸣，从而有共同话题。例如，在"400米障碍跑"这一短视频之中，大部分的网友都有过亲身体验，因此大家对这个视频的讨论分享在网上很火。从生活本身出发，曾经接受过类似训练的网友们，会从这些新时代军人身上看到自己曾经的影子，想起当年的往事。这些短视频具有回忆性及话题性，引起网友的热烈讨论。

3 八一前后推出 点燃网友从军梦

军人系列抖音视频在八一节来临前三天以及八一当天推出，向网友展示了新时代军人的精神以及情感世界，节日的特殊性以及军人这一特殊群体的号召力和影响力，容易引发网友的民族自豪感和爱国主义情怀。

4 传播社会正能量 引发网友点赞关注

军人系列抖音视频，向网友展示了当代军人的身体素质、精神风貌以及情感世界。视频中参与录制的部队军人，大多数为00后、90后，他们选择去参军，让我们看到了不一样的青春，传播出的社会正能量引发网友的点赞关注。

创作过程

创作团队从7月中旬开始策划"八一"系列抖音视频的拍摄，经过共同商讨和沟通对接，确定了本次协助拍摄的部队，并于7月19日开始深入到各部队进行拍摄。拍摄团队先后前往柳州和南宁的武警部队、百色那坡的边防部队，与部队官兵进行沟通、拍摄。拍摄期间，部队要求记者严守部队纪律，严格在部队允许的范围内进行拍摄。

深入部队拍摄的前提是不能耽误军人的正常时间安排，因此拍摄团队白天要跟着军人进行正常的训练和巡逻任务，只有在晚上才有时间整理素材。跟着军人进行训练很辛苦，但是军人们坚持不懈的精神感染着记者，在军人的影响之下，即使很累，记者也依然坚持在自己的工作岗位上。

拍摄的时间短、任务重，拍摄团队需要在一周时间之内完成拍摄。主创人员利用晚上及乘车时间加班加点，于8月1日之前完成了所有视频的剪辑包装、审核修改和上线推广。

（案例来源：网络传播杂志公众号 https://mp.weixin.qq.com/s/y_5nTLV3bV902tvT77Svmg）

广西新闻网广西网视、豆视频如何打造"八一"建军节系列短视频？

案例4 播放量1亿+，光明网动画"爆款"3大圈粉妙招揭秘

编者按

家长对孩子的素质教育越来越重视，如何给小朋友提供一个寓教于乐的学习环境，让学习也可以变得轻松有趣？近日，光明网与北京巨淇乐公司联合推出了系列儿童教

育类动画产品《小鹿问问中华文化传统系列动画》。该系列动画精选了经典古诗、成语、传统节气故事，以原创动画、儿歌形式呈现，让传统文化"猫下腰""蹦起脚"，使家长和孩子可以一起在轻松愉快的氛围中领会中华传统文化内涵。

http://v.gmw.cn/node_119194.htm

图7-1　小鹿问问

传播数据

1亿+："小鹿问问"系列动画自2016年上线以来，在腾讯、百度、小米、网易、蜻蜓FM等多市场化平台联合播出，累计播放量超过亿次，形成了鲜明的动画大IP。

2 000万+：截至9月5日，"小鹿问问"系列动画第二部播放量已经超过两千万次（见图7-1）。

圈粉妙招一：打造学龄前孩子的"独家专属"

众所周知，学龄前的儿童教育非常重要，这个阶段，孩子好奇心萌发，对周边事物敏感，是学习的好时机。如果这个时候给孩子们放些有教育意义的动画片，他们就可以在动画中学到很多知识（见图7-2）。

图7-2　系列动画

《小鹿问问中华文化传统系列动画》就是专门为3—8岁的小朋友及家长，量身打造的中国本土优质亲子类动画。该系列动画以小鹿、小猪、松鼠、鼹鼠、企鹅等小朋友们常见的丰富且优质的动漫形象为主体，以中国传统文化中的古诗、成语等为蓝本，用最贴近的语言和表现手法将一个个精彩的故事讲得深入浅出，作品一上线便吸引了众多学龄前小朋友的兴趣。网友"小兔子妈妈"看完在评论里写道："给宝宝挑选看什么样的动画片一直让我们头痛，小鹿问问系列用孩子们熟悉的动物形象演绎经典的文化故事，孩子们看得津津有味，还能学到很多知识，这样的学前教育让我们很放心。"

圈粉妙招二：动漫+教育，寓教也娱乐

通过动画片使儿童感知民族精神、树立正确的核心价值观，是儿童动画片的职责所在，但是一味地说教往往只会适得其反，所以儿童动画片在说教的同时还须注重娱乐性。

《小鹿问问中华文化传统系列动画》将中华传统文化中的一个个小知识点融入到一个个简单有趣的小故事当中。如《古诗季》每一集会给孩子们提供最有教育意义的一首古诗，让孩子们在观看动画的同时也学习了中国传统文化，明白了古诗中的道理，使得孩子们快乐地学习古诗，反复观看后还可以背诵。

而《成语季》每一集都会用最简单易懂的语言、好玩生动的动漫形象讲解出一个成语，让孩子们一边观看一边了解成语的意思，对他们的成长、教育和文化积淀都起到了很好的帮助效果。

在新浪微博"小鹿问问"相关话题下，宝爸宝妈们都纷纷表示："孩子们看完动画片，在感动、兴趣、欢愉中学到了做人的品质和道理，这才是一部好的动画片的创造和智慧。"（见图7-3）

图7-3　做手工

圈粉妙招三：不拘一格的表现形式为内容插上翅膀

中国传统文化博大精深源远流长，在浩瀚的星河中，有哪些璀璨的明珠能被这个阶段的孩子接受并掌握，这让光明网及其制作团队陷入了一番沉思。最后团队精选了经典古诗、成语、传统节气故事，包含《古诗季》《成语季》《二十四节气新儿歌》《中华传统文化新儿歌》《亲子手工黏土节目》等五个品类。

而在表现形式上也不仅仅局限于用原创动漫讲故事这一种。比如，《二十四节气新儿歌》通过有趣的儿歌新演绎，帮助儿童了解二十四节气的含义；《中华传统文化新儿歌》则将美德、礼仪等中华传统文化，编撰成朗朗上口的儿歌用于跟唱；《亲子手工黏土节目》中家长边教手工边讲故事，帮助儿童培育想象力、创造力和动手能力，进一步加深他们对传统文化的体会与热爱。

该系列动画主编王恩慧说："儿童较强的模仿能力和较弱的判断是非能力使儿童动

画片的创作、传播必须要有高度的社会责任感，要谨小慎微。把动画和传统文化嫁接，用孩子们喜欢且能接受的表达方式，让传统文化从小根植于他们的内心，既满足了小朋友们学前教育需求，同时还推动了中华优秀传统文化创造性转化、创新性发展。"该系列动画片共200集，正陆续在光明网播出。

（案例来源：网络传播杂志公众号https://mp.weixin.qq.com/s/K4cSLX7D2fPUGosii8FwBA）

如何通过动漫传播我国的优秀传统文化？

课程实训

思考

1. 如何在新媒体中有效运用音视频？

2. 常用的音视频编辑软件有哪些？

3. 短视频新闻有何传播优势和劣势？

实践

1. 找寻三则短视频新闻案例，评析他们的特点及传播效果。

2. 用手机分别录制一段校园音视频新闻并进行简单编辑。

第八章　新媒体报道内容整合

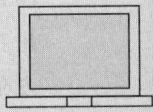

基础理论

新闻信息资源，是新闻资源最核心的组成部分。新媒体新闻信息资源具有不同于传统媒体的特性，其开发途径主要体现在编辑层面的四个层次上：粘贴新闻，加工新闻，组织新闻，解读新闻。其中，组织新闻和解读新闻涉及编辑人员开发利用新闻信息资源的一种较高的能力和素质——整合。通过信息的选择、排列次序和结构形式的组合达到信息增值的目的，这就是信息整合。

在当今的互联网上，海量的新闻信息期待着网友的点击浏览。而各个网站间的新闻相互转载，使得相同的新闻信息在多家网站重复出现。一条重要新闻，往往是中央级重点新闻网站、全国门户网站、地方重点新闻网站、地方门户网站都刊发、转载。网友只需点开一家网站的网页，即可了解其中的新闻信息。在这种情况下，网络编辑尤其是地方新闻网站的网络编辑，如果仅仅是通过简单的复制、粘贴或者自动抓取编发"同题新闻"，将很难吸引网友点击浏览。因为你的"重复"劳动，不大可能换来网友的"重复"点击。那么，网络编辑如何吸引网友点击浏览自己传播的新闻，避免网友看了其他网站的新闻后不再点击自己编发的网页呢？进行新闻的整合是一条有效的捷径。

第一节　新媒体新闻整合特征和类型

一、新媒体新闻整合的概念

"新闻整合"亦有"内容整合""新闻信息资源的整合"等说法，不少专家学者都给出了自己的观点，表述内容大体一致。董天策在其主编的《网络新闻传播学》中将新闻资源整合表述为"通过分析媒体、组织及个人提供的新闻资源，运用筛选、集成、配置和深度加工等编辑手法，编辑出符合网络特点的新闻，进而增加其新闻价值，达到

1+1大于2的整合效果"。[1]

整合新闻，从内容上看，即将新闻的各类要素以及相关同类新闻聚合在一起的新闻形式，一般采取链接新闻的形式；从表现形式上看，即综合包括文字、图片、超链接、视频、音频等多种媒介形式于一体的新闻形态。

整合是手段，增值是目的；整合是途径，增值是效果。整合不能等同于粘贴和简单的文字编辑。改改标题，对段落章节删删减减，不能称为整合，整合不仅仅是推陈，更重要的是要通过整合产生出新形式、新内容、新观点，以带来新闻信息资源的增值。

二、新媒体新闻整合的特征

1. 话题性

信息过剩的时代，网民对网络信息的需求更为立体。新浪网的新闻中心设置了热点新闻评论频道，网络编辑通过筛选，把网民热议的新闻焦点及生活热点事件的解读汇聚于此。由新闻内容本身衍生出更多的话题点，也充分彰显了网络新闻零门槛、高参与性的特点。通过整合，每条新闻都具有了更强的话题性。

内容整合的方式主要有单篇稿件整合、多篇稿件整合和专题整合。整合是否得当，最关键的是对内容的配置。单篇稿件可以另设导语，改变新闻的内涵；或者调整结构，增设小标题；还可以链接相关背景、相关新闻等。多篇稿件的整合除了新闻业务本身的要求，对网络编辑的集纳能力提出了更高的要求，既要博采众长，又要适度原创，并最终形成新的稿件。难度最大的是就所选话题进行专题整合，这时多媒体表现形式和技术手段的运用显得更为重要。无论哪种整合，都体现了对新闻内容的延伸。

2. 多媒体

如果说对内容的整合可以拓展网络新闻的内涵，多媒体的信息呈现形态整合则能提升网络新闻表现力。网络新闻的整合最大的优势就是借助日新月异的互联网技术，综合运用绘画、图表、照片、音频、视频、动画等表现形式，丰富网络新闻所在的网页"语言"，多侧面、多角度表现网络新闻主题，增强新闻的可读性。例如，网络新闻中的网络图片新闻，易读、简洁、即时追踪、不受发布数量的限制、质量限制。编辑或选用单幅形象突出、构图完整、视觉冲击力强的图片就能反映一则新闻信息的要义；选择不同信息、不同角度的图片构成的组图则能多角度地表现统一新闻主题。此外，新媒体还经常运用视频、动画、图表等表现形式，多种阐述方式并用，新闻更人性化。例如，在报道2019年4月16日"巴黎圣母院遭遇火灾　标志性塔尖在火中倒塌"的新闻时，用短视频的形式，让更多人看到哥特式塔尖倒塌的瞬间现场。

3. 互动性

除了对新闻内容进行整合和表现形式的丰富，门户网站还会以发表评论、互动直播、投票评选、网友票选等方式，吸引受众参与新闻事件的传播。它融合了大众传播和

---

[1] 董天策.网络新闻传播学［M］.福州：福建人民出版社，2004：234.

人际传播的信息传播特点，实现了传播方式的多样化和受众传播地位的改变。而这也成为了网络编辑集思广益的天然平台。从中发现网友感兴趣的话题，并找到适合的切入点，作为新的新闻话题点，编辑、加工后再回到受众中去，形成有效的信息循环。比如，针对铁道部出台实名制购票的新闻，新浪新闻中心设置了专门的调查频道，就此问题对网民发起调查，并设置了网民反应突出的问题："怎样看待铁路售票网频频瘫痪"与"您从铁路售票网订过票么？"等，既达成了良性互动，又能为相关部门解决社会问题提供参考。

随着网络传播技术的发展，网络新闻的内容和形态还会不断地推陈出新。2015年，新浪正式取消这两个编辑岗位，为门户网站的发展蒙上了一层神秘色彩。未来，门户网站的新闻整合何去何从？是变化，亦或是某种回归。[1]

三、网络新闻整合的类型

网络新闻的整合，因为划分的角度不同，分类的方式多种多样。按照整合内容可以分为报道类整合和观点类整合。

（一）从报道类整合内容的关联性角度划分，可以分为横向整合、纵向整合、多维整合

1. 横向整合

横向整合是指将内容具有相关性、共同点的一组新闻通过某一特定的关系点连接起来，整合成一个新的新闻作品。这些新闻单就新闻事件而言，都是相互独立的。但彼此之间又存在着一定的共同点、联系点，只要在整合后的新闻中加以突出强调，网友即可充分领会。

例如：在东北新闻网2009年9月7日推出的整合作品"店闪雷名"中，编辑将餐馆取名"饭醉团伙"、乡政府旁饭店取名"香正府"、服装店取名"兆本衫"等多个不同时间、不同地点发生的新闻事件，通过"店铺取雷人名字"这一共同点整合到一个页面中，为网友调制了一道店铺怪名汇总的新闻"拌菜"。

2. 纵向整合

纵向整合是指将同一新闻事件的不同媒体、不同角度的多篇报道稿件，按照某一特定的形式整合成一个新的新闻作品。这种形式通常表现为在普通新闻内容页中添加相关报道，比如，新闻事件的先前报道、后续报道、背景新闻等内容。

如果是重大新闻或者热点事件，网络编辑则通常以新闻专题的形式进行整合。通过链接方式将同类的新闻信息直接进行专题的整合排列，适合受众直接浏览。比如，新闻《英国：特朗普没有考虑盟友们跪求的感受》，在今日头条的链接新闻就有20多条，如《特朗普宣布退出伊朗核协议，这会对世界造成哪些影响？》《法国内阁多位部长严厉谴责美国退出〈伊朗核协议〉，你怎么看这件事？》等，这些新闻都可以看成是原新

---

[1] 余袁媛.门户网新闻整合的特征探讨［J］.科技传播.2015.（3下）：7-8.

闻的背景介绍、各方报道以及各地评论、预测等，网友浏览完这些新闻之后就能对相关的新闻事件有比较清晰的把握。

3. 多维整合

多维整合是指在一篇整合作品中，既包含横向整合的内容，也包含纵向整合的内容。两者互相补充、互相促进，使新闻内容更丰满、可读性更强。在这样的整合中，新闻内容横向的扩展与纵向的延伸有机地结合在一起，网友既能开阔新闻视野，又能全面了解具体的新闻事件。例如：在东北新闻网2009年12月21日推出的整合作品"09网络名人"中，编辑将2009年网络上的名人做了横向的整合。同时，在每一个名人的具体新闻页面中，又做了细致的纵向整合，将每个人的成名原因及过程都做了详细的报道。网友通过一个整合作品，即可对2009年的网络名人有个全面系统的了解。

多维整合里还包括"合散为一"。即收集各方新闻信息以及背景，将这些组合起来得到一篇新的长篇报道或者专题报道。正如新闻《叫嚣"阻止中国控制南海只靠武力"特朗普"打手"有点狂》，整合了如美国《新闻周刊》等其他媒体的报道、评论、背景历史等要素，是采取合散为一得到的报道。

（二）观点类整合

观点类整合不再是简单地组合新闻和报道，而是根据各方媒体的报道、历史背景和调查结果等信息，提炼出自己的观点。将新闻报道作为采编素材，这打破了传统的新闻采写形式，是一种新型的新闻生产方式。

都市快报的新闻《吃个冰激凌竟满嘴血！哈根达斯：赔偿200元现金券》，新闻素材来源于网友在微博曝出自己在上海的哈根达斯美罗城店吃冰激凌，结果舌头、牙龈都被弄破，受了伤。该新闻报道就此事件进行了店内调查走访，并且在报道最后整合了网友的互动评论。

这则新闻的生产方式是现在大部分媒体采用的主要采编方式，关注并搜集新媒体网络上的新闻点，并针对有价值的新闻点去追踪调查核实，最后整理报道。这样的新闻生产方式拓展了记者的"线人"数量，网络上处处是"线人"，"处处是线索"。

新闻整合不是像"1+1=2"那样各方新闻信息的简单组合相加，而是需要创意、需要策划的。新闻整合编辑需要根据自身媒介产品的定位以及受众分析，在大批量的信息之中筛选出有价值的新闻点和信息，并真实准确地将它们以另一种方式整合再现。暂且不论风格和创意，在新闻整合过程之中，最核心也是最难以把控的就是新闻信息本身的真实性。

第二节　新媒体编辑的新闻整合技巧

做好网络新闻整合，要求编辑对新闻信息有敏感的嗅觉，对报道内容有深入的了解，对报道形式有熟练的掌握。编辑要想成为一名优秀的网络新闻整合者，需要在不断的整合实践中积累经验，在不断的积累中尝试新的突破。

一、平时的积累

网络新闻浩如烟海，编辑每天接触的新闻信息成百上千。在众多新闻信息当中，对于当下具有整合价值的新闻，编辑一般容易识别和把握。对于将来可能具有整合价值的信息，编辑需要在当下做足工作，做好积累。否则，一旦需要进行新闻整合，再去突击收集素材，费时费力不说，素材是否全面、是否典型都很难保证。因此，对于将来可能会进行整合加工的那些有趣的、典型的新闻素材，编辑应该分门别类地加以整理，以文档或者表格的形式进行分类并标出关键词，加以存储，以备需要整合时方便查阅调用。当这种整理积累到一定程度，同类的新闻达到一定数量，自然而然地就可以进行相应的整合了。例如：网上经常能看到摄影师拍到的各种动物之间争斗的新闻图片，编辑每看到一篇这样的报道就记录下来，等时间长了，就不难收集到各种各样的动物争斗图片，而且很容易做到互不重复。如果将这些图片整合到一个新闻页面当中，相信会吸引很多网友的眼球。

二、用好搜索引擎

互联网时代，在海量的新闻当中，人们要想获得有关的信息，越来越依赖于搜索引擎。编辑要想获得新闻整合的素材，搜索引擎是一个称职的助手。编辑平时的积累，毕竟是有限的时间段内、有限领域内收集到的有限内容，有时候未必能满足新闻整合的需要。这就需要编辑利用搜索引擎来完成任务，达到预期的整合效果。例如：在东北新闻网2009年5月25日推出的整合作品"大难不死"中，编辑积累的新闻素材只有"美国客机迫降纽约河道155人获救""男子遭北极熊'追捕'成功逃脱""澳大利亚考拉在特大山火中幸存"三条新闻。为使新闻整合内容更丰富，编辑利用搜索引擎，通过用关键字"大难不死""奇迹生还""死里生"等进行搜索，又收集到"孕妇3 000米高空坠下奇迹生还""英兵遭子弹穿脑大难不死""日本93岁幸存者曾躲过两次原子弹袭击"等七条典型新闻，圆满完成了新闻整合的任务。

三、努力追求新颖的角度

在新闻整合的过程中，具备了新闻素材，仅仅是拥有了简单的"形"。要让这种"形"活起来，吸引网友的目光，需要一个点睛之笔。也就是通过一个新颖的角度将各个新闻素材巧妙地串起来，使之成为一个有机的整体。有了这个角度，新闻整合也就有了"神"，有了灵气。例如：在东北新闻网2009年4月13日推出的一个新闻整合作品"暗器排行榜"中，编辑巧妙地将布什遭掷鞋的"鞋"、乌克兰市长遭鸡蛋袭击的"鸡蛋"、布莱尔被扔西红柿的"西红柿"等十条"遭物品袭击新闻"中的物品收集到一起，归纳为"暗器"，并进行排行，整合到同一个页面中。尽管这些事件都是"旧闻"，但通过暗器排行的角度进行整合，却充满了新意。而十条相关新闻的统一推出，其内容的趣味性也是单一新闻所无法比拟的。[1]

四、内容多做"加减法"整合

新的形势背景对移动新媒体平台的内容生产整合，提出了新的要求。2017年1月5日，中宣部部长刘奇葆在推进媒体深度融合工作座谈会上明确指出，优质内容是媒体的立身之本。尤其主流媒体的移动新闻生产，要在"准""新""微""快"上下功夫。

移动生产中的内容生产，实际上一直是传统媒体的强项。近年来传统媒体也逐步意识到利用好传统媒体的内容资源优势结合新媒体平台优势的重要性，全国各大报业集团纷纷提出对生产流程进行再造，提出运用"一次采集，多次生成，多元发布"的"大编辑"模式。

但传统纸媒的新媒体编辑们除了能拿到跟传统媒体一样的基础素材，还得掌握了解平台用户的需求特点，进而对内容进行重新的整合编辑。对不同题材进行关键内容的提炼和简单信息的补充，也就是做好内容的"加减法"。

所谓"减法"，就是去除包装见干货。使用减法的整合方式，更易于在新媒体平台上实现广泛传播。

例如，在今年全国两会期间，各大媒体都铆足了劲。李克强总理刚刚作完政府工作报告，中国政府网和新华网联合推出了一条微信《图解：总理政府工作报告中，这8句话真给力！》；而闭幕会后的总理媒体见面会刚结束，人民日报客户端则立即发出了《1 000字回看总理记者会（一句话精华版）》推送文章。

两篇文章均瞬时获得全国各大媒体的转发推送，并以极其简洁的图片和文字，将两个重要内容在第一时间迅速传播，占领舆论场。

所谓"加法"，则要对原材料进行深加工，实现文图视频资源的有机融合，为影响力和传播效果加分。

例如，4月19至21日，习近平总书记到广西考察，广西日报新媒体除了对此次考察进行全方位报道，还整合了习总书记到广西的每一次考察报道的素材，制作成了一个H5产品——《H5｜一本珍贵的全媒体相册，习总书记广西情》，让网友通过翻阅720°3D相册的形式，在优美的音乐声中学习和领悟习总书记视察广西的每次重要讲话精神。该条H5发布后，很快获得极高阅读转发量，并成为此次同题报道中的亮点。

五、借力技术实现"乘除"效果

刘奇葆部长在推进媒体深度融合工作座谈会上还提出，技术要为内容服务。党报新媒体除了做好内容，还需借助技术的翅膀，扩大产品的创博力、影响力。"乘法"，即

---

[1] 付海鹰.网络新闻的整合［J］.记者摇篮，2011（2）：14-15.

插上技术的翅膀，而后获得意想不到的传播效果和影响力。这些技术包括4G技术（4G视频应用、4G背包应用等）、流媒体直播、室内室外无人机应用、720°全景拍摄技术等，借力新媒体科技带来的全方位感官体验，提升新闻传播的可视化和效率；不少党报新媒体还在各种移动平台产品上充分采用了VR、H5技术、3D应用、动漫制作、短视频应用等技术，借助丰富多彩的呈现形式，增强新闻阅读的科技感、趣味性和冲击力，实现传播效果成倍数增长的"乘法"效果。

例如，近两年的全国两会报道，各路媒体纷纷通过技术的革新，不断简化用户参与全国两会新闻报道中互动体验的操作难度，尤其按照目前新媒体发展趋势，借助"用户画像"、场景匹配、人工智能等技术，实现新闻的个性数据分析、即时推送、机器人写作等技术应用。

其中，新华社在此次全国两会上派出的特殊记者——机器人爱思（Inspire）尤为引人关注。其间，爱思十分出色地完成了采访了一位人大代表的任务。虽然这届人大会议是爱思的首秀，但能自主研发写稿机器人，新华社已经为此次报道的新媒体技术应用水准掀起了一股巨浪。通过爱思向人们展示机器人的AI技能，新华社正为今后的人工智能报道不断奠定基础。

又如，在被誉为与"普利策"新闻奖、国际摄影奖"荷赛"齐名的第38届世界新闻设计大赛最佳新媒体设计奖中，浙江新闻客户端选送的作品《岁时记·立春（Spring Begins）》《岁时记·雨水（The Rain Season）》《岁时记·惊蛰（Insects Awaken）》斩获3项铜奖。其中，对三个中国传统节气的历史、文化等内容的呈现，就借助了H5技术进行产品设计，而后分别在客户端、微信、微博等新媒体平台上传播，不但在国内实现了广泛的传播效果，还获得了国际的专业认可。

"除法"，则指在一个宏大的事件主题中，提取出最精华的一两处亮点要素，并使之实现最快速、广泛的传播，进而帮助这一宏大主题实现新媒体平台上的无限传播。

广西日报在新媒体技术应用上进行了不少相关的创新尝试。2016年10月20日，北海市一渔船着火，电建边防派出所所长骆春伟在抢救过程中壮烈牺牲。广西日报新媒体于骆春伟遗体告别仪式当天，及时推出了题为《舍身断烈火蹈海真英雄——悼念蹈海英雄骆春伟》的H5产品，发起了对英雄的悼念，将骆春伟英雄事迹深入宣传扩展，该H5迅速在广西引发强烈共鸣和反响，并成为2016年阅读数最高的H5，阅读量近300万次。

又如，在2016年广西第十一次党代会期间，广西日报创新在全媒体直播间启用无人机进行视频直播，成为全国广西党代会媒体会议报道中一大亮点，也通过这一亮点，为网友了解党代会的召开，提供了一个开放式的接触点。

六、整合利用线上线下各种资源

刘奇葆部长在推进媒体深度融合工作座谈会上还强调，要继续推进传统媒体和新兴媒体深度融合，尽快从相"加"阶段迈向相"融"阶段，实现融为一体、合而为一。

近年来，国内媒体对内部的资源整合呈现两种趋势。

一种是"内整"，即盘活资源。为摆脱受新媒体冲击可能导致纸质报刊名存实亡的困境，不少传统媒体纷纷建立起规模较大的新媒体集团或机构，并构建起与之相匹配的配套（协调）部门、机构。

另一种是"借力"，以合力制胜。传统媒体开始走出自己的媒体业务圈，与一些资源相通、渠道相同的机构单位寻求合作机会，打破孤军作战的单打独斗经营方式和地域、部门限制，开始跨地区、跨部门组建媒体运营公司或跨界投资公司，在兼并重组中迈出新的步伐。

为全力应对媒体格局的深刻调整和舆论生态的重大变化，广西日报社自2016年起积极谋划建设"广西云"融媒体生态系统，推动旗下报网端微从相"加"的全媒体传播矩阵，尽快发展成为媒体形态、传播形态和产品形态相"融"的新型融媒体生态系统。

"广西云"融媒体生态系统是一种新型的媒体生态系统，力图通过这一系统的构建，实现广西传统媒体和新兴媒体深度融合。改系统可概括为"一个系统，三个平台，四种形态，五类产品"。

其中，三个平台包括新闻舆论引导与意识形态管理、政务信息公开、智慧民生服务的"新闻+政务+服务"三个平台；四种形态，即要对自治区、市、县三级媒体的"报、网、端、微"四种形态进行汇聚、管控、服务；五类产品，包括建设并形成"PC网站+手机网站+手机客户端+微博+微信"的五类产品矩阵。

在备战全国两会前期，"广西云"融媒体生态系统展现了它的首秀。广西日报社联合广西各地市打造的"广西云"广西区市主流媒体联盟应运而生，广西区市主流媒体联盟建立联席工作机制，在全国两会上携手打造"云上"两会平台，实现两会资源共建共享，优势互补、协同作战、融合传播，通过这种对内容资源进行布局相加的整合，使每个联盟成员都能展风采、创亮点、出成果，以更为出新出彩的融合传播报道，为全国两会营造良好的舆论氛围，这无疑是新媒体深度融合一种全新的尝试。

面对这种日新月异的媒体融合趋势，新媒体编辑更要主动结合各自集团的正在通过架构改革转型，一边加强自身的资源应用能力，一边学会整合身边的各种线上线下资源，根据行业的发展不断提升自己的素养和新媒体技能，将更多种形式的新闻整合技巧，运用到每一次主题报道中，从而为新闻单位的新品牌再造添砖加瓦。[1]

第三节　新闻整合坚守新闻专业主义底线

正因为采写材料是第二手甚至是第三手材料，不是直接采访调查得到的第一手材

---

[1] 黄俪.移动互联网时代新媒体编辑的新闻整合技巧研究［J］.新媒体研究，2017（10）：135-136.

料，整合出来的新闻有时候不够客观准确，甚至会陷入"观念先行"的怪圈。

2017年7月22日，一段讲述"格斗孤儿"的视频在网络上引发网友热议。纪录片中的主角是一群来自四川凉山贫困山区的孤儿，他们在家乡无依无靠、贫穷、辍学，被成都的恩波格斗俱乐部收留，在衣食无忧的情况下接受专业的综合格斗训练，并偶尔参加比赛。随后，这则视频在网上被疯狂转发，一时之间大众情绪激动、义愤填膺，类似"辛酸""残忍""血腥"等煽动性词语充斥整个网络，掀起一阵抗议狂潮。在这则视频之后，各家媒体纷纷抢先发出报道，甚至很多媒体在没有对事件进行调查的时候直接写出耸人听闻的标题和报道来抢夺大众注意力，谋求"眼球效应"。比如，凤凰网在7月24日根据这则视频写出报道《心酸！铁笼中的"格斗孤儿"：不打拳只能回老家吃洋芋》，报道主要取材于视频和网友互动评论，并且在新闻中链接讲述了2013年的一场"深圳某工厂涉嫌非法使用数十名童工"的新闻来对比，从标题到行文，该新闻带有明确的倾向性。

然而事件随后却出现了反转，8月16日，"格斗孤儿"被强迫按下手印，哭成泪人被带回家乡继续"吃洋芋"，舆论反转，很多人开始谴责媒体毁了这些孩子的希望与梦想。11月22日下午，微信公众号"格斗迷"发布文章称："在政府的支持下，恩波格斗俱乐部获得了体校资质，曾经被'遣送'的孩子们也将可以继续回来训练与学习，并且还会扩招生源。"近年来，反转新闻越来越多，正是因为越来越多的媒体开始在网络上寻找新闻源，整合多方新闻信息，"生产"新闻报道。这无疑是新闻产品新兴的生产方式，极大地提高了新闻效率，但是一些媒体在整合新闻报道时，为了追求"快、新、奇"效应，为了快速吸引受众眼球，追求经济效益，在整合新闻时没有坚守住新闻专业主义，没有花时间和精力去调查事件的真相，反而一味地迷信网上流传的所谓"素材"和"线索"。"观念先行"之下，整合出来的新闻报道严重违背了新闻专业主义，不仅毁坏了自身的媒介形象，更加损害了整个新闻行业媒体的公信力。

人常常会有"先入为主"的认知心理，媒体从业者也不例外。从别人写出来的稿件中提炼观点的时候，就不可避免地会受到他人的主观影响，尽管是客观的新闻报道，各方媒体在材料的选取、行文编排上也会有一定的倾向性和局限性。因此在整合的过程之中，我们要把握住新闻专业主义，努力克服自己的主观情绪，对各方新闻报道要积极求证，而不是"来者不拒"，不经分析地全部加以整合。

传播学者麦克卢汉曾经说过"媒介即信息"，在新媒体时代，网络传播技术发展之迅猛，新旧媒体融合之强势，前有"机器人记者"，后有VR、AR技术之加盟，可以说新闻整合之路才刚刚开始，春光大好。但是在一片呼声和喝彩声之中，请不要忘了新闻的底线——新闻专业主义。[1]

---

[1] 钱霜霜.浅析新媒体视域下的新闻整合传播［J］.新闻研究导刊，2018（7）：80，82.

案例讨论

H5新闻创新的4种方法

目前大部分媒体每天在H5技术框架下生产新闻内容，但并没有充分利用H5的新功能，就好像拿着最新款的智能手机只用来打电话发短信。技术边界通常是内容策划和制作的边界，因此H5应该是媒体人的必修课，媒体人不需要了解H5的技术细节，但是应该充分理解H5给内容创作带来的变化，利用新技术推进新闻内容的创新。

H5是HTML5（Hyper Text Markup Language5，超文本标记语言第五版）的简称，是国际中立性技术标准W3C（机构万维网联盟）制定的网页技术标准。相比HTML的早期版本，H5很大程度上是为了适应移动端的变化推出的，它很好地支持了手机上的各种新的媒体内容形式和交互方式，给新闻内容的呈现带来革命性的变化，给媒体创新带来了技术支撑和巨大的想象空间。

2018年中国新闻奖评选将基于H5的融媒互动新闻单独列为一类参评作品，全国中文新闻信息标准化技术委员会也正式推出了《基于HTML5的融媒体新闻技术规范》，这说明基于H5技术的交互融媒体类内容将逐渐成为像文字新闻、图片新闻和视频新闻一样的常规新闻形式，每个媒体都应该充分重视这一全新的新闻报道形式。

目前大部分媒体每天在H5技术框架下生产新闻内容，但并没有充分利用H5的新功能，就好像拿着最新款的智能手机只用来打电话发短信。技术边界通常是内容策划和制作的边界，因此H5应该是媒体人的必修课，媒体人不需要了解H5的技术细节，但是应该充分理解H5给内容创作带来的变化，利用新技术推进新闻内容的创新。

从目前出现的H5内容呈现形式看，主要包括融合表现形式、交互、动画和AI，在这里用一些案例来介绍，鉴于很多效果只有手机端才可查看，所有案例均附有二维码供扫描。

01　融合表现形式

传统媒体表现形态经历了图文（报纸）、音频（电台）到视频（电视）的演进，如今融媒体是又一次革命性变化，除传统的图文音视频外，还能支持动画、VR、直播、交互图表、网页等媒体形式，内容呈现方式更为丰富（见图8-1）。在一条新闻中，编辑不必再拘泥于传统的新闻表达方法，可以根据内容需求挑选合适的媒体形式和组合方式，根据自己的创意创造全新的新闻讲述模式。

02　与用户交互

传统媒体几乎无法与用户直接交互，PC端的交互方式要通过键盘和鼠标，而手机交互方式则包括触屏、陀螺仪、GPS定位、语音、拍照、电话、短信等等。常见的交互式新闻是通过与用户互动的方式来完成新闻叙事。

比如下面的案例的交互方式是亲吻屏幕上的偶像（见图8-2），用常见的一个手指

图8-1　融合表现形式

点击是不起作用的，这个创意是源于触摸屏的多点触控，两只手指触摸也能完成交互。由于鼠标不可能同时点中两个目标，所以这种交互形式无法在PC上实现。这个案例也很好地演示了交互方式变化时可以给内容创意带来更多的想象空间。

陀螺仪可以识别手机在三维空间的姿态和运动，我们非常熟悉的摇一摇这种互动方式就是源于陀螺仪。除了简单的摇一摇，基于陀螺仪还可以创造更多的互动创意，比如下面的案例模拟了一个煎蛋的过程，手机就像一个煎锅，位置变化直接影响到煎蛋的形状。

图8-2　亲吻偶像　　　　　　　　　图8-3　陀螺仪识别互动

打电话和发短信是手机最基础的两个功能，这也可以作为交互的方式。下面的案例中点击预定按钮后，手机可以直接拨打预置的手机号码，而不需要自己输入手机号。媒体经常会有需要用户打电话的场景，比如新闻热线、报名等，这种互动可以免去用户记录和输入电话号码的步骤，大大提高互动效率。

另一种常见的互动方式是让用户参与到媒体内容创作中来。媒体以前的内容都是单向传播的，媒体生产什么内容，用户就看什么内容。H5给新闻创意提供了一个可能，就是让用户输入文字、图片、绘制的图形或者录音等，变成媒体内容的一部分呈现，这种交互方式让用户有很强的参与感，更愿意在社交媒体中分享。

比如用户上传自己的照片后，就成为某家报纸头版的照片；用户也可以挑选一首诗朗读，录音后发送给朋友（见图8-4，图8-5）。

图8-4　可上传头像　　　　　　　　　　　图8-5　可录音

03　动画

动画H5作品的第一个作用是引导阅读顺序。由于手机屏幕小，如果媒体创意需要在一个屏幕内放下更多内容，可以通过动画分阶段显示内容。第二个作用是强调重点，因为动态的物体总是要比静态的物体更吸引眼球，可以利用动画让重要的内容凸显出来，吸引用户的关注。第三个作用是提升视觉效果。但是需要强调的是，优秀的动画设计能提升整体视觉效果和用户体验，但如果作品质量不高，不要采用动画形式。因为动画会让用户的阅读时间变长，在缺乏耐性的读者和碎片化时间的背景下，很容易造成用户中途退出阅读。

04　AI

运用H5技术可以和很多开放的AI平台进行连接来创建内容。下面的案例中用户可以手写一个汉字，然后通过手写识别AI识别后找到对应的新闻展示给用户。也可以由用户朗读一段话，录音后可以通过语音识别AI转换成汉字与原文比对，判断用户普通话是否标准。再如，著名的军装照则使用了图像识别与面部融合AI技术。

媒体最重要的工作就是新闻内容生产，工欲善其事必先利其器，媒体在采编信息系统升级时应该充分考虑内容制作工具的升级，融媒体背景下应配备多样化的内容编辑器，如富文本编辑器、H5交互融媒编辑器、图片编辑器、视频编辑器、图表编辑器等。

另外，我们经常听到媒体人说要做一个爆款的H5，这其实是不现实的。如何组织融媒内容、如何与用户交互、如何设计合理的动画等，对媒体都是新课题。同样的创意，用在这个选题上流量大不代表别的选题也适用。最好的办法是在日常各类报道中大量采用新技术去做微创新，不断尝试新形式，不断通过数据去分析用户对不同内容和不同形式的喜好程度，培养团队的融媒体内容创作意识和创作人才。每一个能写"爆款"稿子的记者都是在不停撰写非"爆款"稿子中锻炼出来的，所谓的"爆款"H5作品将在日常的不断实践和总结中自然出现。

（资料来源：王志：《基于H5技术的移动融媒新闻创新》，《新闻记者》2019年第3期https://mp.weixin.qq.com/s/K8XcmYWao7JWViYW1QP6YA）

融合新闻中H5作品有哪些创新手段？

课程实训

思考

1. 新闻整合有哪些特点？

2. 网络新闻整合的类型有哪些？

3. 新媒体新闻整合的技巧有哪些？

4. 融合新闻的特点有哪些？

实践

请挑选一则新闻事件进行融合新闻报道。

第九章　新媒体综合编辑

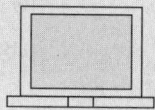

第一节　PC端网页编辑

一、网页设计基础知识

1. Internet

Internet（因特网），专指全球最大的、开放的、由众多网络相互连接而成的计算机网络，并通过各种协议在计算机网络中传递信息。因此，Internet不受地区和时间的限制，不管身处何地，均可通过Internet获取所需要的信息。

Internet提供的服务众多，主要有WWW服务、FTP文件传输服务、E-mail电子邮件服务、Telnet远程登录服务、Archie文件检索服务等，其中WWW、FTP、E-mail是只用最广泛的服务。

2. WWW

WWW全称为World Wide Web，缩写为WWW（或W3、3W）。WWW有许多译名，如万维网、环球网等。WWW是Internet提供的一种服务，是以超文本（hypertext）方式组织信息和提供信息服务的，这种超文本结构式一种非线性的网状结构，这些资源（信息）是通过超文本传输协议（hypertext transfer protocol，HTP）传送给用户。

3. 超文本

超文本是一种文本，与一般的文本文件的差别主要是组织方式不同，它是将文本中遇到的一些相关内容通过链接组织在一起（即超链接），可以很方便地阅览这些相关内容，超文本是一种文本管理技术。

4. 网站与网页

网站（web site）也称为web站点。在计算机网络中，对于提供Web服务的计算机称为Web服务器（或web站点），可描述为是存储在全世界Internet计算机中数量巨大

163

的文档的集合。网站上的信息由一些彼此关联的文档组成，这些文档称为网页（web page），即网站信息的基本单位是网页。一个典型网站的结构，如图9-1所示。

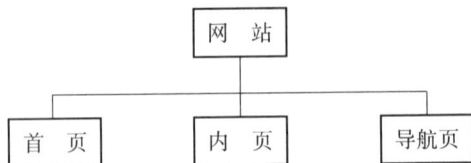

图9-1　网站基本结构图

网页是用HTML标签语言来编写的，能够通过网络传输（即超文本传输协议，该协议的作用就是完成客户端浏览器与Web服务器端之间的HTML数据传输，即用来传输HTML文件），并被浏览器解释运行，结果以文字、图片、音频、视频等多媒体形式展示的页面文件，网页文件的后缀名通常为.html或.htm。

常见的浏览器有微软的Internet Explorer（简称IE）、苹果的Safari、谷歌的Chrome和Mozilla基金会的Firefox、挪威的Opera。

5. 主页与URL地址

每个网站上都放置着大量的网页，多个网页通过超链接组成了一个网站。每个站点的起始页称为"主页"（Home Page也称首页），且拥有一个URL地址（Uniform Resource Locator，统一资源定位地址），主页作为用户进入站点的入口。

一个完整的URL由以下三部分组成。

（1）协议类型。协议类型也称Internet资源类型（scheme），即Internet提供的服务方式，如：

http://表示WWW服务器，"ftp：//"表示FTP服务器，"gopher：//"表示Gopher服务器协议目前已经很少使用，它已经完全被HTTP协议取代了。

（2）服务器地址。服务器地址（也称主机名）指出存有该资源（即文件）的主机的IP地址或域名，有时也包括端口号。

（3）路径及文件名。路径及文件名是要访问的文件名及相应的路径名。下面给出一个完整的URL地址（见图9-2）。

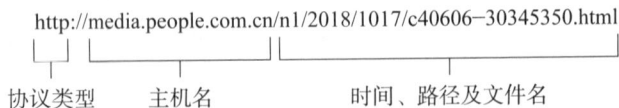

http://media.people.com.cn/n1/2018/1017/c40606-30345350.html

协议类型　　主机名　　　时间、路径及文件名

图9-2　完整的URL地址

任何一个网页都有自己的URL地址，网页由网址（URL）来识别与存取，当在浏览器输入网址后，浏览器可以从主机名对应的Web站点上下载指定的网页文件，通过网络传给本地计算机，然后通过本机的浏览器软件解释网页的HTML标签内容，再将结果显示在窗口内。

6.静态网页与动态网页

网页一般可分为静态网页和动态网页。

（1）静态网页。纯粹用超文本标记语言HTML来编写，对应文件的后缀名为.htm或.html。制作工具既可以是记事本、EditPlus等纯文本编写工具，也可是FrontPage、Dreamweaver等所见即所得的工具。它是事先保存在网页上的文件，内容相对固定。静态网页的主要缺点：没有数据库的支持，只能固定显示事先设计好的页面内容，如果要修改网页，必须修改源代码，并重新上传。静态网页运行于客户端的浏览器（如IE）。

（2）动态网页。采用动态网站技术来实现的网页，需要数据库技术的支持。也就是说，动态网页不仅仅表现在网页的视觉展示方式上，更重要的是，它可以对网页中的内容进行控制与变化。可实现对后台数据库的存取，并能利用数据库中的数据，动态生成客户端显示的页面。或者说，动态网页就是服务器端可以根据客户端的不同请求动态地产生网页内容。常用的动态网页的技术有CGI、ASP、PHP、JSP、ASP.NET等

动态网页根据网页文件运行的位置不同可分为"基于客户端的技术"和"基于服务器端的技术"。基于客户端的技术实现的动态网页是在HTML语法中加入脚本程序，如JavaScript、VBScript或Java Applet等代码，能够让网页产生一些多媒体效果，更多体现的是一种视觉展示的效果。基于服务器的动态网页是在HTML中通过添加运行于服务器端的某种语言来实现各种功能，常用的有ASP、JSP、PHP等。[1]

二、网站的基本结构

网站的基本结构如下：网站之下设若干频道；频道之下设若干栏目；栏目之下设若干子栏目；子栏目之下才是一篇篇的稿件信息。如图9-3所示，这是一个个比较简单的层次模型，它的层次是5层，大型的网站的层次比这要复杂得多，但是其基本组织方式是一致的。

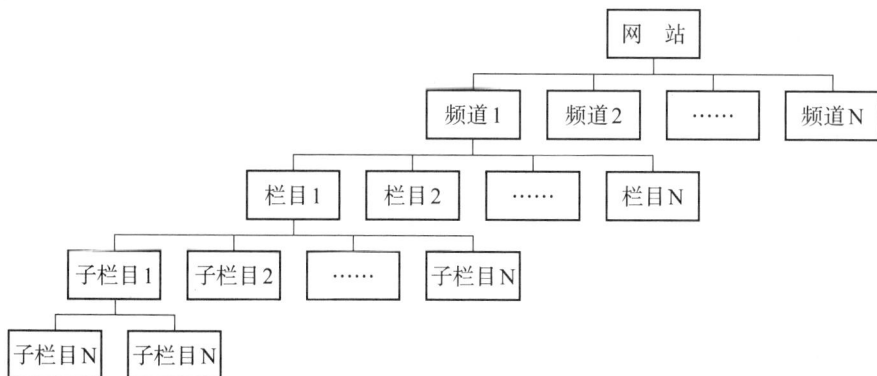

图9-3　网站结构

---

[1] 有关网页设计的技术性操作可在"网页设计与制作课程"中学习，一般不放在新闻编辑业务课里。

通常网站都有一个"网站地图"，网站地图清楚地显示了网站的整体结构。网站编辑可以通过它了解自己网站的全面构成情况。

频道、栏目、子栏目只表示不同的层级，目的在于对网络信息进行分类。频道概念源于电视。有人类比，网站相当于电视台，网站首页相当于电视台中的综合频道，网站各频道相当于电视台各新闻、体育、文艺频道。[1]这是非常恰当的。在栏目或子栏目中，网站依据该栏目或子栏目稿件信息发布时间等顺序把稿件分成一个个小组，方便网民识记。

三、网站信息的归类

（一）网站信息归类的原理

信息归类是网站频道与栏目设置的前提。网站信息归类的基本原理如下。

1. 知识的树型结构

该结构也可称"知识分类体系"，百科全书编纂家利用它来建构百科全书的框架。亚里士多德被西方奉为"百科全书之父"，就因为他最早具备了对知识进行分类的意识，并在自己的著作中加以运用。古罗马新柏拉图主义哲学家波菲利继承其思想，提出了"种""属"的概念和与个别事物之间的关系，把知识（事物）从"属"分支，一直分到个体，画成一图，后人称之为"波菲利之树"。

2. 归纳和演绎

归纳指由具体的事实概括出一般原理；演绎指由一般原理推出关于特殊情况下的结论。在"归纳—演绎—再归纳"无数次反复中，人类知识得以积聚。

3. 受众阅读习惯

阅读是为了更好地把握世界，指导实践，网上海量信息如果没有被分类，读者将无所适从。

4. 形成网站特色

一个富有特色的网站其实是教受众一种看世界的方式。这一方式本身便构成了一种知识，一种关于知识体系的知识。

（二）网站频道与栏目的归类

1. 频道与栏目的归类原则

频道设置是网站全局性工作，频道要有明确的定位。频道定位是在网站定位基础上形成的，要充分考虑网站内容的属性、网站的目标、目标受众等情况。频道名称应简短明确，名称最好用2～4个字概括。简短，便于记忆，也扩大了内涵；明确，便于栏目设置，也有利于稿件归类。栏目和频道相对而言，栏目设置可借鉴频道设置的方法。频道与栏目的而划分应遵循如下基本原则。

（1）划分清晰。首先，频道与频道、栏目与栏目是并列关系，在频道、栏目名称概念上应避免含混、交叉情况的而出现。

---

[1] 刘韧、韩磊.网络媒体教程［M］.北京：中国广播电视出版社，2005：19.

其次，注意各频道的外延内涵之和等同于网站的外延内涵，各栏目外延内涵之和等同于频道的外延内涵。如新闻频道下设时政、国际、法治、社会、经济、教育、文化、娱乐、体育等新闻，"国际"应与这些栏目上的上一层及"国内"并列，但因为受众关注度、新闻采集力度等原因，网站和受众都不容许那样做。

（2）结构明朗。结构明朗首先指网站结构逻辑线索清晰，易于辨识。其次指频道与频道、栏目与栏目依重要性和读者相关度进行排序，主次亲疏关系明显。

（3）特色鲜明。主题频道、栏目要突出，在设置上要做到"人无我有"。频道、栏目设置要体现网站思路，要符合网站内容属性要求、受众需求，或网站自身优势、条件许可。主题频道、栏目内部结构新颖别致。次要频道、栏目要办出特色，办出新意，要做到"人有我优"，要能有效地配合主要频道、栏目，彰显网站主体。

（4）大小均衡。除特色频道与栏目外，频道与频道、栏目与栏目之间应保持大体均衡。所设置的每个栏目都应有一定数量的信息保证，不应想当然地虚设栏目。栏目、频道设置的基本思路应是先有次要栏目，然后变成主要栏目，逐渐上升为次要频道，进而成为主要频道。当一个栏目内容过于膨胀时，为适应社会的发展辩护啊，可以考虑加设新的并列栏目，以保持频道栏目建的基本平衡。

2.频道与栏目的归类方式

网站频道与栏目的规划，也就是将网站的稿件与服务分门别类的过程。归类中采用的主要方式有以下几种。

（1）按内容归类

大多网站的频道或栏目主要采用这种划分方式。比如，人民网的频道里有时政、国际、财经、军事、法治、社会、产经、教育、科普、体育、文化、科技等。

（2）按地域归类

按照信息来源的地域进行频道或栏目设置。如新华网的各地方频道。

（3）按信息形式归类

网站采用的媒介元素比较丰富，文字、图片、图表、动画、音视频等。如新浪网的视频频道和图片频道。

（4）按信息来源归类

原创内容较多的网站往往将本网站独创内容的频道或栏目列出来。如"新华深度""人民图片"等。

（5）按时效性归类

网站为了体现信息发布的时效性，会为时效性很强的内容设置专门的栏目，如"滚动新闻"。

（6）按重要程度归类

网站为了突出信息的重要性，会设置几个相关栏目，如"要闻"。

（三）稿件的归类

1.稿件关键词的判定

根据内容的性质划分频道与栏目，一个重要的依据就是文章中的关键词。准确判断文章的关键词，有利于分类和为文章添加相关链接。网络稿件的关键词通常是表明文章主题的那些词语，它可以是一个事件中的主要人物的名称、人物所属领域、事件所属领域、事件影响的领域等。

在进行文章分类时，一篇文章可以有多个关键词。选择不同的关键词，文章的归类也可能不同。一篇文章的关键词确定，应考虑如下3个因素：首先，当出现多个人物时，可根据人物的知名度及影响的重要程度来选择关键词；其次，从事件的影响方面来考虑，尽量使关键词的选取与网民的关注点相吻合；第三，从网民的需求及兴趣等出发确定关键词，尽量将文章放到大多数人认同的类别中。网络图片、音频或视频文件也可以参考这一思路来确定关键词。

2. 稿件归类的依据

（1）依据关键词归类。

（2）依据时效性归类。

（3）依据重要性归类。

（4）依据信息形式归类。

3. 稿件归类注意事项

稿件归类是网站编辑的日常工作之一，不同编辑有不同的职责范围，负责不同的栏目。当有价值的稿件并不适合于放到自己负责的栏目中时，编辑应积极推荐到其他相关栏目中。当稿件可以归类到不同的栏目时，编辑应与相关的编辑进行协商，用最合适的方法解决。

四、网站内容编辑

（一）内容提要的撰写

1. 内容提要的概念

内容提要是对文章的主要内容进行概括的一种文字，它介于标题与正文之间。与标题相比，内容提要更详细，传达的要素更多，但与正文相比，它又要简短得多。内容提要运用的主要场合包括以下几个方面。

（1）在导读页紧接标题出现。导读页包括网站的首页、频道的首页或栏目的首页等。在这些导读页中出现的内容提要，通常适用于那些重要的稿件。

（2）在正文页的标题后出现。这时内容提要是作为标题与正文之间的过渡而出现的。

（3）在正文中出现。这类内容提要通常在正文中每一段落前出现，可以提示该段落的主要内容。

2. 内容提要的作用

（1）吸引网民点击。

（2）提炼稿件精华。

（3）调节阅读节奏。

3.内容提要的写作

内容提要的写作是一个对稿件内容进行分析、判断和再提炼的过程。通常采用两种思路，即全面概括与提炼精华。

（1）全面概括。这是内容提要写作中最主要的方式，其目标是，用凝练的语言将稿件中的主要信息或观点概括出来，使网民可以更迅速地把握稿件的主要内容。

（2）提炼精华。有些稿件内容本身丰富，如要全面概括，很难突出稿件的重点。这时，可以考虑在内容提要中只强调稿件中最具价值、最有新意或最容易吸引人们的某些内容。

（二）关键词与超级链接

网络信息编辑工作绕不开关键词。关键词的选取与设置在整个网络信息编辑工作中也确实体现出其关键性，比如，网站信息筛选、内容编辑、标题制作以及专题的策划等，都和关键词存在直接或间接的密切关系。

1.关键词的作用

（1）帮助网民理解稿件的主题，并获得稿件的关键信息。

（2）帮助网民将稿件归类。

（3）帮助网民进行稿件检索。

（4）负重要的"导航"职能。一方面，网络编辑可以依据关键词将相关文章和信息集合在一起；另一方面，当网民上网浏览时，可以使用一些关键词直接进入相关领域，检视所需要的文章和信息。

（5）关键词的选择与设置在超级链接的使用与相关信息的选取中功效显著。

2.关键词选取和设置的原则

（1）"精确性"和"规范性"原则。

（2）"全面性"个"适度性"原则。

（3）"逻辑性"和"层次性"原则。

3.关键词选取与设置步骤

（1）分析主题，把握中心。

（2）提炼、设置关键词。

（3）选用数量适当的关键词，并进行逻辑排列。

4.超链接的运用方式

（1）利用超链接可以对一些重要概念进行扩展。既可以用注释页面的方式实现链接，也可以直接链接到相关网页。这有助于网民更直接接触信息深层背景，获得丰富的相关信息。这样做虽然会带来一些副作用，但它在发挥网民的能动作用，以及扩展报道面、加强报道深度等方面具有重要意义。

（2）利用超链接可以将单篇网络稿件进行分层。通常，一篇完整的网络稿件可以分成5个基本层次，即标题—内容提要—正文—关键词或背景链接——相关文章等延伸性阅读。

（3）利用超链接可以改变传统的写作模式。在进行写作时，可以采用将材料分层的做法，把最关键的信息作为第一层次写作，而相关详细信息作为第二或第三层次提供。即用一个骨架的方式描述对象，而有关的细节分别用超链接给出，网民可以根据自己的需要决定进入哪一方面细节的阅读。

5. 超链接的操作要点

（1）在文章中对关键词设置超链接。知识介绍、相关报道、相关网站等。在某些网站信息发布系统中，系统提供了设置"热字"的功能，这些"热字"就是文中的关键字。

（2）利用超链接设置延伸性阅读。延伸性阅读可以包括"相关文章""跟帖""发表评论"等相关内容。这部分既可以作为阅读的一种延伸，又可以作为互动的一个入口。

（3）利用超链接改写文章。主要有三种方式：① 将一篇文章进行分层；② 将多篇文章整合成一篇新的文章；③ 利用超级链接将文章缩写成短文章。

6. 运用超链接时应注意的事项

（1）注意超链接的度与量。

（2）注意超链接设置的位置。

（3）注意超链接打开的方式。

五、网站页面布局设计

（一）网页的组织结构

网页的组织结构指的是页面之间的关系，主要有以下几种形式。

1. 树状结构

该结构中主页里设立若干主要栏目，每个栏目里的信息再分成一些子栏目，依次类推。该结构是目前网站所采用的主要形式之一，其条理清晰，访问者可以根据路径清楚地知道自己所在版块的位置，不会迷路，同时也便于内容的扩充。缺点是该结构的浏览效率较低。

2. 线性结构

该结构中所有页面具有同等的地位，用户的浏览过程是从一个页面到另一个页面的水平流动，该结构一般用于信息量较少的小型网站、索引站点，或用来组织网站中的一部分内容。

3. 网状结构

该结构中网页之间可以互相链接，随意跳转。在网状结构中有一个主页，所有的网页都可以和主页进行链接，同时，各个网页之间也是相互链接的，网页之间没有明显的结构，而是靠网页的内容进行逻辑联系。

该结构浏览方便，随时可以达到自己喜欢的页面。但是由于链接太多，容易使浏览者迷路。

（二）网页设计与有效传播

网页是网络传播最主要的途径与手段，因此，在进行网页的设计与策划时，既要考虑自身的传播目的，还要考虑其传播效果。

1.传播速度

在网络上，传播速度的快慢主要取决于网络宽带。在条件允许的情况下，网站应该尽量为用户提供高速访问。网页设计者需要考虑如何使用一些有效的方法来弥补硬件上的不足。

影响页面文件大小的另一个主要因素是图片，图片数量多，且图片质量高，势必会带来较大的传输负担。网页设计者经常采用的折中办法：一是在页面上先用一张分辨率较低、尺寸较小的图片作为示意，将其与一张质量更高的同内容图片设置超链接；二是将一张大图片分割成若干张小图片。

2.传播质量

所谓传播质量，主要是指传播内容是否能够被用户接收，能否快速、有效地被阅读或使用等。与传播质量有关的因素有：页面在屏幕上的表现；页面的色彩搭配；用户阅读的条件。

（三）网页页面布局的类型

网页版面布局是指在单个页面之中如何合理地安排各种素材和信息。常见页面布局有① 国字型；② 拐角型；③ 标题正文型；④ 左右框架型；⑤ 上下框架型；⑥ 综合框架型；⑦ 封面型；⑧ Flash 型。

（四）网页版面布局的原则

（1）主次分明，中心突出。

（2）大小搭配、相互呼应。

（3）图文并茂、相得益彰。

（4）动静结合、平衡对称。

六、网络信息发布

网络信息发布的渠道之一是通过网站的信息发布系统高效、批量地完成信息的发布工作。因此，编辑需要熟练地掌握信息发布系统的使用。可以说，信息发布系统是网络编辑最主要的工作平台。事实上，网络稿件的筛选、分类及编辑等工作，大都也是在这个平台上完成的。

（一）网络信息发布系统操作规律

1.了解信息发布系统的基本构成

（1）学会系统的登录方式。

（2）了解系统的界面构成。

（3）如果系统允许，应学会对工作界面进行适合自己工作内容的个性化配置。

2.使用稿件编辑系统

稿件编辑系统是网络编辑最重要的工作场所。稿件编辑系统通常涉及的操作包括。

（1）文件操作：新建、打开、保存文件等。

（2）文字处理：文字的插入、删除、修改，文字的字体、字号定义等。

（3）表格的处理：表格的插入、删除、修改，表格属性或表格单元格的定义等。

（4）图片处理：图片的插入，图片与文字的位置排版等。

（5）多媒体信息处理：插入音频、视频信息。

（6）源代码处理：将 HTML 源代码或脚本源代码直接插入文件中。

（7）超链接处理：为文字或图片等加入超链接。

（8）稿签处理：为稿件添加稿签。稿签的作用是说明稿件的性质、状态等。

（9）相关稿件处理：为稿件添加相关链接。

3. 进行稿件的传送

网络编辑的工作是一种协同工作，任何人都需要与他人进行合作。因此，网络编辑的另一项主要任务就是通过文件的传送来实现与他人的合作。

稿件的传送通常通过以下方式实现。

（1）稿件的传送：直接将稿件传送给相关人员。

（2）稿件的选用与编辑：利用此类操作，可以获得别人的稿件并进行相应的编辑。

（3）稿件的签发送审：处理完的稿件可以利用相应操作签发到相应的栏目或频道中，等待上一级的处理。

（4）稿件的审核：有较高权限的编辑需要审定下一级送来的稿件，对这些稿件做出评价，并做出发布或退稿的决定。

（5）稿件的发布：有较高权限的编辑决定是否将稿件签发到网上。

4. 进行专题的制作

在一些信息发布系统中，专题制作并没有作为一项单独的功能列出来。但是，可以将模板制作功能与稿件编辑系统结合起来，完成专题制作。

有些网站有统一的专题模板，这时专题的编辑与一般栏目是一致的；如果网站没有统一的专题模板，可以根据专题的特点制作相应的模板，再与内容进行合成。

5. 其他操作

在网络信息发布系统中，与一般网络编辑的工作相关的，还有"敏感字检查""热字管理""公告发布"等其他操作。

（二）信息发布系统中的角色设置

（1）系统管理员。

（2）签发编辑。

（3）栏目编辑。

（4）记者。

（三）信息发布系统的主要操作

信息发布系统的主要操作包括系统登录和各角色用户的主要操作两个方面。

第二节　微博编辑

一、我国微博发展概况

微博（Wei Bo），微型博客（Micro Blog）的简称，即微型博客。是一种基于社交关系，通过关注机制分享简短实时信息的广播式、开放式互联网社交平台。与传统博客相比，微博操作更加方便，其特点是140个字符（包括标点）、图片和视频片段等内容信息的发布。这样的特点在高速发展的当今时代，体现了人们高效快速的阅读体验要求。作为一种新兴媒介，其因及时、便捷、进入门槛低迅速进入公众视野。

2009年8月中国门户网站新浪推出"新浪微博"内测版，成为门户网站中第一家提供微博服务的门户网站，微博正式进入中文上网主流人群视野。新浪微博很快成为国内影响力最大的微博平台。如若没有特别说明，通常说的微博就是指新浪微博。

2010年是"微博元年"，个人和机构纷纷入驻微博，这一新兴网络交流平台为大家提供了一个广阔的舆论场地，无限制的评论、交流和互动，使每一个人的观点看法都能表达，同时媒体对新闻事件的持续关注、更新，使微博用户能在第一时间了解最新事态进展，并对该事件发声，进行讨论。

2014年3月27日晚间，在中国微博领域一枝独秀的新浪微博宣布改名为"微博"，并推出了新的LOGO标识，新浪色彩逐步淡化。

2015年1月，微博开放微博140字的发布限制，少于2 000字都可以，1月28日对微博会员开放试用权限，2月28日正式对微博全用户开放。不过，首页信息流里面仍然只会显示140字，不影响阅读。发布时若超过140字系统会有提示。

2017年9月8日，新浪微博发布，2017年9月15日之前包含2011年之前注册的用户均需要完成微博实名认证，否则无法再发送新微博以及评论。

2018年6月，新浪微博推出短视频APP"爱动小视频"。

2018年10月9日微博发布公告称，自2018年11月1日上线的新版本客户端起，微博将暂停对不满14周岁的未成年人开放注册功能。

《2017年微博用户发展报告》显示，截至2017年9月，微博月活跃人数共3.76亿，日活跃用户达1.65亿。微博月活跃用户中，30岁以下用户超过八成，是微博的主力人群；在性别上，男性用户占比56.3%，女性用户占比43.7%。来自三四线城市的用户占微博月活跃用户的52.6%，微博的区域覆盖进一步下沉。[1]活跃用户规模呈现持续稳步增长的态势，性别比例趋向平衡，区域覆盖范围进一步加强，目前微博正朝着建设全民性社交媒体平台的方向迈进。

从用户行为看，微博月活用户已经有92%来自移动端；月登录天数在15天以上的

---

[1] 知识库.新浪微博数据中心：2017微博用户发展报告［EB/OL］，http://www.useit.com.cn/thread-17562-1-1.html.

高黏性用户比例最高；微博用户兴趣主要集中在明星、美女帅哥、动漫等泛娱乐大众领域；同时，文学、情感、股票等也是微博用户的主要兴趣标签。

近年来，微博注重内容建设，丰富多元化的内容形态进一步提升了用户体验。目前，图文类博文仍然是微博用户最主要的发布形式，与此同时，包含链接、视频及音乐等多形式博文的占比得到全面提升。2016年，微博就引入直播进一步强化在短视频领域的覆盖传播优势。2017年第三季度微博视频播放量同比增长175%，高清视频发布量占比为30%。目前微博正继续加强视频领域的布局，不断优化视频的内容品质和观看体验。与此同时，微博与各音乐平台加大合作力度，不断提升音乐的分享体验。

头条文章作为微博最新的长文产品，与普通微博相比，在内容上更丰富、详细，是碎片化内容的弥补与增强，一定程度上能够满足和加深微博用户深度阅读的需求。新浪数据中心报告显示，2017年1～9月微博头条文章发布量同比增长90%。以信息流大卡片出现的头条文章借助于微博传播优势，能够以更快更准的方式传播触达到更多用户。微博用户不仅能对头条文章进行转发、评论、点赞、收藏，还可以通过打赏、付费阅读等功能，支持鼓励原创作者持续产出更多优质内容。

为构建具有影响力的短视频创作和消费平台，微博故事于2017年4月上线。微博故事鼓励普通用户创作，分享短视频内容。微博故事创作、发布门槛低，获得了年轻普通女性用户的青睐。[1]

二、微博标题编辑

（一）微博标题特征

微博标题作为微博的重要组成部分，在借鉴传统的标题制作手段基础上，也呈现出自己的特点。

1. 结构形式多变

微博标题结构形式更丰富，除了常用的句子作标题之外，短语或词做标题的概率远远高于纸质媒体。如：

【催泪作文🔥】2015-10-31；

【勤俭，至少可以做到】2015-10-31；

【真相是？】2015-8-27。

据统计独立式标题约占九成，并列结构标题约占一成。为呈现更丰富、详细的内容，微博多以并列结构标题出现，以适应网络传播的速度要求，使标题承载更多信息，受众阅读标题获取资讯。并列结构有效增加标题信息承载量，且形式不拘一格，更加灵活多变，比如将能吸引受众注意力的词语前置，以表达某种情感或态度。内容上的细化以及递进式铺陈，以渐进形式引领受众了解，摆脱了报纸标题的枯燥乏味之感。如：

---

[1] 知识库.新浪微博数据中心：2017微博用户发展报告［EB/OL］，http://www.useit.com.cn/thread-17562-1-1.html.

【偷跑流量？移动联通否认，"请小伙伴放心玩耍"】2015-10-29；

【天冷了！改善手脚冰冷就用这8招】2015-11-2；

【实用！衣柜整理收纳大法】2015-10-29。

2. 标点多样

独立式标题较少使用标点符号，标点多为逗号，用以表达陈述语气，客观上与传统纸媒理念相契合。微博标题情感表达更为丰富，不同情感在标题中以标点差异作为区分，叹号表达高兴、兴奋、愤怒等，问号提出心中疑问与不解等。

3. 内容丰富

微博在内容甄选上更贴近民生，如有关医疗健康、食品安全、生活常识、运动娱乐等内容。微博内容更加多样，这源于媒体运行理念的转变。新媒体竞争激烈，各大媒体微博不断创新与改革，更多关注民生，且互动性大大提高，因此在内容方面，除了新闻信息类之外，已涉及我们生活的方方面面：日常生活中的一些小知识；相关的新规实施；旅游地选择及其有关内容等。内容的多样性不仅为广大"粉丝"提供信息，也受到更多微博使用者的关注。如：

【快递新规：寄快递带上你的身份证！】2016-5-31；

【手机丢了，支付宝、微信支付怎么办】2016-4-30；

【四六级写作5C高分法则】2016-4-25；

【值得珍藏！调养脾胃的9个"秘方"】2016-3-31；

【别样魅力！九寨沟进入"冰河世纪"】2016-1-27。

4. 语言表达灵活多变

内容关注的扩展进一步要求语言表达的转换，微博力求参与、融入人民大众中去，其中口语词、网络热词和用语得到广泛使用，因此在语言上贴近群众，表达更为通俗。

微博的编辑多为80后，因此都较年轻。年轻人的语言风格是清新活泼的，能适应互联网语言的需求形式，微博标题不再拘泥于常见的陈述性语气，其他类型也被经常使用。如：

疑问语气：【柠檬水，你喝对了吗？】2015-7-31；

感叹语气：【总理到韩国啦！】2015-10-31。

此外，语言口语、网络用语等频繁出现，如：

【什么仇什么怨！海豚狂虐章鱼】2016-2-29；

【回锅肉怎么做才肥而不腻、入口浓香？三招秘笈拿走不谢！】2016-2-27。

案例中，"什么仇什么怨"属于口语用法，"拿走不谢"是网络用语。这些不同打破了单一呆板模式，呈现出灵活、多变的语言特点。

5. 具有画面感

微博一般是由文字与图片共同编辑之后所形成。图片的使用使微博内容更具画面感、更生动。在标题制作上也体现了这一点，标题是阅读者首先看到的，也是受众对微博内容进行挑选的一个重要参考，所以在制作上也要能够更生动形象的体现其内容。

因此标题中就使用了动态的表情符号，这些表情符号根据标题的不同进行选择。如：

【😠网曝14岁女孩遭的哥"咸猪手"回应：当事驾驶员已除名】2016-5-30表示愤怒；

【一组动图告诉你：轮胎爆炸的威力！😲】2016-5-29表示吃惊。

表情符号的加入，使标题富有画面感，情感态度倾向更加明确，表情符号的大量使用，已经成为人民日报官方微博标题的一个组成元素。

6.时效性更加突出

网络的快速发展，使纸媒内容已不再"新"，相较于各大网站，微博编辑内容短小，且快速，所以许多突发事件都是在微博这一平台首先发出，对于事态的最新进展等也都由微博在第一时间传播。2012年在北京大雨，《人民日报》官方微博这时上线，不断地对事件最新进展进行真实报道，使大众第一时间了解到伤亡情况，还有如2015年天津港的特大火灾，官方微博持续报道，使网友能获得最新资讯。因此，在时效性上与其他传播方式相比更加快捷。

微博标题无论是从形式、内容还是语言表达上，更符合时代发展需要，它已不再是单纯依靠话语的简洁概括，而是以多变的结构形式、丰富的情感表达、生动的语言风格得到众多网友的肯定。

（二）微博标题分类

1.形式类

形式类以微博标题的外在表现形式为依据，根据话题位置的不同以及结构形式的差异依次划分。

微博标题的形式主要是以"【 】"为标志，这种形式较为醒目，可以有效地将标题与内容区分开。

（1）话题位置。微博中话题很常见，形式一般以双"#"号为明显标志，双"#"号中间多是简短词语或短语，这种形式多是微博主所发起或参与的话题的提示，字体颜色为蓝色，以示区别。有些微博标题以双"#"号话题为开头，有些则嵌入"【 】"中。因此根据话题位置的不同可以将《人民日报》官微标题分为无话题式和话题式。

① 无话题式，也就是最常见的独立的"【 】"，且不包含话题，如：

【4种营养元素最宠爱眼睛】2015-8-31；

【快递服务，你满意吗？打多少分？】2016-2-29。

② 话题式，即标题部分有双"#"号蓝色话题，根据其位置的不同将话题式分为并列式和嵌入式两种。并列式是双"#"号在前，"【 】"在后。如：

#俄罗斯飞机失事#【目前已发现近100具遇难者遗体】2015-10-31；

#毕业季#【学位服该如何搭配】2016-5-29。

嵌入式是双"#"号在"【 】"里。如：

【今天发条微博，#九月再见#】2015-9-30；

【快讯：#小李子圆梦奥斯卡#】2016-2-29；

【#你好，明天#】2016-5-27。

严格来说，双"#"号话题并不能认为是微博标题，它只是对某类事件的一个类的整体概括，并没有说明具体的内容，但是可以起到提示和突出的作用。嵌入式的微博标题中引用双"#"号话题在编辑时缩短时间，同时在浏览微博时能通过此话题迅速进入链接，了解到更多关于此方面的信息，体现了微博的便捷与高效。

（2）结构形式。根据微博标题在结构形式上的特点可分为单一式和复合式。

① 单一式，只有主题，没有辅助性的标题。如：

【把春天穿起来】2016-3-27；

【那些年学过的春日诗词你还记得吗】2016-3-28；

【那辆开往春天的列车被"发烧友"逼停多次】2016-3-29。

不用或少用标点符号，是标题中标点符号使用的突出特点，因此在微博标题制作中也多省略标点符号，句号通常不使用，问号等也可省略，在单一式标题中尤为显现。如：

【日本评孝顺排行榜：中国第一】2015-9-26；

【职场过来人：辞职后，我后悔的12件事】2016-3-28。

单一式标题中还有一种较为常见的形式是冒号的使用，标题中冒号前的部分多具有提示作用，可以吸引人的关注，同时也可以节省词语。

② 复合式，是指在主题之外，也有辅题，即引题、副题或二者都有。微博标题多为复合式标题，运用此种制作方式可以尽可能多地在标题中涵盖信息内容。如：

【丁占峰！失明妈妈帮你还清助学贷款，盼你回家！】2016-1-31；

【狂犬病可防不可治！科学对待！】2015-9-28。

复合式的第一种是"引题+主题"，引题具有提供背景，衬托气氛，揭示意义，提出问题，说明缘由等作用。如：【女子被卷入身亡！搭乘自动扶梯一定要#牢记扶梯救命按钮#！】2015-7-27。

引题部分交代了背景，在发生了此类事件的基础上，呼吁大家注意扶梯安全问题。如：

【警惕！你吃的或是"注胶虾"，有的能致癌！】2015-7-28；

【生二孩应知！这5个生育"技术"问题，你知道吗？】2015-10-30。

引题部分具有提示性的作用，该部分多使用祈使性词语或语句，引人注目，从而达到提示的作用。如：

【英勇！扬州又现"抱火哥"大火中拎出燃烧煤气罐】2016-3-27；

【超实用！1分钟，学会系蝴蝶结】2016-3-28。

还有一些引题部分多使用揭示情感的词语，既是编辑者情感的表露，也是与读者所产生的情感共鸣。如：

【你知道吗？这些收入不用交个税！】2015-10-27；

【宝贝被意外烫伤怎么办？五步急救】2016-2-26。

这类引题首先提出疑问，由疑问引出主题，更能够吸引微博用户对此类标题的注意。

第二种是"主题+副题"，副题通常是揭示事件结果，增补次要事实，印证主题中的看法观点，证明主题中的概括等。如：

【🎤甘肃静宁苹果滞销30元一箱卖不出】2016-3-31。

副题部分是对苹果滞销的结果具体解释。如：

【初一男孩离家出走称"我不想补课"】2015-7-27；

【下半年来最强冷空气来袭！北方普降6—12℃】2015-9-28。

以上两个案例的副题部分均是对主题的事实情况作进一步补充说明。如：

【老人生活不易！别用假币骗老人！】2015-8-30。

副题是揭示主题，老年人由于身体原因，对于纸币的识别能力下降，不法分子就对其欺骗。标题中为了点明主题，便以副题的形式出现。如：

【旧手机别扔！十招让它变废为宝】2015-10-29；

【别再开车刷微信！低头5秒车能驶出41米】2015-10-27。

印证观点多为对主题阐释的道理或事实做出具体的例证或解释，如第一案例主题部分呼吁"旧手机别扔！"，副题就通过"变废为宝"这样一种形式来说明旧手机的用处；第二案例中副题部分以具体的数字来解释说明开车不集中注意力的巨大危害。第三种是"引题+主题+副题"。如：

【你知道吗？床上竟有200万螨虫！5招巧去除】2015-9-28；

【千万小心！降压药与柚子不能同吃！可致休克！】2016-1-31。

这种形式的微博标题不是很多，以警示性的口吻来告知公众生活中应该注意的一些生活常识，引起人们日常注意。

2. 内容类

标题是内容的精华，标题即可体现微博的大体内容，从微博标题入手，微博的内容分类，包括新闻信息类、民生服务类、历史缅怀类、心灵情感类。

（1）新闻信息类。微博是传播资讯最为迅速的平台之一，传播资讯依然是官方微博的首要任务。作为党报的《人民日报》其官方微博也会利用这一优势来发布新闻信息，所以新闻类仍然占据主要部分。将收集到的官方微博标题语料统计后发现，有约66%的微博标题是有关新闻类的信息，这些信息内容上涉及范围广泛，有时政、社会、文化、教育、娱乐、体育、科技、财经、军事等多个方面。

（2）民生服务类。社会的不断进步与发展使人民生活水平不断提高，因此在满足物质生活后，人们也在不断关注精神文化生活，所需了解的知识广度不断增加。官方微博在为人们提供新闻信息之外，也大量发布有关人民生活和学习方面的知识类内容，如饮食安全，养生知识，减肥与健康，幼儿教育，就业知识以及阅读等。这类微博标题占语料总数的23%，是仅次于新闻信息类的第二大板块。

（3）观点评论类。以《人民日报》官方微博为例，关注热点，对于新近发生的事件在报道之余也发表见解。观点评论类的微博比重为7%。其中"人民微评"和"你好，明天"两个栏目评论最近或当天所发生的受到广泛关注的事件，"微议录"则会在当天评论最多的一条微博中选择几位网友的评论进行转发，由此反映公众的心声和看法。这也是官方微博和网友之间的一种互动形式。

（4）历史缅怀类。这类微博主要是对一些名人如文学家、科学家以及其他对社会有重大贡献的人的诞辰纪念，或者是对其思想的介绍，使网友能不忘历史，了解更多伟大人物及其思想。该类微博标题占总数的2%。

（5）心灵情感类。这类微博数量不多，约占总微博数的2%，由于绝大多数（约90%）使用微博者是在校学生或刚参加工作的年轻人，因此该部分内容多涉及"成功""梦想""奋斗""青春"等，给年轻人以向上的力量，这些微博符合年轻人积极的心理，也就使有关的心灵鸡汤类的文章转发量比较高。

微博能够满足公众多元化的信息需求，不仅提供信息服务，而且提供生活服务类的实用知识，关注人们所关心的生活问题，如健康、饮食、出行等方面的内容，这类微博也成为一个突出亮点。与此同时，微博也关注人们的精神状态，传播正确的价值观，传播正能量，积极与网民互动，更贴近群众。[1]

三、微博编辑技术

1. 如何发布微博？

首先，手机上要安装新浪微博手机客户端。打开新浪微博之后，在页面的右上角，也就是圆框中的"+"，这就是发送微博的按钮。（见图9-4）

点击进入界面之后，我们可以发送多种形式的微博，写微博（文字），图片、视频、文章、直播等等。例如，发布一般文字微博，选用写微博，点击进入文字微博编辑界面，输入我们想要说的话，今天的心情或者是对某一热点的看法即可。（见图9-5）

图9-4　发布微博（一）　　图9-5　发布微博（二）

---

[1] 微博标题编辑中列举案例皆来自《人民日报》官方微博。

然后点击右上角的"发送"按钮，那么我们的微博就发布成功了，页面会自动切换到首页。

2. 微博换行操作

过去微博没有换行的功能，不管输入多少段文字，在点击"发布"之后，都会自动合并成一段文字。这使单篇微博新闻的结构非常简单，它就是一句话，或者一段话，最多再配上图片，微博新闻的报道角度单一。一篇微博新闻只报道一个事件、一个情境、一个观点。适合及时发布短消息。

2016年微博"换行"功能上线，但仅限于PC网页版上使用，微博手机客户端仍无此项功能。我们需要用网页版在需要换行的文字后面加空格一直加到行尾再打回车，这样一来Enter键字符就不再自动转换为Space（空格）并占用字符，就可以换行了。网页版显示4行内容，下方出现了"展开全文"字样，点击"展开全文"可显示全部内容。

3. 如何在新浪微博发长文字版图片或者长微博？

有两个方法：用第三方工具和用微博自带工具。

方法一：

（1）用百度搜索在线的长微博编辑工具进行微博内容的编辑

（2）在工具中间空白区域添加文字内容进行编辑

（3）在工具栏选择插入图片，把长微博编辑为图文页面

（4）点击右下角开始发布长微博，会出现如下界面，提示微博长图文编辑完成，可发布新浪微博

方法二：

如今人们使用互联网频率越来越高，有很多朋友在网上喜欢发布自己的生活故事，自己的心情感悟，但是有些人发现发布的微博文章太长，超过2 000字数就发布不了，这种情况下可选用"文章"发布头条文章，这样就无限制。

登陆微博之后，点击右上角"+"字按钮进入发布界面，点击"文章"按钮，填写好封面，标题，导语，内容，编辑完再点击右上角的"下一步"就发布成功了。

4. 如何在微博中编辑已发布过的内容？ [1]

微博发布后，发现内容中有瑕疵或纰漏，但此时微博已经积累了部分阅读和互动，删除重发的成本比较高。2017年12月13日微博上线编辑功能意在提高微博容错、降低修改成本，完善产品功能和用户体验。目前只有媒体、政务账号和部分会员用户能享受此功能。被编辑过的微博会显示"已编辑"标识，用户还可以查看之前的编辑记录，了解原始内容和每次编辑的内容。

为更加形象地展现该功能的使用编制，以iPhone客户端App举例。具体功能说明如下。

---

[1] 微博怎么编辑已发内容_百度经验［EB/OL］https://jingyan.baidu.com/article/4dc408487b9217c8d946f104.
html.

（1）编辑入口：如果想要使用该功能的话，就先进入想编辑的微博正文页面，点击右上角的三个点按钮，选择"编辑微博"选项。（见图9-6）

博主可以在个人主页、微博正文页以及首页信息流中找到编辑微博选项，原创微博和转发微博都可以被编辑。（见图9-7）

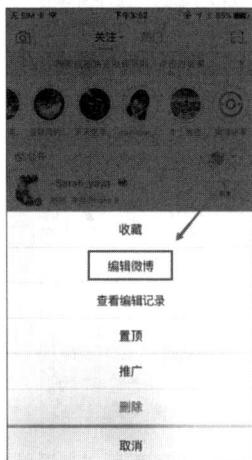

图9-6　信息流页面编辑微博入口　　图9-7　微博正文页面编辑微博入口

（2）编辑发布器：通过编辑微博选项进入编辑发布器，博主可以在编辑发布器中编辑微博内容，目前仅支持对文本和图片的编辑。（见图9-8）

（3）编辑标识。被编辑过的微博将会显示"已编辑"标识。在之后编辑过的微博可以从选项中找到"查看编辑记录"，能看到微博的用户都可以来查看微博的编辑记录。（见图9-9，图9-10）

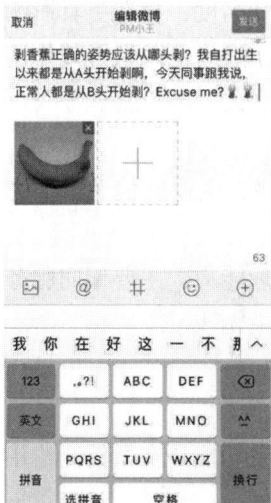

图9-8　编辑发布器　　　　图9-9　微博已编辑标识　　　图9-10　被转发微博已编辑标识

（4）查看编辑记录

被编辑过的微博可以在选项中找到"查看编辑记录"，能看到微博的用户都可以查看微博的编辑记录。（见图9-11，图9-12）

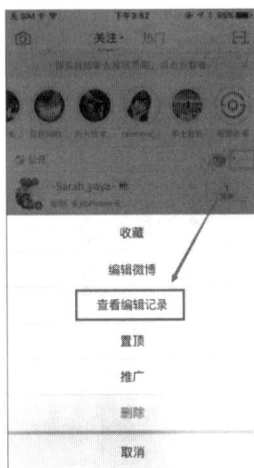

图9-11　信息流页面"查看编辑　　　图9-12　微博注释页面"查看编辑
　　　　　记录"入口　　　　　　　　　　　　　记录"入口

第三节　微信公众号编辑

一、微信公众平台

微信公众平台（WeChat public platform），简称公众号，于2012年8月23日正式上线。主要面向名人、政府、媒体、企业等机构推出的合作推广业务。在这里可以通过微信渠道将品牌推广给上亿的微信用户，减少宣传成本，提高品牌知名度，打造更具影响力的品牌形象。微信公众号的口号是"再小的个体，也有自己品牌"，足以见得其作用之大。

（一）微信公众平台账号类型。

微信公众平台账号目前共有四类：服务号、订阅号、小程序、企业微信。下面主要介绍前三种账号。

（1）服务号：为企业和组织提供更强大的业务服务与用户管理能力，主要偏向服务类交互（功能类似12315，114，银行，提供绑定信息，服务交互的）。

适用人群：媒体、企业、政府或其他组织。

群发次数：服务号1个月（按自然月）内可发送4条群发消息。

（2）订阅号：为媒体和个人提供一种新的信息传播方式，主要功能是在微信侧给用户传达资讯;（功能类似报纸杂志，提供新闻信息或娱乐趣事）。

适用人群：个人、媒体、企业、政府或其他组织。

群发次数：订阅号（认证用户、非认证用户）1天内可群发1条消息。

（3）微信小程序：小程序是一种新的开放能力，开发者可以快速地开发一个小程序。小程序可以在微信内被便捷地获取和传播，同时具有出色的使用体验。

（4）企业微信：企业的专业办公管理工具，与微信一致的沟通体验，提供丰富免费的办公应用，并与微信消息、小程序、微信支付等互通，助力企业高效办公和管理。

如果想简单的发送消息，达到宣传效果，建议可选择订阅号；如果想用公众号获得更多的功能，例如开通微信支付，建议可以选择服务号；如果想用来管理内部企业员工、团队，对内使用，可申请企业号；订阅号可通过微信认证资质审核通过后有一次升级为服务号的入口，升级成功后类型不可再变；服务号不可变更成订阅号。个人申请，只能申请订阅号。

其中新闻媒体单位账号大多属于订阅号。2018年6月20日，订阅号正式改版上线。为了优化用户的阅读体验与效率，鼓励订阅号内容的优化和创作，改版后的订阅号列表优化了视频、语音等富媒体的消息展示，用户可以看到推送的"标题+头图"形式的消息，视频、语音、文字以及多条消息都能直接展示在列表中，更能吸引用户阅读；列表中展示的内容仍旧是用户所关注订阅号的群发消息。关于微信公众平台的功能变更，微信公众平台会发系统公告，作为编辑需要及时关注。

（二）账号申请

可以登录微信公众平台，进行注册公众微信账号，确认成为公共账号用户。申请的中文名称是可以重复的，你不需要担心上面有人抢注了你的微信公众号，但是微信号是唯一的，且不可以修改。确认公共账号后，就会进入微信公众平台的后台。后台很简洁。主要有实时交流、消息发送和素材管理。用户对自己的粉丝分组管理，实时交流都可以在这个界面完成。可以通过微博、网站等途径，推广自己的微信公众号的二维码，获取更多订阅用户，扩大影响力。

（三）消息推送

普通的公众账号，可以群发文字、图片、语音、视频等类别的内容。而认证的账号，有更高的权限，能推送更漂亮的图文信息。这类图文信息也许是单条的，也许还是一个专题。

通过认证的微信公众平台在现有基础上增加了9种新的开发接口，通过这些接口企业和媒体、机构的公众平台可以开发出更多的微信应用，打造更强大的微信公众平台。

（四）账号管理

（1）微信公众账号的所有权归腾讯公司所有，用户完成申请注册手续后，获得微信公众账号的使用权，该使用权仅属于初始申请注册人，禁止赠予、借用、租用、转让或售卖。腾讯公司因经营需要，有权回收用户的微信公众账号。

（2）用户有责任妥善保管注册账户信息及账户密码的安全，用户需要对注册账户以及密码下的行为承担法律责任。用户同意在任何情况下不向他人透露账户或密码信息。在你怀疑他人在使用你的账户或密码时，你同意立即通知腾讯公司。

（3）用户应遵守本协议的各项条款，正确、适当地使用本服务，如用户违反本协议中的任何条款，腾讯公司有权依据本协议终止对违约用户微信公众账号提供服务。同时，腾讯保留在任何时候收回微信公众账号、用户名的权利。

（4）用户在注册微信公众账号时，系统将为你自动匹配微信号，你可以对微信号进行设置，但仅可设置一次，设置微信号后将无法修改。

（5）用户注册微信公众账号后如果长期不登录该账号，腾讯有权回收该账号，以免造成资源浪费，由此带来问题均由用户自行承担。

二、微信公众号内容编辑

微信公众平台的编辑简称微信编辑，俗称"微信小编"，主要负责微信公众平台的内容编辑、运营维护、营销策划、粉丝互动等。微信编辑是"新媒体编辑"的一类。从服务对象上看，微信编辑有两种类型：一种是运营账号主体为自己的微信公众平台，属于"创业型""兼职型"或者"爱好型"；一种属于维护主体为他人或者政府、媒体、企业的微信公众平台，属于"就业型"。从工作内容的范围来看，微信编辑还可分为全责型编辑、创作型编辑、运营型编辑、技术型编辑等。

（一）微信公众平台内容编辑规范

（1）本条所述平台内容是指用户使用本服务过程中所制作、复制、发布、传播的任何内容，包括但不限于微信公众账号头像、名称、用户说明等注册信息及认证资料，或文字、语音、图片、视频、图文等发送、回复或自动回复消息和相关链接页面，以及其他使用微信公众账号或微信公众平台服务所产生的内容。

（2）不得利用微信公众账号或微信公众平台服务制作、复制、发布、传播如下法律、法规和政策禁止的内容：

① 反对宪法所确定的基本原则的；

② 危害国家安全，泄露国家秘密，颠覆国家政权，破坏国家统一的；

③ 损害国家荣誉和利益的；

④ 煽动民族仇恨、民族歧视，破坏民族团结的；

⑤ 破坏国家宗教政策，宣扬邪教和封建迷信的；

⑥ 散布谣言，扰乱社会秩序，破坏社会稳定的；

⑦ 散布淫秽、色情、赌博、暴力、凶杀、恐怖或者教唆犯罪的；

⑧ 侮辱或者诽谤他人，侵害他人合法权益的；

⑨ 含有法律、法规和政策禁止的其他内容的信息。

（二）坚持正确舆论导向，打造创意爆品

相较于传统媒体的订阅数、收视率、收听率等数据的"不透明"，每篇微信文章下面的阅读数真真切切地展示于公众面前。"10万+"成为很多微信编辑的一个"小目标"。相对于传统媒体，作为新媒体的微信有自己的传播规律：时效性更强、交互性突出、选题接地气、表达口语化等，都给微信编辑提出了新的要求。一名合格的微信编辑除了媒体人应有的新闻素质外，微信小编心中还要有个"一二三"。

1. "一个爆品目标"

如果说"10万+"是每个微信编辑的"小目标"，那真正的大目标，应当是出"爆品"，刷屏朋友圈的那种。而终极目标，是爆品频出。

有人说，"10万+"已是不易，刷屏何其艰难！也有人讲，出一个爆品就难能可贵了，爆品频出怎么可能？

还是那句老话，不想当将军的士兵不是好士兵。一名出色的微信编辑，内心里应始终以"多出爆品"作为目标。

从"逃离北上广"到"丢书大作战"，"新世相"微信公号已多次刷屏，为小伙伴们提供了借鉴。这说明出爆品，要对自家公号的定位、粉丝特点、用户需求有充分的了解和把握。在此基础上，还需要创意、情感、时机的完美结合。

爆品文章的出现，有时可遇不可求。在日常推送中，小编心中要绷紧一根弦，时刻准备着。选题的确定，除了靠日常积累的编辑"感觉"，最好还有其他同类公号的数据做支撑。相比个人主观的感觉，客观的数据往往更准确。如果幸运地同时遇到几个好选题，那标准就是一个：优中选优，决不能有把好题目留到下一次推送的冲动。

要切记，衡量是否为爆品，点击量很重要，但又不能唯点击量。同为"10万+"，点赞数也有高低之分。低俗、媚俗、舆论导向错误的不是爆品。

2. "两种意识"

既然是做媒体，就必须坚持正确的舆论导向。导向是1，其他都是后面的0。1没有了，0再多也没用。微信小编，须牢固树立导向意识，既要懂规律，又要守规矩。

讲导向，要坚持真实性原则。真实是新闻的生命，这对于追求时效性的新媒体而言，同样重要。2016年8月初，"'空中巴士'—巴铁1号试验车在秦皇岛开始启动综合试验"这个"好消息"一时间刷屏朋友圈。"巴铁"自诞生之日起就有争议，真相到底如何？人民日报记者就此事致电地方宣传部门，对方竟表示对巴铁试运行一事不知情。记者随后调查到8月2日只是公司内部进行的一次调试，并非真正意义上的"试运行"。至此，真相大白，人民日报微信第一时间刊发《"巴铁"真的上路了？真相看这里》受到读者肯定。

讲导向，要综合考虑传播后果。在导向正确的前提下，微信编辑还须有用户意识。从用户利益出发，是互联网思维中的重要一条，也是做好微信的重要遵循。很多微信编辑都自称"小编"，笔者以为，这里的"小"，不是大小的"小"，而是"小二"的"小"。小编，不是一种谦称，而是代表了编辑对用户的态度。如今的微信小编，任务就是为用户提供信息服务。对于用户，小编要做到亲和不迎合，通俗不低俗，友好不讨好。

用户时间宝贵，文章开头得简明扼要、开门见山，无须展示文采、大串排比。替用户着想，小编就不要把传统媒体上的稿件照搬过来。最起码也要改个像样的标题，标题也不要太长，黑压压一片盖住了封图，影响了阅读体验。封图也不要选类似于会场全景式的照片，一定要带冲击力，才能激发用户阅读欲望。

讲究用户意识，小编还要认真对待用户的评论和留言，多与粉丝互动，适当开展线下活动，增加用户黏性。要懂得，用户需求不会一成不变，做新媒体也不可能有一劳永逸的好办法，要时刻关注用户新动向，随时准备调整方式方法。

3. "三个要素：创意、情感、时机"

什么样的新媒体产品，可以成为爆品？先看几个案例：

2016年2月19日，习近平总书记到三家中央新闻单位调研，这次实地调研重心之一就是新媒体。三家媒体均利用新媒体对总书记的调研做了充分报道。人民日报社独辟蹊径，现场录制了一段总书记给广大网友的元宵节祝福，制成秒拍，在微信上插入语音，在客户端做成H5。总书记向全国人民致以元宵节问候的交互式H5很快便在朋友圈流传开来，"接听总书记电话"迅速成为网络热词。2月22日元宵节当日，网上再度掀起传播高潮，形成全民观看、全民转发的"裂变式"传播态势，成为元宵节期间最受欢迎的新媒体产品。人民日报微信相关文章阅读量超100万次，有2 000多个微信公号转载，总阅读量超1 800万次。据统计，该语音信息总播放和总阅读量超过2.5亿。

2016年7月12日，菲律宾南海仲裁案仲裁庭作出非法无效的最终裁决。当日，人民日报微博策划制作的图片"中国，一点都不能少"引爆网络，单条微博转发超过300万，话题超过64亿。一张完整的中国地图，配上"中国，一点都不能少"几个字，简洁的创意，融入了浓浓的爱国之情。图片在人民日报微信上的转发效果也非常好，很多粉丝很快将头像换成了这张图片。

2016年8月1日，建军节，人民日报微信的文章《致敬，中国军人》以精彩图片配以简洁文字的形式，将中国军人的英勇、刚毅、可爱的形象展示给读者，受到粉丝肯定。最终，这篇微信单条阅读超过549万，点赞超6.3万。

透过上面的例子可以看出，创意、情感、时机，是"爆品"三个重要元素。

创意加技术，是玩转新媒体的两大关键。创意，有时是灵光一现，但更多是源于平日的积累。身为微信编辑，多关注优质的微信订阅号、经常刷微博、看不同的新闻客户端、学习借鉴他人的优秀经验、反思自己做的是否到位，有助于开阔思路、提升自身创新意识。情感要充沛，态度要鲜明。观点四平八稳、面面俱到、照顾周全的文章，并不适合微信传播。

2016年7月11日，新华网微信公号发了一篇《宜家，消费者不缺你那几颗钉子》，质疑宜家对在华销售的问题柜子宣布"有条件退货政策"，称愿意向已经购买相关产品的消费者免费提供墙体连接配件并免费上门安装的说法，不过是重申其早就有的一项服务。很快，宜家宣布在中国市场召回问题抽屉柜。很难说那篇微信文章在其中是否起了作用，起了多大作用，但态度鲜明的标题确实引发了人们的共鸣。

机会总是光顾有准备的人。重大节点、重要纪念日、重大突发事件等等，都可能会成为时机。抓住时机，该出手时就出手，是优秀微信编辑应当具备素质和本领。创意不可照搬，时机不能浪费。[1]

三、微信公众平台修改错别字功能

2018年2月8日，微信公众平台新增修改文章错别字功能。微信公众平台发布消息表示，为了给运营者、读者提供更友好的编辑、阅读体验，公众平台新增修改文章错别字功能，支持运营者对已群发文章进行小范围修改。每篇文章允许被修改一次，修改范围仅限正文内五个字。具体修改方法如下：[2]

（1）登录公众平台，在首页已群发列表，可以看到错别字修改入口。单击修改按钮，打开编辑页面（见图9-13）。

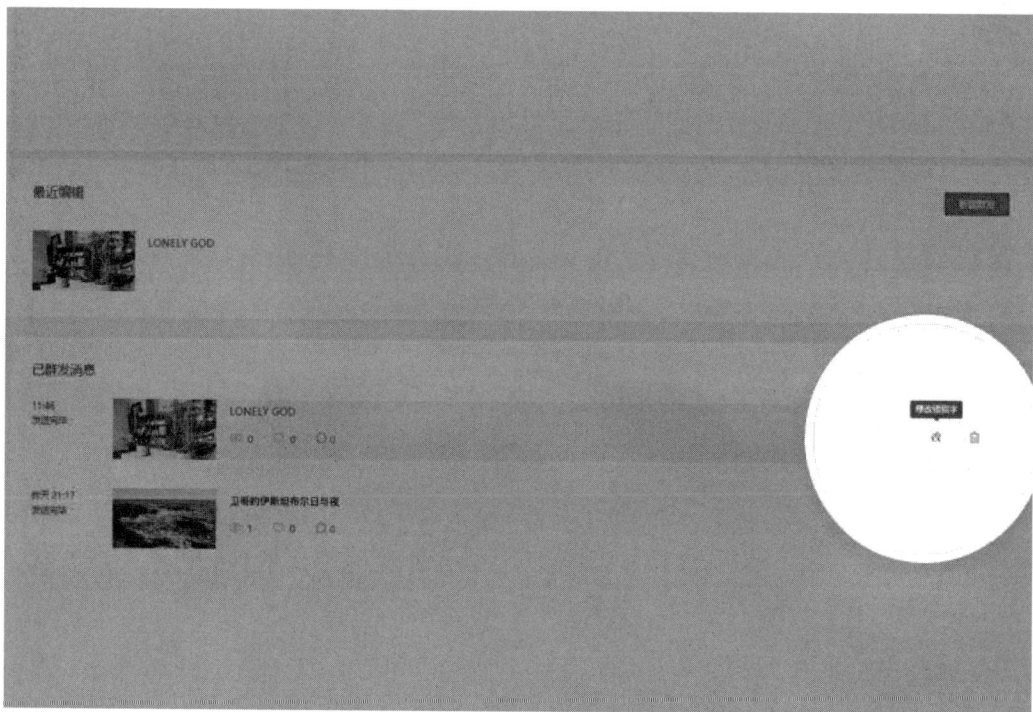

图9-13　打开编辑页面

（2）移动鼠标，找到错别字，输入正确的替换内容完成修改。每处修改，可以在页面上查看修改记录，支持重新编辑和撤销当前修改操作（见图9-14、图9-15）。

（3）修改完成，在首页已群发列表，可以看到文章状态变更为"已修改"。用户访问文章将看到已更新的内容。文章底部将显示修改时刻（见图9-16、图9-17）。

[1] 田丰.做好微信编辑的"一二三"［J］.新闻与写作，2017（3）：86-88.

[2] 微信公众平台新增修改文章错别字功能.IT之家［EB/OL］.https://www.ithome.com/html/it/346823.htm.

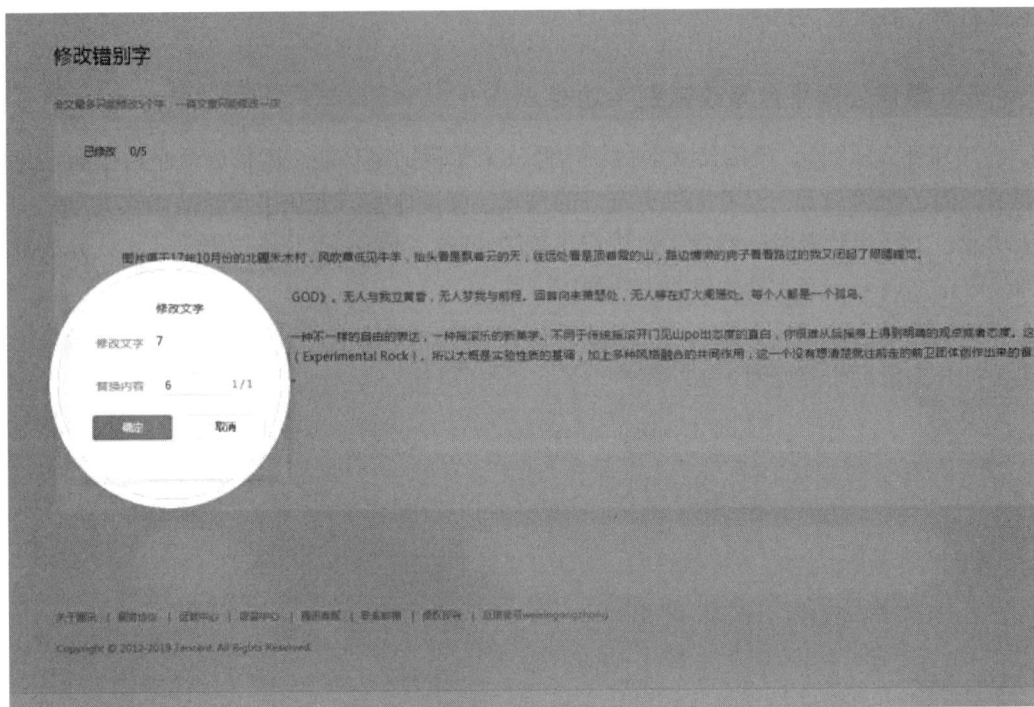

图9-14　寻找错别字

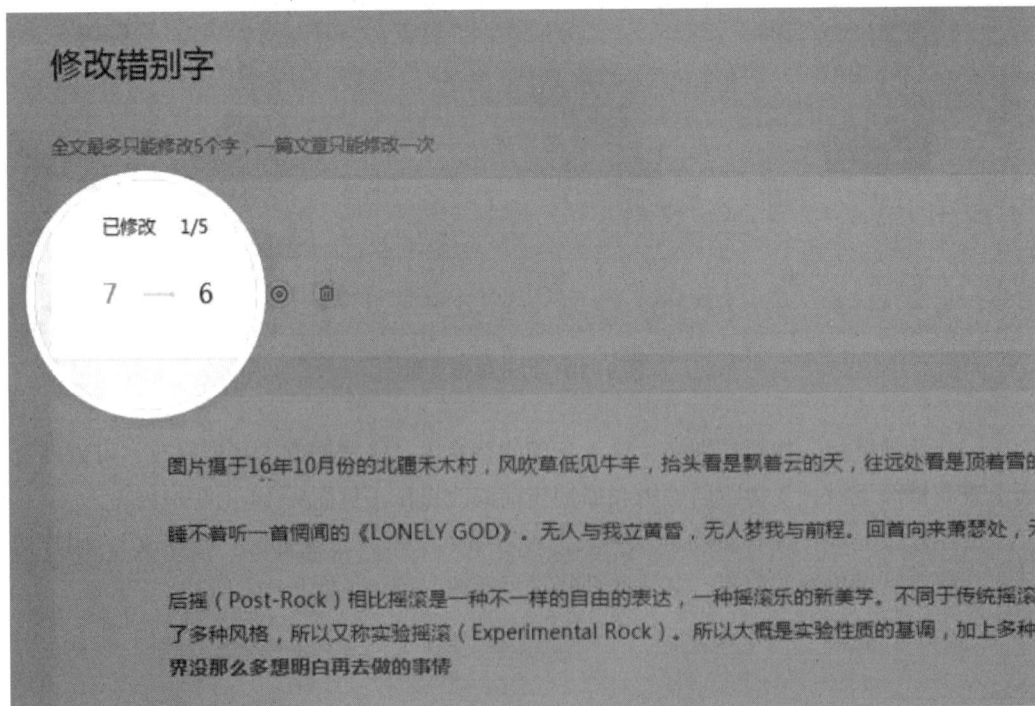

图9-15　改正错别字

最近编辑

LONELY GOD

已群发消息

11:46
发送完毕

LONELY GOD

👁 0　　♡ 0　　○ 0

昨天 21:17
发送完毕

郑哥的哥本哈根

👁 1　　♡ 0　　○ 0

昨天 17:15
发送完毕

已修改　风筝的下午

👁 1　　♡ 0　　○ 0

图9-16　完成修改

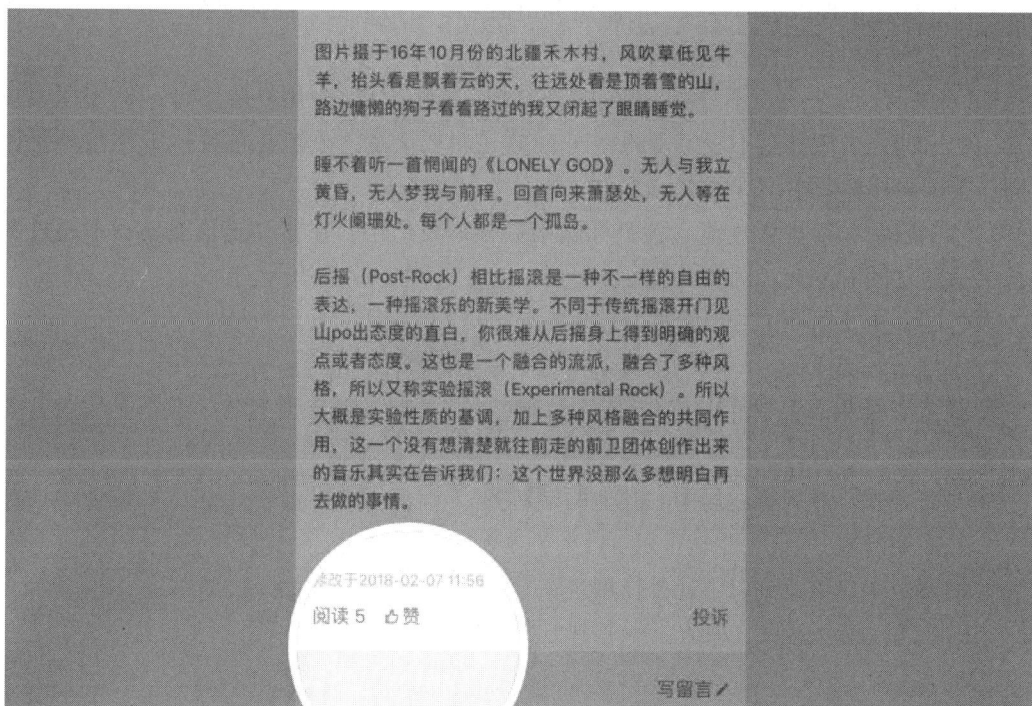

图片摄于16年10月份的北疆禾木村，风吹草低见牛羊，抬头看是飘着云的天，往远处看是顶着雪的山，路边慵懒的狗子看看路过的我又闭起了眼睛睡觉。

睡不着听一首恒闻的《LONELY GOD》。无人与我立黄昏，无人梦我与前程。回首向来萧瑟处，无人等在灯火阑珊处。每个人都是一个孤岛。

后摇（Post-Rock）相比摇滚是一种不一样的自由的表达，一种摇滚乐的新美学。不同于传统摇滚开门见山po出态度的直白，你很难从后摇身上得到明确的观点或者态度。这也是一个融合的流派，融合了多种风格，所以又称实验摇滚（Experimental Rock）。所以大概是实验性质的基调，加上多种风格融合的共同作用，这一个没有想清楚就往前走的前卫团体创作出来的音乐其实在告诉我们：这个世界没那么多想明白再去做的事情。

修改于2018-02-07 11:56

阅读 5　👍赞　　　　　　　　　　　　　　　投诉

写留言 ✎

图9-17　显示修改后的内容

四、微信公众号页面排版设计

（一）微信公众号编辑排版规范[1]

优秀的公众号，既要会做内容，还要懂得如何去编辑排版。编辑排版就是要把文章打造成适合读者的产品，用合适的方式，呈现给读者。这需要编辑者有出众的审美水平和设计感，而这些能力在短期内是很难培养出来的。

1.为什么要重视编辑规范？

（1）它能提升用户的阅读体验。优秀的排版，能够让文章的结构清晰，逻辑顺畅，用户容易理解，便于用户的快速扫读。

（2）它能塑造品牌形象。排版的标准高，风格稳定，长期的坚持。

（3）给用户心理暗示。

（4）便于沟通合作。与外部沟通时，编辑的话术要得体，给合作伙伴好印象。

2.标题规范

（1）表达简洁，标题在用户移动屏幕上，尽量不超过一行。

（2）如果一行标题不能达到最佳的表达效果，可将标题延长至两行，但不要超过64个字节，否则在转发朋友圈时不能很好地完整地显示。

（3）标题出现日期时，用阿拉伯数字代替中文数字。

（4）题目中的标点符号建议不超过2种。

（5）标题出现以下内容时，请使用全角括号：定位人群、加强推荐、解释说明、补充亮点、赠送福利、表示地点。

（6）标题原则：① 不写看不懂的标题；② 多用短句，少用复杂长句；③ 多用大众常用的字词，少用甚至不用生僻的字词；④ 逻辑要清楚，语句要通顺；⑤ 尽量不要让同一个词语在标题中出现两次。

（7）标题文字排版规范：各级标题字数长短要适中，在移动屏幕上显示不超过两行；标题之间有逻辑。例如：

标题：上下行距：一行至两行；

字号：16或15；

颜色：如果有品牌色，优先使用品牌色，并加粗；如果没有，一般都是黑色，并加粗；

对齐方式：一级标题居中，其他两端对齐。

3.摘要规范

摘要至少应该达到以下几种作用之一。

（1）读后感、感叹、总结、一个中心观点等。

---

[1] 新媒体.微信公众号编辑排版规范［EB/OL］https://baijiahao.baidu.com/s?id=1603410374551317635&wfr=spider&for=pc.

（2）延续标题，加强勾引。

（3）强化、补充标题亮点。

（4）加强推荐，用各种方式告诉读者，这篇你应该点进来看看。

（5）明确阅读预期，告诉读者这篇文章的主要内容、讲解方式、评价高低。

4. 正文文字规范

（1）字体与行距段落。选用13号大小，1.75倍行距成了很多微信文章的标配。大部分好看的排版的文章都是这个设置。而对于段落与段落之间，也需要空留一行，作为隐藏分割线。段首不建议空两格，顶格写即可。

（2）文字对齐方式。文字对齐方式，跟PPT一样，后台有左对齐、居中、右对齐和左右两端对齐。一行字数不多的文字，可以选择左对齐、居中和右对齐，比如诗歌、歌词，分段排列。然而注意千万不要有文字掉行；针对多数段落文字，两端对齐最佳，它会比单纯选择左对齐好看得多。

（3）颜色搭配。首先，不管针对哪种类型的文章，颜色选择不宜过多，尽量不超过3种色。

（4）两端缩进。关注咪蒙的文章就知道，它的整个文章页面，文字居中，而左右两边都有非常大的间隙。但是系统一般默认的文字编辑方式，是文字靠近左右两边的边框，也就是间隙非常小。

在设计中有个原则叫：留白。页面中留出一定的位置，减少压迫感。虽然我们不需要咪蒙那般大幅度缩进，只需保证，左右两边缩进0.5～1。

（5）中英文混合排版：① 英文撰写基础：句首字母大写，单词间留空格；② 大小写的区别：专有名词使用特定大小写；标题可单用大写字母；③ 中英文之间需要加空格（中文与数字之间需要加空格，与日期之间不需要加空格，中文与链接之间增加空格）；④ 使用正确的缩写；⑤ 使用全角标点；全角标点与英文或数字之间不加空格；遇到完整的英文句子使用半角标点。

5. 标点规范

（1）中文标点。

引号：引号建议使用直角引号；引号中再用引号使用双直角引号；当引号表示讽刺、反语暗示时，使用弯引号。

省略号（删节号）与破折号：省略号占两个汉字空间，包含六个点；破折号占两个汉字空间。

行首行尾禁则：① 点号（顿号、逗号、句号等）、结束引号、结束括号等，不能出现在一行的开头；② 开始引号、开始括号、开始双书名号等，不能出现在一行的结尾。

（2）英文标点：① 点号后加一个空格（如逗号、句号等）；② 符号前不加空格：摄氏度、度量单位、百分号等；③ 符号后不加空格：货币标志、正负数符号等；④ 符号后加空格：「@」标志（电子邮件除外）、版权标识、项目符号等；⑤ 括号、引号前后加空格，中间内容无空格；⑥ 连字符（-）将两个相关单词组合成一个单词；⑦ 全角连接号（——）常表示文章中断、转折或说明。

6.引用规范

在整体文本基础上加以修改，又需要强调的部分，按强调规范处理；字号比正文小或者同样大小；文字颜色可与正文同样，也可以不一样；如需表明出处，用破折号，by或from，右对齐。

7.注释规范

（1）图片、视频注释：注释文字开头加上符号表情，或给注释文字加全角括号。建议注释放在图片/视频下方，不用空行；字号比正文略小，或者等同于正文；文字颜色可与正文同样，也可以不一样；对齐方式：居中（如果注释过长，则两端对齐）。当文章有多个注释，如果其中一个注释过长，使用了两端对齐，那么文中所有注释都使用两端对齐。

（2）英文注释。文中如有英文单词，则在单词后加全角括号，注释该单词的意思。

（3）中文注释。遇到特殊名词或其他做补充的话语，与英文注释的方法相同。注释不要出现在文末。

8.图片

（1）封面图。头条封面图注意与公众号整体风格搭配；头条封面图尺寸宽通常为900×500像素；次条封面图尺寸宽通常为200×200像素；封面图中不要出现太多文字、数字；封面图的视觉焦点要在图片中央。

（2）文中插图。设计图片时，考虑图片风格、配色；图片大小通常不超过2 M，不小于50 K。

（3）静态图。图片统一尺寸比例，建议使用16∶9和4∶3，不建议使用竖构图图片；图片像素的宽度控制在1 000像素左右。

（4）动态图。图片像素的宽度为1 080像素，长度根据实际需求调整。

9.作者来源

字号可与正文相同，或者略大，加粗；颜色可与标题或者正文相同；常在文首和文末注明。

（二）不同类型微信文章排版设计

其实一切美的事物人们都喜欢，而精美的公众号排版，不仅从阅读上提升可读性，而且美观度能让人赏心悦目。[1]

色彩有表达情感的作用，文章配图一是为了真实性，二是为了趣味性，有图有真相。那首先就来说说不同类型微信公众号的颜色与配图的基本排版设置。

1.美食类文章

首选红色、橙色和黄色等鲜艳的色彩，鲜艳的色彩都有增进食欲的效果。比如我

---

[1] 微信公众号排版规范及工具推荐［EB/OL］腾讯网.https://new.qq.com/omn/20180118/20180118G02LEA.html

们吃的水果都是黄色、橙色，以及麻辣烫、火锅这些都是火红色的。

一定要配真实美食图，才能激起食欲。而且一定要经过后期处理，突出细节和达到色彩鲜艳度，怎么拍美食以及后期处理可查看本站发布的【拍照技巧】（主页打开菜单栏）。

2. 技巧类文章

黑灰是最佳选择色，黑灰一般都是以科技和智能高端产品为主，比如苹果产品，手机多数也是。而且简单的颜色，不易掩盖主题，更能注重技巧的实用性。

配案例图和操作图

3. 情感类文章

颜色亦可选择黑灰，当然还可以选择蓝色，蓝色是一个充满梦幻的色彩，有种清澈、浪漫、沉稳的感觉，所以市面上多数情侣不再追求红玫瑰，而钟情于蓝色妖姬！

搭配超清跟情感有关的图，或者风景图，和一些动图GIF。

4. 新闻资讯类文章

颜色需正式，最好是新闻媒体logo主色，便于提升品牌度，加深用户印象。配上跟新闻资讯相关、且真实（一定是真实的）图片，特殊情况需要使用马赛克。

（三）排版辅助工具

1. 新媒体管家

新媒体管家，它是一个浏览器插件，功能非常强大，适用于多款浏览器。要使用它需要微信扫码登录，关注公众号。新媒体管家可以管理你的所有新媒体账号，而且可以在多个账号间快速一键登录，节省很多登陆时间。不仅如此，安装了新媒体管家，还能在文中插入emoji表情，采集微信文章，搜索并添加GIF动态图（见图9-18）。

图9-18　新媒体管家

现在普遍都使用新媒体管家编辑器，因为它是直接在微信公众平台新建素材页面操作修改，而不需要从其他网页中排版后复制粘贴过来。非常方便快捷，而当你在选择使用一款编辑器的时候，尽量保证从一而终，因为最好是使用同一类型固定的排版，形成自己的风格，加深用户的印象。

而且之所以说它功能强大，主要是因为新媒体管家自身搭载了各个制作公众号文章素材的工具：比如"创客贴""懒设计"。都是免费在线平面设计工具，免费设计图片素材在线设计。前期做公众平台运营的可能会单独在这两个网站里去制作一些封面素材，而新媒体管家插件安装之后，即可在线制作封面图，并且里面有很多素材可以搭配使用。

（1）创客贴[1]。创客贴是一款极简的平面设计工具，通过拖拉拽就能轻松做出精美的图片。比如：名片、宣传海报、邀请函、易拉宝、公众号首图、宣传单/册、banner、网页广告、信息图表、折页/三折页、PPT模板、简历、台历、封面图、贺卡等平面设计图片。2018年2月，图虫创意与创客贴达成战略合作，为图片使用者提供正版高清图片，帮助创作者有效规避版权风险（见图9-19）。

图9-19　创客贴

（2）懒设计[2]。Fotor是一个全球1.9亿用户的在线快速平面设计平台。Fotor提供了很多不同尺寸、主题、风格的设计模板，包括微信公众号大图、微博焦点图、朋友圈海报等。你只需根据自己的需求，选择合适的模板，修改添加文案等信息，不会PS，也可以快速制作出图片。Fotor还提供云端储存功能，你可以随时随地进行设计（见图9-20）。

---

[1] 创客贴 https://www.chuangkit.com/
[2] Fotor：https://www.fotor.com.cn/

图9-20　号称懒设计的Fotor

（3）比如"Pixabay网站"[1]。Pixabay是一个充满活力的创意社区，分享免费的图片和视频（见图9-21）。所有的内容都是在Creative Commons CC0下发布的，这使得它们可以安全地使用，而无需为创作者署名。你可以以复制、修改、转发等方式使用这些图像，甚至用作商业用途，无需申请许可，也无需支付版税。但是，图像中所涉及的内容仍有可能涉及商标权和公共及隐私权。

赞助商的图片会在网站上显示，以获取对Pixabay运营的资金支持，同时也为用户提供获取专业图片的途径。这些图片会带有Shutterstock的水印。

免版权的图片对于做公众号来说尤为重要，尤其现在公众号管得比较严，如果网上随意搜索图片，作者来举报或者要求删稿就糟糕透了。

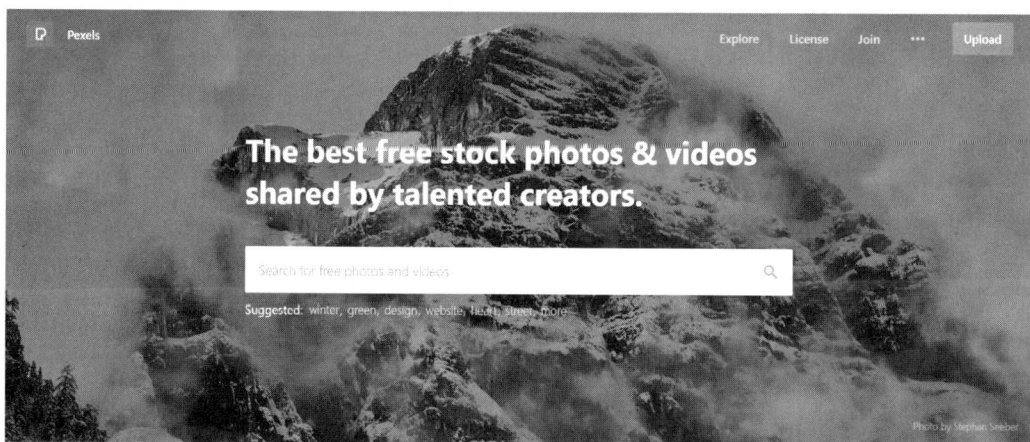

图9-21　Pixabay网站

---

[1]　Free stock photos·Pexels https://www.pexels.com/

2. 其他常用编辑器

除了新媒体管家之外，其余的编辑器都需要在它对应的页面编辑好之后，复制粘贴进公众号，后期修改比较麻烦。但是每个排版工具还是有各自的特点，偶尔可以结合使用，所以你需要多多少少对它们有所了解。那么其他常用编辑器在此作简单介绍。

（1）135编辑器。135编辑器是一款简单易用的在线图文排版工具，主要应用于微信文章、企业网站、以及邮箱等多种平台，企业可个性化订制。平台提供丰富精美的样式和模板，有秒刷、一键排版和全文配色等强大功能，像拼积木一样组合排版独特风格的文章（见图9-22）。

图9-22　135编辑器

（2）365编辑器。365编辑器是微梦领库旗下一款拥有海量素材，动图图库，提供高效图文排版的内容编辑器（见图9-23）。支持实时预览，一键秒刷，多平台一键同步功能，极大提高小编工作效率的必备编辑工具。也有付费会员，不过设有终身VIP模式，一次解决烦恼。不仅如此，还有热点日历、系统模板，配套服务做得不错。不过上线时间不长，页面导航还有待提高。

（3）秀米编辑器[1]。它有固定的一些排版模板，应用后可以修改图片和文字，编辑好之后也可以右键另存为长图进行分享和查看。排版界面和微信后台不太一样，不过没关系，在编辑器页面有秀米使用方法的详细教程，同时秀米还可以制作H5应用场景（见图9-24）。

（4）i排版[2]。这个编辑器可以直接插入表格，在节假日和时令、季节它都会推出相关类型的排版模板，可直接使用。（见图9-25）

（5）H5制作：MAKA[3]。MAKA（玛卡）是一个H5在线创作及创意工具，由深圳格

---

[1] 秀米首页-秀米XIUMI https://xiumi.us/#/
[2] 微信编辑器i排版 http://ipaiban.com/
[3] MAKA海报，微信图片，海报模板，海报制作，图片制作，素材模板设计共享平台 http://maka.im/v3/store

图 9-23　365 编辑器

图 9-24　秀米编辑器

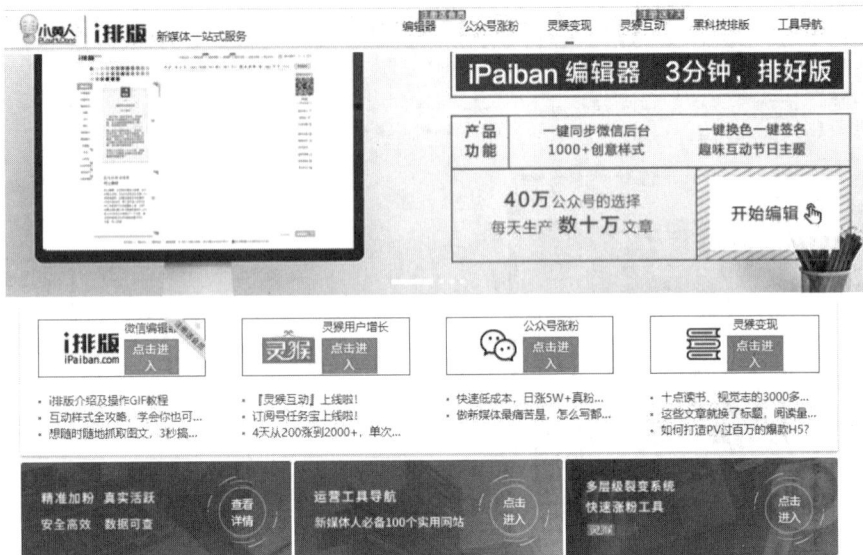

图9-25　i排版

莱珉文化传播有限公司开发，为企业提供包括企业形象宣传、活动邀请、产品展示、数据可视化展示、活动报名等应用场景需求的服务（见图9-26）。MAKA特点动画效果多，比较高端大气，基本功能免费，高级功能需要付费。

图9-26　MAKA（玛卡）

第四节　手机新闻客户端编辑

一、手机新闻客户端概述

（一）手机新闻客户端概念

新媒体客户端是借助数字、移动技术，安装在客户机上的服务程序，即在网络、移动终端上使用的不同程序。手机新闻客户端则属于智能手机发展后的第三方应用程序客户端，是媒体利用手机APP应用推送新闻的载体，具有和新媒体客户端一样的特征属性（见图9-27）。

图9-27　手机新闻客户端

手机新闻客户端是随着手机APP应用的发展而兴起的一类手机新闻传播新形态。在手机新闻客户端出现之前，手机用户浏览新闻、资讯大多采用手机上网的方式，即将手机作为互联网接入工具，通过手机访问传统的WEB网页。由于手机的低网速和小屏幕影响WEB网络在手机终端的显示效果，后又出现了专门的手机网，将传统的WEB网内容精简、压缩，制作成符合手机浏览需求的WAP版和3G版网站。在智能手机和多样化APP应用的带动下，新闻客户端目前成为手机用户及时浏览新闻和随时参与互动的主要选择。iiMedia Research（艾媒咨询）数据显示，73.7%的受访手机新闻客户用户每天都有使用手机新闻客户端，其中每天使用3次以上的用户达24.0%。艾媒咨询分析师认为，新闻资讯获取较为重视时效性，手机新闻客户端作为用户新闻资讯获取的重要渠道，其使用频率较高。随着移动端产品功能加强以及体验优化，新闻资讯内容覆盖领域不断扩大，养成每天使用手机新闻客户端习惯的用户也将继续增加。随着央视新闻等传统媒体加强新媒体端技术投入，未来用户能更多地从移动端获取内容专业性更强的新闻资讯。

（二）手机新闻客户端的特点

（1）内容全面综合，精挑细选。

（2）新闻更新快速，及时推送。

（3）互动纷繁多样，实时分享。

（4）满足个性化需求，定制阅读。

（5）界面简洁明了，操作方便。

（6）兴趣图谱产生，精准营销。

二、手机新闻客户端类型

目前，手机新闻客户端分为三类，即门户网站新闻客户端、传统媒体新闻客户端和聚合类新闻客户端。

（一）门户网站新闻客户端

顾名思义，就是将门户网站内容借助新闻客户端这一移动平台呈现给用户的一种媒介产品。也就是说，门户网站新闻客户端实则上是传统门户网站在移动互联网时代对内容平台进行的更新和升级。这类新闻客户端背后有商业门户网站作为支撑，依靠在ＰＣ时代积累的资金、技术优势以及互联网产品运作经验，在新闻客户端市场上率先发力。其内容包括转载、原创和用户原创内容（即UGC）。

以四大门户网站为依托的四个新闻客户端是门户网站新闻客户端的典型代表，它们分别是网易新闻客户端、搜狐新闻客户端、腾讯新闻客户端和新浪新闻客户端。2018年2月份艾媒咨询（IIMedia Research）发布《2017—2018中国手机新闻客户端市场研究报告》，在该报告中，活跃用户数排名前三的门户网站新闻客户端是：网易新闻客户端、腾讯新闻客户端、新浪新闻客户端。

（二）传统媒体新闻客户端

1. 传统媒体新闻客户端的定义

传统媒体新闻客户端，是由传统媒体（包括报社、电视台、通讯社等）研发并运营的新闻客户端，如人民日报客户端、央视新闻客户端、新华社客户端等。传统媒体新闻客户端的最大优势是内容，因为与其他类型新闻客户端相比，它们除了能采访新闻和发布新闻以外，还拥有专业性的采编团队，其内容的公信力和优质性是无可比拟的。

2. 传统媒体新闻客户端的分类

对于传统媒体新闻客户端的分类，同样有不同的标准。首先，按传统媒体新闻客户端的级别来划分，可将传统媒体新闻客户端分为中央级新闻客户端和地方级新闻客户端。其次，按传统媒体的类型来划分，传统媒体新闻客户端可分为报纸类新闻客户端、电视台推出的新闻客户端和通讯社推出的新闻客户端（见表9-1和表9-2）。

表9-1　传统媒体新闻客户端的分类一

类　　别	代表客户端	上线时间	所属新闻单位
中央级	人民日报	2014.6.12	人民日报社
	央视新闻	2013.5.1	中央电视台
	新华社	2014.6.11	新华社
地方级别	澎湃新闻	2014.7.22	上海报业集团
	浙江新闻	2014.6.16	浙江日报报业集团
	并读新闻	2015.4.15	南方报业传媒集团

表9-2　传统媒体新闻客户端的分类二

类　　别	代表客户端	上线时间	所属新闻单位
报社	人民日报	2014.6.12	人民日报社
	澎湃新闻	2014.7.22	上海报业集团
	浙江新闻	2014.6.16	浙江日报报业集团
	并读新闻	2015.4.15	南方报业传媒集团
	上游新闻	2015.11.18	重庆日报报业集团
	九派新闻	2015.9.23	长江日报报业集团
电视台	央视新闻	2013.5.1	中央电视台
通讯社	新华社	2014.6.11	新华社

（三）聚合类新闻客户端

今日头条、ZAKER、百度新闻、鲜果等属于聚合类新闻客户端。这类新闻客户端不是新闻内容的生产者，而是互联网庞大资讯的抓取者和整合者，是"新闻的搬运工"。ZAKER的创立人李森和就说过："ZAKER是一个内容平台，所以内容更多是由合作伙伴来提供，我们编辑的工作更多是做做专题，包括一些运营的角度，进行内容过滤，而不是写稿、发稿。""搬运来的"新闻依靠算法实现新闻的个性化定制，即通过对用户的阅读偏好、社交关系等的数据挖掘，用算法精准计算出用户感兴趣的内容并进行推送。由此可见，为用户定制新闻是聚合类新闻客户端的特色。

由于门户网站新闻客户端和聚合类新闻客户端的开发商是互联网企业或者科技公

司，而传统媒体新闻客户端的所属单位为传统新闻媒体。因此，可以将门户网站新闻客户端和聚合类新闻客户端合并称为"商业性新闻客户端"。

三、我国传统媒体新闻客户端发展状况

iiMedia Research（艾媒咨询）数据显示，截至2017年第四季度，中国手机新闻客户端用户规模增至6.36亿人。与互联网企业或网络科技公司创办的新闻客户端相比，传统媒体受体制与理念等多种因素的制约，从2013年起才陆续推出新闻客户端。其中，央视新闻客户端、人民日报客户端、浙江新闻客户端和澎湃新闻客户端是其早期代表；直至2015年，传统媒体新闻客户端才出现井喷发展之势。形成了"东澎湃，南并读，西封面，北无界，中九派"的格局。传统媒体新闻客户端经历了"野蛮生长"后，在新的时代环境下，多次自我升级，竞争力明显提升，并呈现出新的市场特征。

（一）二八效应，市场格局两极化

"二八效应"指的是在一个自由市场中，20%的产品占据了80%的效益，也就是所谓的"头部效应"。在手机新闻客户端的市场中，客户端数量虽然规模庞大，但绝大部分的用户被前10名左右的客户端垄断。

对于新闻客户端市场而言，"二八效应"主要体现在两方面。一是在整个客户端市场中，传统主流媒体客户端面临着社交媒体和综合性资讯客户端的竞争。社交媒体更成了用户日常生活的流量入口，而综合性资讯客户端因算法推荐、海量性、娱乐性、个性化等特点占据了绝大部分用户市场。数据显示，2017年第四季度，腾讯新闻以41%的活跃用户占比领跑中国手机新闻客户端市场，今日头条以34.8%紧随其后。而作为传统媒体的人民日报排在第九位，活跃用户占比5.2%，澎湃以4.9%紧随其后。

而在传统媒体市场内部格局中，新闻客户端之间的发展差距也非常之大。如今，占据头部的新闻客户端主要是人民日报、新华社、央视新闻和部分省级媒体客户端，众多地方媒体新闻客户端扮演着"长尾"的角色。根据数据显示，全国36家电视台在11家安卓市场上的客户端下载总量为21亿，其中中央电视台、湖南电视台、浙江电视台客户端下载量达到20亿，占比超过下载总量的95%，大部分电视台下载量仅百万或十万级。纸媒客户端发展也颇为类似。可以预见，如果地方媒体在资金、技术、用户和差异化路线等方面乏力，"二八效应"将更加明显。

（二）增速放缓，用户市场趋饱和

2017年，中国手机新闻客户端用户规模为6.6亿。2014—2017年，用户规模的增长速度持续放缓。由2014年的32.4%下降到2017年底的11.9%。

人口红利作为中国互联网发展的一个重要支撑。随着互联网发展进入下半场，虽然新闻客户端的用户增长速度在减缓，但相对于社交媒体"10亿"而言，新闻客户端的用户规模未来依然拥有一定的增长空间。笔者认为，传统媒体新闻客户端的整体用户市场规模离天花板还有一定距离，但并不等于单个传统媒体客户端的用户规模值得期待。一是因为传统媒体新闻客户端的用户群体不比社交媒体的面积广；二是社交媒体作

为日常资讯入口，加上用户习惯和兴趣的导向，传统媒体新闻客户端未来的用户增长将受限。

虽然用户规模相较于商业媒体客户端来说差距较大，但传统媒体新闻客户端的用户人群质量却比较高。根据iiMedia Research公布的数据显示，新华社客户端、央视新闻客户端、人民日报客户端月收入10 000元以上用户群体占比最高，比例分别是35.4%、27.7%、26.6%。笔者认为，商业媒体中"娱乐味"过浓而"价值"不足，传统主流媒体的优势正在于其信息来源的权威性、内容的价值性，会偏向于特定的用户群体。虽然传统媒体的总体用户规模不及商业媒体，但这样的数据却释放了一个良好的信号。

（三）多面发力，头部差异化显著

随着传统主流媒体在理念、资本、技术、内容等多方面的不断迭代，传统媒体新闻客户端差异化明显。诸如人民日报、新华社、央视新闻、澎湃新闻、并读新闻等客户端刚上线之际，就打着差异化的旗号，以用户为中心不断迭代，带来不同体验。

据观察，差异化主要是在传统媒体新闻客户端的头部，包括客户端风格、内容定位、技术使用、用户市场等。比如在封面新闻最新上线的4.0版本中，将重点放在"优化UI结构，强化优质内容曝光""突出视频优先，增强用户的黏性""建设城市频道，提升川外用户体验"三个方面。迭代后，用户可以看视频、听新闻、读新闻、甚至和机器人聊天，为用户带来视听读聊的全景式沉浸互动体验。并读新闻客户端采用的"新闻+分成+社交"的方式，用户可以通过阅读、点赞、评论、分享、创作等方式积累现金积分，再通过积分兑换礼品。而上游新闻在上线半年后便推出了首个自主研发的VR新闻技术应用平台，开创国内首个VR新闻频道，大大提高了新闻阅读的现场感和沉浸感。此外，界面新闻主打财经和商业、澎湃新闻主打时政和思想等。

（四）政策收紧，传统媒体迎春天

以腾讯新闻和今日头条为代表的商业媒体综合资讯客户端曾一度让传统媒体新闻客户端望尘莫及，其算法推荐和个性聚合的方式极大地迎合了用户的需求。但没有了专业的"把关人"，相当于挑战了传统的新闻体制，当然也就面临着巨大的监管风险。2017年12月29日，北京网信办针对今日头条、凤凰新闻持续传播色情低俗信息、违规提供互联网新闻信息服务等问题，分别约谈两家企业并责令整改。其中今日头条仅在2017年就被约谈整改4次。今年，更是频遭约谈。

自2017年6月1日起，国家网信办正式实施《互联网新闻信息服务管理规定》，要求资讯类的平台必须"取得互联网新闻信息服务许可证"。截至今年1月，据中国网信网公布的名单来看，获批应用程序名单中有50家，基本是"新华炫闻""央视影音""中国日报客户端"等。

许可证的发放既意味着国家监管的加强，也意味着行业准入门槛的提高，对商业类资讯客户端尤其如此，但却是传统媒体新闻客户端"弯道超车"的一次机会，传统媒体在内容把关和行业准则的坚守上更胜一筹，随着新闻本质的回归，传统媒体的潜力和优势值得期待。但与此同时，我们应该警惕传统媒体新闻客户端手拿执照，倚仗政策建立的壁垒而安于现状的现象。[1]

四、传统新闻客户端存在问题

（一）客户端扎堆现象严重

在2014年传统媒体大举进军客户端市场之时，有学者曾提出疑问：新闻客户端对传统媒体来说，是"馅饼"，还是"陷阱"？

北京日报2016年的一篇报道指出，传统媒体客户端在2016年初总数达231个，但九成用户只看1个新闻客户端，下载量进入"千万量级梯队"的客户端凤毛麟角。根据笔者在360手机助手、百度手机助手两个当前市场影响力较大的安卓手机应用市场统计发现，以人民日报和新华社为代表的，下载量进入"亿"级别，而以澎湃新闻、环球时报为代表的也进入"千万"级别。但是在整个应用市场中，还存在大量下载量仅1万左右的客户端。

传统媒体与新媒体融合是毋庸置疑的，但所有的传统媒体一窝蜂扎进客户端市场之后，负面效应开始显现。媒体融合既要"身"融更要"心"融，而在整个客户端市场中，很多客户端追求"大而全"，往往只是照搬传统内容，忽视差异化和本地化，客户端整体同质化严重。对于市场来说，用户的"注意力"是有限的，而对于用户来说，自己的兴趣和时间是有限的，选择也是有限的。因此在整个市场竞争中，当头部开始产生虹吸效应后，长尾部分由于用户规模、技术、资金和运营理念等方面的问题，逐渐被市场抛弃，成为"僵尸"新闻客户端。而这对于本就举步维艰的传统媒体来说就是一个"陷阱"。

（二）内容需求成"痛点"

内容更新不及时、低俗内容多、功能和内容单一、原创较少、新闻内容专业性差、定制内容准确性差和阅读体验差等成为当前用户在使用新闻客户端时的最大痛点。

商业媒体的算法推荐和个性化匹配易形成"信息茧房"。而对于传统媒体新闻客户端来说，弘扬正能量和主流价值观与优质内容之间形成了一定的矛盾。主要表现为内容范围窄、定制推送准确性差、新闻内容过于严肃、用户交互性差、更新速度慢等方面。比如新华社客户端每天首页更新的内容多以国家时政和社会新闻为主，更新频率较慢，缺少活力和新意。且相较于商业网站，栏目设计较少，主要集中在时政、国际、财经、社会等方面，缺少更多垂直栏目。

此外，从叙事的角度来看，特别是地方党报，拥有一套属于自己的话语体系，在话语表达、内容呈现以及与用户互动上较为拘谨。在内容来源上，很多客户端奉行的是"拿来主义"，客户端的内容来源于报纸，而客户端相互之间也是照搬照抄，没有自己独特的定位。内容重复所带来的用户体验必将欠佳，进而导致品牌度和辨识度不高，用户黏性不足。

（三）盈利模式单一

目前，新闻客户端的盈利模式包括广告、用户付费、电商引流和服务增值等方面。

[1] 高菲.传统媒体新闻客户端的现状及其发展建议［J］.《新闻战线》，2018（9）.

传统媒体新闻客户端的盈利模式主要是以广告为主,其投放方式包括开屏广告、信息流广告、详情页广告。此外,盈利模式还包括付费订阅和服务增值,但付费订阅的方式目前并不成熟,财新网新闻客户端在2017年11月宣布内容将全面收费。在此之前,第一财经周刊客户端也实行付费阅读,但从整个客户端付费市场来看,这些也只属于个案,且都是财经类新闻客户端。

盈利模式单一导致盈利能力不足,究其原因,一是由于传统媒体本身的用户规模受限,不及商业媒体的活跃度和庞大的用户规模,对"利润源"广告主的吸引力不足;二是由于其内容质量和用户体验不佳尚没有建立起自己的"利润壁垒";三是在新闻客户端中,广告的存在与用户体验互为矛盾体,由于传统媒体的双重属性,减少广告位以增进用户体验和黏度是必然选择;四是由于技术受限,在对用户进行精准分析和投放上力度和精确度不足,广告效应受到一定影响。

五、传统新闻客户端未来发展探索

针对传统媒体新闻客户端目前所遇到的问题,笔者认为,未来可以从平台、内容、技术、盈利模式等方面进行探索,彼此联动,推动客户端的良性发展。

(一)平台层面:打造优质的综合性服务平台

移动互联网时代,海量信息和用户个性化之间存在着巨大的供需矛盾,既体现在内容的数量上,也体现在内容的质量上。因此,媒体不应单纯扮演信息的生产者,而是应该以信息发布平台的形式存在,成为用户、政府、自媒体和企业机构的桥梁。人民日报便是平台化探索的先驱者之一,而其刚上线的"人民号",更是实现了与"百家号"的互联互通,搭建起由主流媒体、政务部门和自媒体号相互联系的新媒体内容生态,提供内容生产和分发全流程服务,为用户提供个性化的优质内容。目前,"人民号"有2 000多家主流媒体、党政机关、高校、优质自媒体和名人入驻。

(二)内容层面:弘扬主旋律,打造有价值的精品

在众声喧哗的时代,传统媒体的理性和深度显得弥足珍贵。"内容为王"作为传统媒体的比较优势,是其新闻客户端生存和发展的"灵魂"。因此,传统媒体新闻客户端要立足专业主义,精耕内容、打造精品。同时发挥其权威性、客观性以扩大影响力,此外,应弘扬正能量和主旋律,承担起引领社会价值和舆论的责任。在叙事方式上创新话语表达体系,力求活泼生动接地气,雅俗共赏;在表达形式上,有机结合文字、图片、短视频、直播、H5等多种表现方式,"联合作战"。比如,2017年,人民日报客户端推出的《快看呐!这是我的军装照》H5就在短期内迅速获得大量关注,点击量突破11亿。今年,人民日报客户端更是加大了短视频的使用率。而对于地方媒体来说,应该强调本土化和差异化,推出贴近生活、贴近现实而又为大众喜闻乐见的优质内容。

(三)技术层面:紧跟技术前沿,进行充分开发与利用

技术一直是传统媒体新闻客户端的短板,而人工智能、大数据、VR、云计算等又都是当前技术发展的前沿,并与媒体发展息息相关。传统媒体新闻客户端应当抓住

技术发展的"风口"，积极探索，与前沿技术深入融合。有机结合人工智能、数据挖掘、LBS和数据分析技术，实现对用户的精准服务。比如人民日报刚推出的"创作大脑"，便开发利用了智能写作、智能引擎、语音转写、数据挖掘和视频搜索技术，"五位发力"，为内容创作赋能。但与此同时也应以今日头条为前车之鉴，避免因"技术迷思"带来的不良后果。正如"人民号"上线之际，人民日报社副总编辑卢新宁在主旨演讲中表示的那样：我们高度重视算法推荐，正在研究通过"党媒算法"，实现海量内容与个性化需求的匹配效率，但我们坚决反对失控的算法、混乱的算法、危险的算法。

（四）盈利模式：探索多种模式结合的"组合拳"

对于传统媒体新闻客户端来说，除移动广告、信息流广告等方式以外，知识付费是未来值得期待的方向。根据艾瑞咨询发布的《2018年中国在线知识付费市场研究报告》显示，2017年中国知识付费产业规模约为49.1亿元，同比增长近3倍。未来3年，知识付费产业规模预计在2020年，产业规模将达到235亿元。但是，知识付费的前提是建立以内容为核心的竞争壁垒和比较优势，既保持自身的竞争力、用户黏性和品牌影响力，又为用户付费奠定基础。对于垂直性传统媒体客户端来说，其走用户付费的途径成功的可能性更大，而对于综合性传统媒体客户端来说，由于资讯的壁垒不强，难以实施此方法。其次，可以把新闻客户端打造成一个综合性生活服务平台，为用户提供生活资讯等服务信息，带动消费。此外，还可以结合大数据、电商引流、增值服务等商业媒体盈利模式的优点，在商业诉求和资讯服务之间把握好平衡，既不影响用户体验又能够实现盈利，打好"组合拳"。

媒体融合，犹如逆水行舟，不进则退。而对于传统媒体自建客户端来说，一不可盲目跟风，蜂拥而上，走差异化路线更为重要；二不可急功近利，流量迷思，客户端建设和用户运营是一个长期沉淀的缓慢历程；三不可消极懈怠，步人后尘，而应时刻紧跟技术前沿，研究市场，坚持创新，深耕精品。在差异化、本地化和精品化中走出属于自己的一条路。

六、手机新闻客户端编辑方法

（一）手机新闻的编辑原理

手机媒体具有多形态、小屏幕、移动性、贴近性和高度依赖的传播特征，这些特征决定了在对手机新闻进行编辑时要遵循手机媒体的传播规律，因此，手机新闻有一套不同于网络新闻的编辑原理。

1. 小屏幕与精约式编辑

精约式编辑首先表现在新闻内容上，要制作"标题新闻""导语新闻""一句话新闻"，用简短的几十个字甚至十几个字写出新闻事件的五要素，文字精练，篇幅短小，就算不看详细的报道，也基本掌握了新闻的要义。

2. 移动便携与实时式编辑

手机新闻要做到实时式编辑，重要、重大、热点、突发等新闻要在第一时间更新、发布，部分新闻还可以采用滚动报道和实时直播的形式播报。

实时式编辑要第一时间关注网民在手机新闻后的跟帖和留言，并实时编辑处理这些内容。

实时式编辑符合人们在工作和生活的碎片化时间通过手机获取资讯的需求。

3. 个性贴身与定制式编辑

手机新闻的编辑要符合用户的个性化需求，尽可能提供多种定制服务，做到分众传播。

4. 高度依赖与推送式编辑

推送式编辑时基于信息推动技术，以数据挖掘、自然语言处理以及互联网等多门技术为支持，将合适的信息推送给合适的人。

（二）手机新闻客户端整体框架设计与编辑

一个规范的手机新闻客户端由三个部分构成：新闻资讯板块、互动分享板块和辅助功能板块。新闻资讯板块设计栏目、新闻、专题和话题，在新闻里又包括新闻列表、新闻正文、图片、视频和新闻榜；互动分享板块设计评论留言跟帖、调查投票、分享到社会化媒体；在辅助功能板块里涉及栏目订阅（又叫定制）、内容收藏、离线下载、新闻推送和阅读模式选择。手机新闻客户端易被看成网站内容的简约版，但它不是WEB网站内容的简单缩减，而是基于手机终端的独立设计，在定位、栏目和版式上符合手机新闻传播规律。

1. 明确客户端类型与定位

设计手机新闻客户端，首先要明确拟简称哪种类型的客户端。平台类、媒体类和综合类各有不同的操作后台和编辑系统，也需要汲取不同的新闻资源，采取不同的运营方式。平台类客户端需要考虑新闻源的开发、整合和版权问题，媒体类客户端需要考虑利用原创资源、与媒体其他数字平台打通的问题，综合类客户端需要考虑内容定制与实时新闻的平衡，建设服务于两种模式的综合性技术后台。

在确定类型之后，还要明确客户端的定位。同为媒体类客户端，有的定位为忠实于原媒体，从内容到分类几无二致；有的定位为从原媒体内容中挑选特色和精华，显现出一定程度上的区别；有的则重新打造栏目，定位为对原媒体内容的重新整合和编排；还有的定位为细分类新闻客户端，即只是原媒体的某一栏目或节目，内容简单而专一。比如CNTV有CNTV-新闻联播、CNTV-经济半小时、CNTV-中国财经报道、CNTV-焦点访谈等数十个新闻客户端，每个客户端都只是这个栏目下内容的点播，没有任何其他视频。

在明确客户端类型与定位时，还要统筹考虑客户端的经营模式。免费或收费都直接影响到客户端的用户下载和使用频率，也关系到客户端的运营效果。

2. 设置栏目和互动

对于平台类新闻客户端，不需要考虑设置栏目的问题，但要考虑订阅的分类和互动的设计。在订阅分类上，除了一般性的"新闻""财经""科技""体育"等大众类别外，还要考虑用户的个性需求，提供细分化的类别和内容，比如"星座""本地新闻""自选股""假日出行"等。在互动设计上，需要接入多类社会化媒体，提供充分、便利的互动和分享应用。比如在 Zaker 客户端里，囊括了赞、评论留言、新浪微博、腾讯微博、人人网、搜狐微博、QQ空间、POCKET、印象笔记、微信、邮件分享、短信分享和收藏文章等10多种链接按钮。互动、风向越充分，平台的作用和价值就越大，新闻报道通过平台类客户端所获得的覆盖面和影响力也就越大。

对于媒体类客户端，需要依据定位来设置栏目。可以把原媒体的栏目和版面直接搬移到客户端上，可以突出特色和重点，也可以根据需要重新组织内容、重新设计栏目。有条件的耳媒体则呈现出两种或三种不同栏目设置和形式的新闻客户端。比如《人民日报》就开发有《人民日报》和《人民日报》新闻两个客户端，前者的栏目就是报纸的版面名称，后者则突出《人民日报》的独特、独家资源，设置有《时事》《社会》《经济》《评论》和《求证》五个栏目，其中《评论》和《求证》为报纸最有分量和特色的内容。《现代快报》也有《现代快报》和《掌上快报》两个客户端产品，前者保留报纸的原汁原味，后者内置有《热点新闻》《江苏本地》《图片视频》《快报微博》《快报锐评》《轻快阅读》《快报周刊》等栏目，注重新闻性、思想性、互动性和娱乐性。其中《快报周刊》整合了《现代快报》读者中阅读率和好评度最高的七份周刊——《爱周刊》《博客周刊》《发现周刊》《柒周刊》《点点周刊》《健康周刊》和《成长周刊》。

对于实时新闻客户端，栏目设置应以全面为出发点。设置较为全面的栏目，一方面在于提供更多的定制选项满足用户个性化需求，另一方面在于突出 WEB 网站的特色和原创性，在各类客户端中显现出差异化。在下载量较多的新闻类客户端中，每家都设置了10多个栏目，此外，又都有各自的特色栏目，"掌中新浪"有《头条》《博客》《书摘》，《腾讯新闻》有《星座》《话题》《视频》，"网易新闻"有《女人》《原创》《轻松一刻》，《凤凰新闻》有《热榜》《台湾》等，做到了共性中保留个性，个性外不失共识。在互动方面，则需要和网站原有优势互动资源结合，甚至与网站用户平台打通，共享互动内容和反馈。

对于综合类新闻客户端，既要考虑订阅内容的主题分类，也要考虑实时新闻的栏目设置。上述平台新闻客户端和实时新闻类客户端在栏目设置和互动设计上的编辑思路和方法同样适用于综合类新闻客户端。

3.编排版式优化用户体验

手机新闻客户端在版式设计上有两个难题：一是手机屏幕比台式机和平板电脑的屏幕要小，很难进行复杂的版式设计；二是手机终端多样，屏幕大小规格不一，需要在编排版式时考虑各种手机的适配问题。因此，手机新闻客户端的版式设计应以简洁明了、操作简易为原则，以充分利用好手机触屏和滑屏技术为前提，以用户直观和方便浏览为目标。

手机新闻客户端的操作一般有横向的左右滑动和纵向的上下滑动两种，运用最普遍的技术为触屏式的弹出和隐藏。基本版式采用上下各占一行的栏目导航和不断更新的图文新闻构成，更多栏目被隐藏，更多的新闻在滑动中加载。在内容编排上，大多数新闻客户端将默认页设计为焦点图头条和3～5条图片+新闻摘要的列表，将专题页、图片页和视频页设计为整齐划一的列表样式，在文章页则控制页面内容，篇幅长的文章提供切换到下一页的功能，同时还可以提供修改字体、评论、收藏、转发等功能。

受制于手机技术和移动网速，手机新闻客户端目前还很难展现复杂的Flash动漫，也不易承载具有丰富表现力的内容，因而版式编排重在用户体验，不断优化用户体验，让用户能操作简便、倡导自如地出入客户端栏目与栏目、栏目与内容、内容与内容之间。比如在腾讯新闻客户端中，不仅栏目、图片可以通过左右滑动切换、文章页也可以通过单手滑动切换到上一篇或下一篇。

（三）对新闻客户端日常新闻资讯的选择与编辑

在手机新闻客户端编辑日常新闻资讯的流程，包括选取新闻、编辑新闻和策划制作专题。手机新闻客户端实时更新，无论是选取新闻还是编辑新闻，都有一定的弹性和较为宽松的编辑空间，策划制作专题的频率也较高。

1. 新闻价值规律与媒介自身传播特点结合的产物

具体到手机新闻客户终端，第一要体现的是时效性，让手机端新闻即时发布、即时获知的优势充分发挥。特别是重大突发新闻，应在第一时间选择、录入到手机端的内容管理系统，在新闻客户端平台率先发布并推送。第二是重要性，让用户在狭小的手机页面上获得最有价值的新闻。一般情况下，WEB网的内容更为丰富，更新频率更高，手机新闻客户端每日发布数量有限，也不易频繁更新，因此可以参照WEB网的新闻排行榜和热评榜来体现新闻。第三是均衡性，满足不同手机用户的多样化需求。手机容量有限，无法用丰富的内容来满足浏览者个性化的阅读，因此只能在选择新闻时尽量集纳不同类别的新闻，做到内容平衡、数量均衡。第四是多媒体性。尽管图片和视频展现在手机端时缺少一定的视觉冲击力，但从传播效果看，多媒体依然会更易于吸引用户眼球。

2. 编辑新闻

手机新闻客户端有独立的内容管理系统，借助这类软件技术实现对内容的编排和发布。客户端的编辑对象分为两方面：栏目页和文章正文。

对于栏目的编辑，一是按照系统规范的要求控制标题字数、摘要字数、图片格式和尺寸，单页新闻数等；二是从内容角度编写标题和内容摘要，制作焦点图；三是对栏目页上的新闻和图片进行排序。栏目页的标题字数一般要求在15个字以内，摘要基本为30个字左右。制作标题新闻要素不一定齐全，体现新闻中最有价值的一点即可，同时要兼顾吸引力和引导性。摘要则要求更高，既不能和标题内容重合，又要把文章的亮点体现出来。图片编辑的重点在裁剪中取景，狭窄的页面不宜展现太宏大的场面图片，选取裁切时以近景和细节、特写镜头为主。栏目页的新闻排序则需要依据新闻价值叠加即手机端性质综合评估来确定。

文章正文的编辑与网页新闻的基础编辑大致相似，要有修改添加，对图片进行裁切及撰写说明，对长文章尽量写出阅读提示，对评论较多的文章在标题下或栏目页的摘要中标注评论数，技术条件完备的手机客户端还可在文章正文中插入图片和视频。

3.策划制作专题

随着用户越来越频繁地浏览手机新闻，客户端中的专题也越来越多，但专题的策划制作都较为简单。整个专题页面呈现为题图加新闻列表的版式，在新闻列表中一般分设新闻、图片、视频、评论、背景资料等基础性栏目，此外，有的专题也会开设与主题相关的栏目。但是，新闻列表的版式很难让用户注意到专题里的小栏目，因此设置专题栏目要用技术手段尽量使栏目凸显出来，或者不用传统的新闻列表而采用滑屏的方式把栏目之间呈现在专题默认页中。

在手机新闻客户端的新闻编辑中，还有一类不常用的新闻形态：手机新闻直播。手机新闻直播对客户端的要求较高，用户很难保证长时间用手机在线浏览、观看直播内容。因此，手机新闻客户端一般在面对重大、突发事件时才会考虑采用手机新闻直播模式，并对直播的内容实时编辑成单条新闻报道不断滚动发布。[1]

案例讨论

案例1　中央网信办等4部门抓紧推进App专项治理

中央网信办、工信部、公安部、市场监管总局指导成立App违法违规收集使用个人信息专项治理工作组以来，组织开展的App收集使用个人信息评估工作取得阶段性进展。记者从工作组负责人处获悉，截至4月16日，举报信息超过3 480条，涉及1 300余款App。对于30款用户量大、问题严重的App，工作组已向其运营者发送了整改通知。

据介绍，今年3月份，工作组开通了微信公众号"App个人信息举报"和举报专用邮箱（pip@tc260.org.cn），广大用户积极举报App违法违规收集使用个人信息的行为。截至4月16日，举报信息超过3 480条，其中实名举报1 040余条，涉及1 300余款App。被举报App主要集中在金融借贷、社区社交、网上购物、短视频与直播、即时通信等领域。

对于用户实名举报的信息，工作组逐一与举报人进行沟通，及时反馈举报信息受理情况。对于匿名举报也进行了认真核实，并组织专业机构对举报较为集中的App进行了评估。从举报的问题来看，26%的App没有隐私条款或未在隐私条款中明确收集个人信息的目的、方式、范围；31%的App在申请打开收集个人信息相关权限时，未明确告知用户；20%的App收集与业务功能无关的个人信息，如金融借贷App收集用户通信录；19%的App未经用户同意，向他人提供设备ID、应用程序列表等个人信息；13%

[1] 詹新惠.新媒体编辑［M］.北京：中国人民大学出版社，2013：251-255.

的App强制索要与业务功能无关的权限，如计算器、手电筒App强制要求打开地理位置权限。还有一些App存在不支持用户注销账户、更正或删除信息等问题。

4月上旬，工作组针对30款用户量大、问题严重的App向其运营者发送了整改通知，要求App运营者认真整改、举一反三，及时纠正个人信息收集使用方面存在的问题，并在1个月内将整改情况反馈工作组。逾期不改的，工作组将建议相关部门公开曝光，情节严重的予以下架、停止服务等。

记者从中央网信办网络安全协调局了解到，中央网信办、工信部、公安部、市场监管总局高度重视个人信息保护工作，针对当前App强制授权、过度索权、超范围收集个人信息等网民反映强烈的问题，将抓紧出台必要的管理规范和相关标准。对于问题严重且不及时整改的App运营者，将依法予以暂停相关业务、停业整顿、吊销相关业务许可证或吊销营业执照等处罚。

（资料来源：网络传播杂志https://mp.weixin.qq.com/s/iopdWoIMxXo0A−LjbElqQ）

当前客户端发展主要存在哪些问题？

案例2　视频短就不会构成侵权吗？法律专家这样说

随着移动智能终端的普及与软件技术的快速发展，我国短视频行业近几年发展迅猛，与此同时，信息网络传播权纠纷也时有发生。那么，日常拍摄的短视频到底有无版权，随意剪辑、传播会不会构成侵权呢？

一、短视频是作品吗？

2018年年末，北京互联网法院挂牌成立后受理的首起案件"抖音短视频"诉"伙拍小视频"侵害作品信息网络传播权案宣判，法院认定涉案短视频《5.12，我想对你说》是受我国著作权法保护的作品，这也让短视频的版权问题成为大众关注的焦点。

根据《中华人民共和国著作权法实施条例》规定，著作权法所称的作品是指文学、艺术和科学领域内具有独创性，并能以某种有形形式复制的智力成果。这意味着，如果短视频被认定为著作权法所保护的作品，需要符合以下两个条件：一是必须具有可复制性，二是必须具有独创性。

日常传播的短视频是否具有这两种特征呢？我们日常所见到的短视频一般分为两类，一类是自行创作、录制拍摄的，通常包括短纪录片、网红IP、情景短剧、技能分享、随手拍等。另一类就是对已有视频进行剪辑、加工、制作而成，包括创意剪辑、精彩片段等。

由于短视频是近几年才发展起来的一种视频界"新军"，所以我国法律界对于什么类型的短视频才属于作品，能否受到法律的保护一直存在争议。

案例

去年，北京快手科技有限公司起诉广州华多网络科技有限公司侵犯著作权，北京市海淀区法院判决，"PPAP"（时长36秒）和"这智商没谁了"（时长18秒）两条短视频构成作品，华多公司侵犯了快手公司依法享有的信息网络传播权，判决华多公司赔偿2万元。

该案主审法官认为：鼓励作品的创作和传播，促进文化事业的发展和繁荣，是著作权法的立法追求之一。在短视频产业已渐成规模的当下，法律规范应当对市场及其中的商业逻辑有所回应，尤其不应为"作品"设限，人为提高作品构成要件的门槛。

二、未从中收益就不属于侵权？

有些人认为，只要视频够短，就不会发生侵权问题。特别是目前在抖音、快手流行的视频作品，一般只有15秒、8秒左右，无法称之为作品，因此不会侵权。

实际上，时间长短虽然可能会限制创作者的表达空间，但如果作者能在十几秒甚至是几秒的时间内创作出一定主题，并具有多种元素的表达内容，那就可以认定这个短视频是一个完整的作品，未经允许进行使用传播就有可能侵害作者的著作权。

在上述"抖音短视频"诉"伙拍小视频"著作权权属、侵权纠纷一案中，北京互联网法院针对时间较短会不会侵权这个问题也给出了答案：视频的长短与创作性的判断没有必然联系。视频越短，其创作难度越高，具备创作性的可能性也越大。要判断短视频是否符合作品的构成要件，还需结合短视频的类型和内容综合分析，不能一概而论。

对于短视频侵权认识的另一个误区是合理使用。有人认为，使用他人的视频是出于合法目的，没有从中收益，不属于侵权行为。实际上，著作权法第22条及《信息网络传播保护条例》第6条分别明确规定了12种及8种合理使用范围，这些主要是根据使用作品的目的、性质、程度以及被使用作品的市场影响等方面来判断的。如为个人学习、研究或者欣赏，使用他人已经发表的作品；为介绍、评论某一作品或者说明某一问题，在作品中适当引用他人已经发表的作品；为报道时事新闻，在报纸、期刊、广播电台、电视台等媒体中不可避免地再现或者引用已经发表的作品等。因此，公众在传播视频时切记要对照标准判断自己的行为是否属于上述规定的合理使用范围。

三、传播过程中各方都有应尽义务

那么，究竟如何使用短视频才能不侵犯创作者的合法权益呢？

首先，作为短视频作品的创作者既要提高版权保护意识，又不得侵犯他人的合法权益。作品一旦发布，要及时向中国版权保护中心开通的自媒体视音频线上版权登记平台申请版权登记。在相关权益受到侵犯时，也要主动进行维权，维护自身合法权益。如果是改编、引用他人作品，要得到授权，注意标明作品来源或出处，不能侵犯他人的版权。即使是在短视频背景音乐的选用方面，也不能侵犯词、曲作者或其他著作权人对歌曲享有的合法权益。因此，短视频作品的创作者从脚本创作、视频编辑、视频发布等环节都应坚持独立创作、合法引用。

其次，作为网络服务提供者，短视频平台要切实尽到合理的注意义务。据相关法律规定，短视频平台仅作为网络服务提供者，而非直接侵犯他人合法权益的，应当及时履行"通知—删除"义务，即"被侵权人有权通知网络服务提供者采取删除、屏蔽、断开链接等必要措施""网络服务提供者接到通知后未及时采取必要措施的，对损害的扩大部分与该网络用户承担连带责任"。此外，网络服务提供者也不能随意向用户提供音乐、视频的下载、上传服务。

最后，作为短视频作品的传播者，在观赏他人制作的短视频之余，也要注意保护他人版权，不得随意转发、恶搞未经授权的作品，转发、引用要标明作品的创作者、来源或出处，不能掉以轻心、触犯法律。

（资料来源：《网络传播杂志》https://mp.weixin.qq.com/s/Q2iVf5-25KLbQSkNzJWwbw）

短视频编辑时需要注意哪些问题？

课程实训

思考

1. 一个典型网站结构如何呈现？

2. 微博标题有何类型？

3. 微信公众平台内容编辑规范有哪些？

4. 手机新闻客户端有何特点？

实践

研究同一媒体在聚合类新闻客户端中的内容与作为独立媒体类客户端的内容是如何进行编辑的，比如今日头条中的《澎湃新闻》与澎湃新闻客户端。

附录　互联网新闻信息服务管理规定

第一章　总则

第一条　为加强互联网信息内容管理，促进互联网新闻信息服务健康有序发展，根据《中华人民共和国网络安全法》《互联网信息服务管理办法》《国务院关于授权国家互联网信息办公室负责互联网信息内容管理工作的通知》，制定本规定。

第二条　在中华人民共和国境内提供互联网新闻信息服务，适用本规定。

本规定所称新闻信息，包括有关政治、经济、军事、外交等社会公共事务的报道、评论，以及有关社会突发事件的报道、评论。

第三条　提供互联网新闻信息服务，应当遵守宪法、法律和行政法规，坚持为人民服务、为社会主义服务的方向，坚持正确舆论导向，发挥舆论监督作用，促进形成积极健康、向上向善的网络文化，维护国家利益和公共利益。

第四条　国家互联网信息办公室负责全国互联网新闻信息服务的监督管理执法工作。地方互联网信息办公室依据职责负责本行政区域内互联网新闻信息服务的监督管理执法工作。

第二章　许可

第五条　通过互联网站、应用程序、论坛、博客、微博客、公众账号、即时通信工具、网络直播等形式向社会公众提供互联网新闻信息服务，应当取得互联网新闻信息服务许可，禁止未经许可或超越许可范围开展互联网新闻信息服务活动。

前款所称互联网新闻信息服务，包括互联网新闻信息采编发布服务、转载服务、传播平台服务。

第六条　申请互联网新闻信息服务许可，应当具备下列条件：

（一）在中华人民共和国境内依法设立的法人；

（二）主要负责人、总编辑是中国公民；

（三）有与服务相适应的专职新闻编辑人员、内容审核人员和技术保障人员；

（四）有健全的互联网新闻信息服务管理制度；

（五）有健全的信息安全管理制度和安全可控的技术保障措施；

（六）有与服务相适应的场所、设施和资金。

申请互联网新闻信息采编发布服务许可的，应当是新闻单位（含其控股的单位）或新闻宣传部门主管的单位。

符合条件的互联网新闻信息服务提供者实行特殊管理股制度，具体实施办法由国家互联网信息办公室另行制定。

提供互联网新闻信息服务，还应当依法向电信主管部门办理互联网信息服务许可或备案手续。

第七条　任何组织不得设立中外合资经营、中外合作经营和外资经营的互联网新闻信息服务单位。

互联网新闻信息服务单位与境内外中外合资经营、中外合作经营和外资经营的企业进行涉及互联网新闻信息服务业务的合作，应当报经国家互联网信息办公室进行安全评估。

第八条　互联网新闻信息服务提供者的采编业务和经营业务应当分开，非公有资本不得介入互联网新闻信息采编业务。

第九条　申请互联网新闻信息服务许可，申请主体为中央新闻单位（含其控股的单位）或中央新闻宣传部门主管的单位的，由国家互联网信息办公室受理和决定；申请主体为地方新闻单位（含其控股的单位）或地方新闻宣传部门主管的单位的，由省、自治区、直辖市互联网信息办公室受理和决定；申请主体为其他单位的，经所在地省、自治区、直辖市互联网信息办公室受理和初审后，由国家互联网信息办公室决定。

国家或省、自治区、直辖市互联网信息办公室决定批准的，核发《互联网新闻信息服务许可证》。《互联网新闻信息服务许可证》有效期为三年。有效期届满，需继续从事互联网新闻信息服务活动的，应当于有效期届满三十日前申请续办。

省、自治区、直辖市互联网信息办公室应当定期向国家互联网信息办公室报告许可受理和决定情况。

第十条　申请互联网新闻信息服务许可，应当提交下列材料：

（一）主要负责人、总编辑为中国公民的证明；

（二）专职新闻编辑人员、内容审核人员和技术保障人员的资质情况；

（三）互联网新闻信息服务管理制度；

（四）信息安全管理制度和技术保障措施；

（五）互联网新闻信息服务安全评估报告；

（六）法人资格、场所、资金和股权结构等证明；

（七）法律法规规定的其他材料。

第三章　运行

第十一条　互联网新闻信息服务提供者应当设立总编辑，总编辑对互联网新闻信息内容负总责。总编辑人选应当具有相关从业经验，符合相关条件，并报国家或省、自治区、直辖市互联网信息办公室备案。

互联网新闻信息服务相关从业人员应当依法取得相应资质，接受专业培训、考核。互联网新闻信息服务相关从业人员从事新闻采编活动，应当具备新闻采编人员职业资格，持有国家新闻出版广电总局统一颁发的新闻记者证。

第十二条　互联网新闻信息服务提供者应当健全信息发布审核、公共信息巡查、应急处置等信息安全管理制度，具有安全可控的技术保障措施。

第十三条　互联网新闻信息服务提供者为用户提供互联网新闻信息传播平台服务，应当按照《中华人民共和国网络安全法》的规定，要求用户提供真实身份信息。用户不提供真实身份信息的，互联网新闻信息服务提供者不得为其提供相关服务。

互联网新闻信息服务提供者对用户身份信息和日志信息负有保密的义务，不得泄露、篡改、毁损，不得出售或非法向他人提供。

互联网新闻信息服务提供者及其从业人员不得通过采编、发布、转载、删除新闻信息，干预新闻信息呈现或搜索结果等手段谋取不正当利益。

第十四条　互联网新闻信息服务提供者提供互联网新闻信息传播平台服务，应当与在其平台上注册的用户签订协议，明确双方权利义务。

对用户开设公众账号的，互联网新闻信息服务提供者应当审核其账号信息、服务资质、服务范围等信息，并向所在地省、自治区、直辖市互联网信息办公室分类备案。

第十五条　互联网新闻信息服务提供者转载新闻信息，应当转载中央新闻单位或省、自治区、直辖市直属新闻单位等国家规定范围内的单位发布的新闻信息，注明新闻信息来源、原作者、原标题、编辑真实姓名等，不得歪曲、篡改标题原意和新闻信息内容，并保证新闻信息来源可追溯。

互联网新闻信息服务提供者转载新闻信息，应当遵守著作权相关法律法规的规定，保护著作权人的合法权益。

第十六条　互联网新闻信息服务提供者和用户不得制作、复制、发布、传播法律、行政法规禁止的信息内容。

互联网新闻信息服务提供者提供服务过程中发现含有违反本规定第三条或前款规定内容的，应当依法立即停止传输该信息、采取消除等处置措施，保存有关记录，并向有关主管部门报告。

第十七条　互联网新闻信息服务提供者变更主要负责人、总编辑、主管单位、股权结构等影响许可条件的重大事项，应当向原许可机关办理变更手续。

互联网新闻信息服务提供者应用新技术、调整增设具有新闻舆论属性或社会动员能力的应用功能，应当报国家或省、自治区、直辖市互联网信息办公室进行互联网新闻信息服务安全评估。

第十八条　互联网新闻信息服务提供者应当在明显位置明示互联网新闻信息服务许可证编号。

互联网新闻信息服务提供者应当自觉接受社会监督，建立社会投诉举报渠道，设置便捷的投诉举报入口，及时处理公众投诉举报。

第四章 监督检查

第十九条 国家和地方互联网信息办公室应当建立日常检查和定期检查相结合的监督管理制度，依法对互联网新闻信息服务活动实施监督检查，有关单位、个人应当予以配合。

国家和地方互联网信息办公室应当健全执法人员资格管理制度。执法人员开展执法活动，应当依法出示执法证件。

第二十条 任何组织和个人发现互联网新闻信息服务提供者有违反本规定行为的，可以向国家和地方互联网信息办公室举报。

国家和地方互联网信息办公室应当向社会公开举报受理方式，收到举报后，应当依法予以处置。互联网新闻信息服务提供者应当予以配合。

第二十一条 国家和地方互联网信息办公室应当建立互联网新闻信息服务网络信用档案，建立失信黑名单制度和约谈制度。

国家互联网信息办公室会同国务院电信、公安、新闻出版广电等部门建立信息共享机制，加强工作沟通和协作配合，依法开展联合执法等专项监督检查活动。

第五章 法律责任

第二十二条 违反本规定第五条规定，未经许可或超越许可范围开展互联网新闻信息服务活动的，由国家和省、自治区、直辖市互联网信息办公室依据职责责令停止相关服务活动，处一万元以上三万元以下罚款。

第二十三条 互联网新闻信息服务提供者运行过程中不再符合许可条件的，由原许可机关责令限期改正；逾期仍不符合许可条件的，暂停新闻信息更新；《互联网新闻信息服务许可证》有效期届满仍不符合许可条件的，不予换发许可证。

第二十四条 互联网新闻信息服务提供者违反本规定第七条第二款、第八条、第十一条、第十二条、第十三条第三款、第十四条、第十五条第一款、第十七条、第十八条规定的，由国家和地方互联网信息办公室依据职责给予警告，责令限期改正；情节严重或拒不改正的，暂停新闻信息更新，处五千元以上三万元以下罚款；构成犯罪的，依法追究刑事责任。

第二十五条 互联网新闻信息服务提供者违反本规定第三条、第十六条第一款、第十九条第一款、第二十条第二款规定的，由国家和地方互联网信息办公室依据职责给予警告，责令限期改正；情节严重或拒不改正的，暂停新闻信息更新，处二万元以上三万元以下罚款；构成犯罪的，依法追究刑事责任。

第二十六条 互联网新闻信息服务提供者违反本规定第十三条第一款、第十六条第二款规定的，由国家和地方互联网信息办公室根据《中华人民共和国网络安全法》的规定予以处理。

第六章　附则

第二十七条　本规定所称新闻单位，是指依法设立的报刊社、广播电台、电视台、通讯社和新闻电影制片厂。

第二十八条　违反本规定，同时违反互联网信息服务管理规定的，由国家和地方互联网信息办公室根据本规定处理后，转由电信主管部门依法处置。

国家对互联网视听节目服务、网络出版服务等另有规定的，应当同时符合其规定。

第二十九条　本规定自2017年6月1日起施行。本规定施行之前颁布的有关规定与本规定不一致的，按照本规定执行。

参考文献

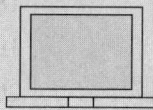

［1］赵慧英.从"小编"自称看新媒体编辑的"时"与"位"［J］.编辑学刊，2016
（03）：75-78.

［2］第43次《中国互联网络发展状况统计报告》，中共中央网络安全和信息化委员会
办公室［EB/OL］. http://www.cac.gov.cn/2019-02/28/c_1124175686.htm.

［3］彭兰.网络新闻编辑教程.武汉：武汉大学出版社，2007：12-19.

［4］侯夷."互联网+"时代编辑的华丽转身——浅谈新媒体编辑的角色定位［J］.新
媒体研究，2018（6）：115-116.

［5］马晓萌.从市场需求论新媒体编辑应具备的基本素养［J］.一线.2018（5）：161-
162.

［6］杨江科杰，熊志华.关于新媒体编辑的创新机制研究［J］.新闻传播，2017（12）：
55-56.

［7］陆高峰.新媒体编辑记者职业资格管理现状及需求调查［J］.淮阴师范学院学报
（哲学社会科学版），2016，38（3）：398-402.

［8］《互联网新闻信息服务单位内容管理从业人员管理办法》［EB/OL］.http://www.cac.
gov.cn/2017-10/30/c_1121877917.htm.

［9］丁未."新闻策划"现象析［J］.新闻界，1996（6）.

［10］艾风.新闻策划是新闻改革的产物［J］.新闻界，1997（2）.

［11］赵振宇，胡沈明.新闻策划：在规范中前行——"第二届全国新闻策划学术研讨
会"综述［J］.新闻前哨，2008（11）.

［12］蔡雯：新闻编辑学（第二版）［M］.北京：中国人民大学出版社，2010.

［13］蔡雯，许向东，方洁，新闻编辑学（第三版）［M］.北京：中国人民大学出版社，
2014.

［14］巩盼东.全媒体视域下的新闻策划研究［D］.桂林：广西师范学院，2014.6.

［15］网络传播杂志公众号.

［16］《互联网新闻信息服务管理规定》http://www.cac.gov.cn/2017-05/02/c_1120902760.
htm.

［17］《互联网新闻信息服务许可管理实施细则》.

［18］《中国新闻事业发展报告（2017年）》.

［19］詹新惠.新媒体编辑［M］.北京：中国人民大学出版社，2013.

［20］高菲.传统媒体新闻客户端的现状及其发展建议［J］.新闻战线，2018（9）.

［21］田丰.做好微信编辑的"一二三"［J］.新闻与写作，2017（3）.

［22］刘韧，韩磊.网络媒体教程［M］.北京：中国广播电视出版社，2005.

［23］钱霜霜.浅析新媒体视域下的新闻整合传播［J］.新闻研究导刊，2018（7）.

［24］余袁媛.门户网新闻整合的特征探讨［J］.科技传播，2015.（3下）.